国家社科基金一般项目
"单位贿赂犯罪预防模式研究"（15BFX053）阶段性研究成果

STUDIES ON PREVENTION MODES
OF CORPORATE BRIBERY

单位贿赂犯罪
预防模式研究

周振杰◎著

中国政法大学出版社

2020·北京

图书在版编目（CIP）数据

单位贿赂犯罪预防模式研究/周振杰著.—北京：中国政法大学出版社，2020.7

ISBN 978-7-5620-7372-7

Ⅰ.①单…　Ⅱ.①周…　Ⅲ.①贪污贿赂罪－预防犯罪－研究－中国

Ⅳ.①D924.392.4

中国版本图书馆CIP数据核字(2020)第102390号

出　版　者	中国政法大学出版社
地　　　址	北京市海淀区西土城路 25 号
邮寄地址	北京 100088 信箱 8034 分箱　邮编 100088
网　　　址	http://www.cuplpress.com (网络实名：中国政法大学出版社)
电　　　话	010-58908289(编辑部) 58908334(邮购部)
承　　　印	固安华明印业有限公司
开　　　本	880mm×1230mm　1/32
印　　　张	11.5
字　　　数	270 千字
版　　　次	2020 年 7 月第 1 版
印　　　次	2020 年 7 月第 1 次印刷
定　　　价	52.00 元

序

　　腐败是社会发展与进步的重大阻碍，将之称为"当代社会的癌症"也不为过，这或许也是近十余年来，中国频频修改相关立法，且展开多次机构改革的原因所在。腐败的形式当然数不胜数，但是若就涉案数额、社会影响以及查处难度而言，单位贿赂犯罪毫无疑问应该成为我们关注的重点。虽然中国早在 30 年前就已经规定了单位刑事责任，但是一直秉承着以个人刑事责任为基础来处罚单位的思路，而随着全球化的深入、科技的日新月异，单位贿赂犯罪越来越体现出制度化、隐蔽化、长期化与国际化等新的特征。如此，从有效预防的角度而言，我们就不得不面对更多的难题，例如，如何才能及时发现深潜在合法经济活动中的贿赂行为、如何才能让单位主动承担起预防贿赂的义务、如何才能促进守法文化的形成，等等。

　　从域外预防贿赂犯罪的立法与司法实践来看，为了解决上述问题，许多国家已经逐步放弃了以个人刑事责任为基础来处罚单位的逻辑，从传统的冲突模式转向现代的合作模式。冲突模式与合作模式在对单位犯罪行为的性质、违法性判断的基础、犯罪故意以及单位在犯罪预防方面的作用等问题的认识上，都有着迥然有异的观点。合作模式以组织责任论为基础、以合规计划为核心，能够分散犯罪预防的责任，降低犯罪制裁成本，并有利于促进单位内部守法文化的形成，也即合作模式的合理性在于其能够提高企业的社会责任、减轻调查机关的证明负担、促进各方共同参与腐败治理等。

在 2007 年 10 月至 2010 年 8 月任日本早稻田大学高等研究所助理研究员与助理教授期间，我参加了由早稻田大学法学院曾根威彦教授、田口守一教授和甲斐克则教授组织的企业法制与合规计划的研究课题。之后，单位犯罪、刑事合规、腐败犯罪等就成了我的研究兴趣，一直延续到现在。在国内单位贿赂犯罪多发、英美等国延伸刑事管辖权的情况下，我本人一直主张应该通过系统化调整贿赂犯罪罪名、将合规计划纳入刑事立法以及增设单位缓刑制度等改革措施，在我国建立起惩治单位贿赂犯罪的合作模式。

基于以上主张，我将全书分为九章。第一章回顾并评析了单位贿赂犯罪的现行立法；第二章尝试通过综合分析与案例研究来描述单位贿赂犯罪的现状及其特征；第三章研究了单位贿赂犯罪的立法模式；第四章提出并详细论证了单位贿赂犯罪预防的冲突模式与合作模式；第五章研究了合规计划在单位贿赂犯罪预防中的作用；第六章详细阐释了合规计划有效性的判断标准；第七章研究了内部调查制度的价值与程序等问题；第八章在上述各章的基础上，提出了单位贿赂犯罪立法的改革建议；第九章尝试就相关程序问题进行了研究。

虽然某些章节已经以文章的形式陆续发表在《环球法律评论》《法律科学》以及《刑法论丛》等刊物上，但是在纳入本书之际，我对相关部分又进行了调整，并补充了资料。

因为本人学术能力有限，尤其在实证研究方面经验欠缺，而且在进行比较研究之际，所占有的材料未必全面、对事实的分析未必深入，所以本书难免存在粗疏与谬误之处，敬请各位读者批评指正，不吝赐教。

是为序！

周振杰

2019 年 8 月 6 日

于北京师范大学京师学堂

目 录

CONTENTS

第一章

单位贿赂犯罪立法概述

第一节　立法进程

一、单位犯罪立法回顾

单位贿赂犯罪是单位犯罪的下位概念。因此，欲研究单位贿赂犯罪的立法进程，应先研究单位犯罪在中国的产生背景与发展情况。在 20 世纪 50 年代至 70 年代，虽然新成立的中华人民共和国颁布了《中华人民共和国惩治反革命条例》（1951年）、《中华人民共和国惩治贪污条例》（1952 年）和《中华人民共和国妨害国家货币治罪暂行条例》（1951 年）等多项单行刑法，但是并没有规定单位犯罪。究其原因，一方面，当时实行的是严格的计划经济体制，在这一体制之下，各类经济组织的主要任务就是完成各种各样的计划，生产量、产品价格等也都由行政机关确定，所以单位既没有实施犯罪的客观环境，也没有追求经济利益的犯罪动机；另一方面，就如有的观点所言，当时的中国刑法理论几乎是全盘照搬了苏联的刑法理论，在犯罪论领域，苏联的理论深受以个人责任与道义责任为基础的德国刑法理论的影响，[1] 而单位并非自然人，而是由自然人所组成的组织体，因此，在20世纪70年代以前，中国刑法理论普遍对单位犯罪持否定态度。[2]

1979年7月1日，第五届全国人民代表大会第二次会议通过了中华人民共和国历史上第一部刑法典——《中华人民共和国刑法》（以下简称《刑法》）。有观点认为，1979年《刑法》其实已经规定了单位犯罪。一方面，1979年《刑法》已经有明确规定。例如，该法第127条"违反商标管理法规，工商企业假冒其他企业已经注册的商标的，对直接责任人员，处3年以下有期徒刑、拘役或者罚金"之规定表明，关于假冒商标等犯罪，虽然《刑法》处罚的是直接责任人员，但是从条文用语来看，该条规定的犯罪主体是工商企业而非自然人。[3] 另一方面，同时期的民商、经济等领域的立法也明确规定了单位犯罪。例如，1986年公布的《中华人民共和国民法通则》第49条规定，企业法人具有该条规定的情形之一的，除法人承担责任外，对法定代表人可以给予行政处分、罚款，构成犯罪的，依法追究刑事责任。第110条规定，对承担民事责任的公民、法人需要追究行政责任的，应当追究行政责任；构成犯罪的，对公民、法人的法定代表人应当依法追究刑事责任。当时有10余部法律、法规包含有类似规定。[4] 这些规定其实采取了与上述1979

　　[1]　参见侯国云："犯罪构成理论的产生与发展"，载《南都学坛》2004年第4期；张文、何慧新："中国刑法学二十世纪的回顾、反思与展望"，载《当代法学》1999年第1期。

　　[2]　参见陈广君："论法人犯罪的几个问题"，载《中国法学》1986年第6期；刘仁文：《刑法的结构与视野》，北京大学出版社2010年版，第31页。

　　[3]　参见黎宏："中国法人犯罪考察"，载《同志社法学》1997年第6期。

　　[4]　参见刘鹏："单位犯罪研究——立法回顾"，载《云南法学》2007年第4期。

年《刑法》第 127 条类似的立法技术，即单位构成犯罪而追究自然人的刑事责任，就如有的观点所言，这"清楚地表明了我国的法人是犯罪的主体并且表明法人犯罪应当追究法定代表人的刑事责任"[1]。但是，反对者认为，1979 年《刑法》不可能规定单位犯罪，上述第 127 条的规定，也不能被用作工商企业单位具有犯罪能力的证据，只不过说明工商企业的法定代表人可能在开展业务之际以单位的名义实施违法行为而已，这也正是《刑法》不处罚单位而处罚直接责任人的原因所在。[2] 更重要的是，直至 20 世纪 70 年代末，中国一直在实施高度的计划经济体制，1979 年《刑法》不可能规定实践中不存在的单位犯罪。[3]

　　20 世纪 80 年代初，对于理论界有关立法是否已经规定了单位犯罪的争议，立法与司法机关并没有进行回应或者澄清。但是，随着改革开放政策的逐步实施，中国开始从计划经济体制向社会主义市场经济体制转变，国有企业、集体企业通过以"权力下放，利益下放"为中心的体制改革，变成可以追求自身利益的独立经济实体。与此同时，在公有企业之外，合资企业、合伙企业等各种形式的经济组织走上了中国的历史舞台。在利益的驱动下，形形色色的单位违法行为开始出现，并很快呈蔓延之势。据统计，在 1986 年，全国约有 2/3 的国营企业有偷税行为。在 1986 年至 1990 年间，全国各地海关没收的单位走私物品共计 13.39 亿元，占同期全国没收走私物品的 61.8%。[4]

　　为了充分发挥《刑法》的预防功能，1987 年 1 月 22 日，第

---

　　[1]　崔南山："法人成为犯罪主体是我国立法上的一个重要突破"，载《中国法学》1986 年第 6 期。

　　[2]　参见朱荣华："刑事案件中法人的责任"，载《法学》1982 年第 3 期。

　　[3]　参见刘鹏："单位犯罪研究——立法回顾"，载《云南法学》2007 年第 4 期。

　　[4]　参见黎宏："中国法人犯罪考察"，载《同志社社学》1997 年第 6 期。

六届全国人民代表大会常务委员会第十九次会议通过了《中华人民共和国海关法》（以下简称《海关法》），该法第 47 条明确规定：企业事业单位、国家机关、社会团体犯走私罪的，由司法机关对其主管人员和直接责任人员依法追究刑事责任；对该单位判处罚金，判处没收走私货物、物品、走私运输工具和违法所得。这一规定，在直接表明"单位具有犯罪能力"的立法态度的同时，确立了单位犯罪的双罚制原则。此后，全国人大常委会相继在《关于惩治走私犯罪的补充规定》（1988 年）等 10 余部单行刑法中，确认了单位的犯罪能力。

第八届全国人民代表大会第五次会议在 1997 年 3 月 14 日修订的刑法典（1997 年《刑法》）总则中再度肯定了单位的犯罪能力。1997 年《刑法》在总则第 30 条明确规定，公司、企业、事业单位、机关、团体实施的危害社会的行为，法律规定为单位犯罪的，应当负刑事责任。同时，该法在总则第 31 条重申了双罚制原则，即单位犯罪的，对单位判处罚金，并对其直接负责的主管人员和其他直接责任人员判处刑罚。当然《刑法》分则和其他法律另有规定的，依照规定。与此同时，最高人民法院 2001 年 1 月 21 日发布的《全国法院审理金融犯罪案件工作座谈会纪要》（法〔2001〕8 号）规定，以单位的分支机构或者内设机构、部门的名义实施犯罪，违法所得亦归分支机构或者内设机构、部门所有的，应认定为单位犯罪。也即，如果满足"行为名义"和"利益归属"两个要件，单位的分支与内部机构可以成为独立的犯罪主体。

单位犯罪是中国刑法的特有概念，法国、日本等大陆法系国家刑法常用的概念是法人犯罪（Crime of Legal Entities/Persons），而英美国家的相关立法通常采用企业犯罪（Corporate Crime）的概念。单位犯罪、法人犯罪与企业犯罪，无论是在理论上还是在立法上，三者在本质上是一致的，都是从犯罪主体的角度，对"由区别于自然人的组织所实施的一类犯罪行为"所下的定义。与此同时，需要指出的是，虽然在国外立法中，法人或者企业的涵盖范围也很广，例如，根据英国《2007年企业过失致人死亡罪法》（Corporate Manslaughter and Corporate Homicide Act 2007）的规定，该法中的企业不仅包括判例法所确认的法人，还包括政府机关、工会、检察机构以及部分皇家机构等组织，[1] 但是，中国刑法中"单位"的涵盖范围无疑要大得多，最明显的一点是，国外立法中的法人与企业都不包括司法机构，而根据现行《刑法》第30条[2]、《中华人民共和国宪法》（以下简称《宪法》）第128条[3]与第129条第1款[4]的规定，各级人民法院毫无疑问是可以构成单位犯罪的主体的。在轰动一时的2006年乌鲁木齐铁路运输中级法院单位受贿案中，[5] 有学者就明确指出，虽然在应然层面上，我们应该对现行立法进行反思，但是在实然层面上，对于人民法院提起公诉、进行定罪并无法律障碍。[6]

---

〔1〕 法案全文参见英国司法部网站：http://www.justice.gov.uk/publications/corporatemanslaughter2007.htm.

〔2〕《刑法》第30条规定：公司、企业、事业单位、机关、团体实施的危害社会的行为，法律规定为单位犯罪的，应当负刑事责任。

〔3〕《宪法》第128条规定：中华人民共和国人民法院是国家的审判机关。

〔4〕《宪法》第129条规定：中华人民共和国设立最高人民法院、地方各级人民法院和军事法院等专门人民法院。

〔5〕 根据报道，乌鲁木齐铁路运输中级法院被以单位受贿罪起诉至人民法院。经媒体曝光后，该案引起了社会各界的关注与讨论。后经协调，公诉机关撤回了对法院的指控。参见潘从武、吴亚东："新疆一法院涉嫌单位受贿受审"，载中国法制网，http://www.legaldaily.com.cn/misc/2006-07/07/content_348398.htm，最后访问日期：2015年6月20日。

〔6〕 参见刘仁文："法院受审：该还是不该"，载《检察日报》2006年7月12日，第6版。

二、单位贿赂犯罪立法

1979 年《刑法》第 155 条规定了贪污罪，第 185 条规定了受贿罪、行贿罪与介绍贿赂罪三个罪名。因为立法明确规定上述罪名的犯罪主体是"国家工作人员"，所以单位不能实施上述犯罪。改革开放带来的剧烈社会变革也使得贿赂犯罪发生了巨大的变化：从单一的公权力领域向商业领域等私有领域发展，出现了公务贿赂、商业贿赂、行业贿赂等多种贿赂行为并存的状态。适应社会实践中的变化，立法机关适时进行了立法修正。例如，第六届全国人民代表大会常务委员会第二十四次会议于 1988 年 1 月 21 日通过的《关于惩治贪污罪贿赂罪的补充规定》（以下简称《补充规定》）明确规定国家工作人员、集体经济组织工作人员或者其他从事公务的人员，在经济往来中，违反国家规定收受各种名义的回扣、手续费，归个人所有的，以受贿罪论处，并将相对应的给予回扣、手续费的行为纳入行贿罪的处罚范围。

贿赂犯罪发生的变化不但体现在形态上，也体现在犯罪主体上。在实践中，许多贿赂行为不是由个人而是由单位、不是为了个人而是为了集体利益实施的情况大量存在。首先做出反应的是最高司法机关。最高人民法院与最高人民检察院于 1985 年 7 月 18 日印发的《关于当前办理经济犯罪案件中具体应用法律的若干问题的解答（试行）》（以下简称《解答》）[1] 就"国家机关、团体、企业事业单位和集体经济组织收受贿赂，应如何处理的问题"明确指出，单位进行走私、投机倒把等违法活动或者为谋取非法利益，收受贿赂，数额巨大，情节严重的，

---

[1] 该文件已经于 2013 年 1 月 18 日失效。

除没收全部受贿财物外，应对主管人员和直接责任人员追究受贿罪的刑事责任。与此相似，就"行贿罪和介绍贿赂罪的问题"，《解答》指出，国家机关、团体、企业事业单位和集体经济组织为谋取非法利益而行贿，数额巨大，情节严重的，对其主管人员和直接责任人员应追究行贿罪的刑事责任。《解答》的上述规定，一方面，在实质上对单位行贿与受贿的问题做出了规定，有僭越立法权之嫌；另一方面，因为仅规定对自然人进行处罚，为单位寻找替罪羊留下了合法路径，难以对单位本身形成有效的威慑。

有鉴于此，1988 年 1 月的《补充规定》对 1979 年《刑法》规定的受贿罪、行贿罪、介绍贿赂罪等罪名进行了完善，并将单位受贿罪、单位行贿罪纳入贿赂犯罪的刑法体系之中。根据《补充规定》，全民所有制企业事业单位、机关、团体，索取、收受他人财物，为他人谋取利益，情节严重的，判处罚金，并对其直接负责的主管人员和其他直接责任人员，处 5 年以下有期徒刑或者拘役；为谋取不正当利益而行贿，或者违反国家规定，给予国家工作人员、集体经济组织工作人员或者其他从事公务的人员以回扣、手续费，情节严重的，判处罚金，并对其直接负责的主管人员和其他直接责任人员，处 5 年以下有期徒刑或者拘役。1997 年《刑法》在纳入《补充规定》上述规定的同时，又增加了对单位行贿罪的规定，进一步完善了单位贿赂犯罪的刑法体系。

第二节　立法现状

一、具体罪名

单位贿赂犯罪并非具体罪名，而是学理上的称谓，是指由单位实施的行贿与受贿等犯罪行为的统称。根据犯罪主体是否仅能够由单位构成，可以将《刑法》中有关单位贿赂的具体罪名分为两类：①只能由单位实施的纯正单位贿赂犯罪，包括单位受贿罪（《刑法》第387条）与单位行贿罪（《刑法》第393条）；②单位与个人都可以构成犯罪主体的不纯正单位贿赂犯罪，包括对非国家工作人员行贿罪（《刑法》第164条第1款），对外国公职人员、国际公共组织官员行贿罪（《刑法》第164条第2款），对有影响力的人行贿罪（《刑法》第390条之一）与对单位行贿罪（《刑法》第391条）。

（一）纯正单位贿赂犯罪

1. 单位受贿罪

根据现行《刑法》第387条之规定，单位受贿罪是国家机关、国有公司、企业、事业单位、人民团体，索取、非法收受他人财物，为他人谋取利益，情节严重，以及在经济往来中，在账外暗中收受各种名义的回扣、手续费的行为。犯本罪，对单位判处罚金，并对其直接负责的主管人员和其他直接责任人员，处5年以下有期徒刑或者拘役。

本罪系1997年《刑法》在吸收上述1988年1月《补充规定》与1993年《中华人民共和国反不正当竞争法》相关规定的基础上新增的罪名。本罪的犯罪主体为特殊主体，即"国家机关、国有公司、企业、事业单位、人民团体"。根据上述《全国法院审理金融犯罪案件工作座谈会纪要》与2006年9月12日最高人民检察院研究室《关于国有单位的内设机构能否构成单位受贿罪主体问题的答复》（〔2006〕高检研发8号）之规定，国有单位的内设机构利用其行使职权的便利，索取、非法收受他人财物并归该内设机构所有或者支配，为他人谋取利益，情节严重的，或者在经济往来中，在账外暗中收受各种名义的回扣、手续费的，可以根据单位受贿罪定罪处罚。与受贿罪不同的是，本罪对索贿的情形也要求存在为他人谋取利益的情节。

2. 单位行贿罪

根据现行《刑法》第 393 条之规定，单位行贿罪是指单位为谋取不正当利益而行贿，或者违反国家规定，给予国家工作人员以回扣、手续费，情节严重的行为。犯本罪，对单位判处罚金，并对其直接负责的主管人员和其他直接责任人员，处 5 年以下有期徒刑或者拘役，并处罚金。但是，如果因行贿取得的违法所得归个人所有的，以行贿罪定罪处罚。

本罪系 1997 年《刑法》在吸收上述 1988 年 1 月《补充规定》的基础上新增的罪名，2015 年 11 月 1 日开始实施的《刑法修正案（九）》增设了对自然人的罚金刑。需要指出的是，本罪的犯罪主体虽然并非特殊主体，但是在"给予回扣、手续费"的情况下，行为对象只能是"国家工作人员"，包括在国家机关中从事公务的人员，国有公司、企业、事业单位、人民团体中从事公务的人员和国家机关、国有公司、企业、事业单位委派到非国有公司、企业、事业单位、社会团体从事公务的人员，和其他依照法律从事公务的人员。

（二）不纯正单位贿赂犯罪

1. 对非国家工作人员行贿罪

根据现行《刑法》第 164 条第 1 款之规定，对非国家工作人员行贿罪，指为谋取不正当利益，给予公司、企业或者其他单位的工作人员以财物，数额较大的行为。单位犯本罪，对单位判处罚金，并对其直接负责的主管人员和其他直接责任人员处 3 年以下有期徒刑或者拘役，并处罚金（数额较大），或者处 3 年以上 10 年以下有期徒刑，并处罚金（数额巨大）。行贿人在被追诉前主动交待行贿行为的，可以减轻处罚或者免除处罚。

本罪是《刑法修正案（六）》新增的罪名。最初，本罪的行为对象仅为"公司、企业的工作人员"。但是，随着体制改革的深入，在实践中出现了既非国家工作人员也非公司、企业人员大量受贿的情况，尤其是医疗人员。为了严密刑事法网，2006年6月29日开始实施的《刑法修正案（六）》将本罪的行为对象扩展至"公司、企业或者其他单位的工作人员"。其后，为了加大处罚力度、提高威慑力，2015年11月1日开始实施的《刑法修正案（九）》在对自然人处罚的第一档（数额较大）法定刑中，增加了"并处罚金"的规定。

2. 对外国公职人员、国际公共组织官员行贿罪

根据现行《刑法》第164条第2款的规定，对外国公职人员、国际公共组织官员行贿罪是指为谋取不正当商业利益，给予外国公职人员或者国际公共组织官员以财物的行为。单位犯本罪，对单位判处罚金，并对其直接负责的主管人员和其他直接责任人员处3年以下有期徒刑或者拘役，并处罚金（数额较大），或者处3年以上10年以下有期徒刑，并处罚金（数额巨大）。行贿人在被追诉前主动交待行贿行为的，可以减轻处罚或者免除处罚。

本罪是《刑法修正案（八）》第29条新增的罪名。立法机关之所以增设这一罪名，一方面，是适应越来越多的中国企业走出国门深度参与国际经济活动的需要，因为在此过程中不排除某些单位为了在国际经济活动中获得更多的利益向外国公务员与国际组织工作人员行贿。另一方面，也是履行国际义务的需要。《联合国反腐败公约》自2006年2月12日在中国正式生效，该公约第16条明确要求各缔约国采取必要立法和其他措施，将下述故意实施的行为规定为犯罪：①直接或间接向外国公职人员或者国际公共组织官员许诺给予、提议给予或者实际

给予该公职人员本人或者其他人员或实体不正当好处，以使该公职人员或者该官员在执行公务时作为或者不作为，以便获得或者保留与进行国际商务有关的商业或者其他不正当好处。②外国公职人员或者国际公共组织官员直接或间接为其本人或者其他人员或实体索取或者收受不正当好处，以作为其在执行公务时作为或者不作为的条件。与此同时，该公约第26条系统规定了法人责任，即各缔约国均应当采取符合其法律原则的必要措施，确定法人参与根据本公约确立的犯罪应当承担的责任，法人责任可以包括刑事责任、民事责任或者行政责任。

就外国公职人员与国际公共组织官员，目前尚无立法或者司法解释予以明确界定。在实践中，司法机关可以参考《联合国反腐败公约》的规定予以细化分析。根据该公约第2条的规定，"公职人员"系指：①无论是经任命还是经选举而在缔约国中担任立法、行政、行政管理或者司法职务的任何人员，无论长期或者临时，计酬或者不计酬，也无论该人的资历如何；②依照缔约国本国法律的定义和在该缔约国相关法律领域中的适用情况，履行公共职能，包括为公共机构或者公营企业履行公共职能或者提供公共服务的任何其他人员；③缔约国本国法律中界定为"公职人员"的任何其他人员。但就该公约第二章规定的某些具体措施而言，"公职人员"可以指依照缔约国本国法律的定义和在该缔约国相关法律领域中的适用情况，履行公共职能或者提供公共服务的任何人员。"外国公职人员"系指外国无论是经任命还是经选举而担任立法、行政、行政管理或者司法职务的任何人员；以及为外国，包括为公共机构或者公营企业行使公共职能的任何人员。"国际公共组织官员"系指国际公务员或者经此种组织授权代表该组织行事的任何人员。

3. 对有影响力的人行贿罪

根据现行《刑法》第 390 条之一的规定，对有影响力的人行贿罪是指为谋取不正当利益，向国家工作人员的近亲属或者其他与该国家工作人员关系密切的人，或者向离职的国家工作人员或者其近亲属以及其他与其关系密切的人行贿的行为。单位犯本罪，对单位判处罚金，并对其直接负责的主管人员和其他直接责任人员，处 3 年以下有期徒刑或者拘役，并处罚金。

本罪是《刑法修正案（九）》新增的罪名。一方面，是适应国内现实的要求；另一方面，也是对《联合国反腐败公约》第 18 条规定的回应。[1] 本罪的行为对象为特定群体，包括：国家工作人员的近亲属、其他与该国家工作人员关系密切的人、离职的国家工作人员、离职的国家工作人员的近亲属以及其他与离职的国家工作人员关系密切的人。

4. 对单位行贿罪

根据现行《刑法》第 391 条之规定，对单位行贿罪是指为谋取不正当利益，给予国家机关、国有公司、企业、事业单位、人民团体以财物的，或者在经济往来中，违反国家规定，给予各种名义的回扣、手续费的行为。单位犯本罪的，对单位判处罚金，并对其直接负责的主管人员和其他直接责任人员处 3 年

---

〔1〕 该条规定，各缔约国均应当考虑采取必要的立法和其他措施，将下列故意实施的行为规定为犯罪：①直接或间接向公职人员或者其他任何人员许诺给予、提议给予或者实际给予任何不正当好处，以使其滥用本人的实际影响力或者被认为具有的影响力，为该行为的造意人或者其他任何人从缔约国的行政部门或者公共机关获得不正当好处；②公职人员或者其他任何人员为其本人或者他人直接或间接索取或者收受任何不正当好处，以作为该公职人员或者该其他人员滥用本人的实际影响力或者被认为具有的影响力，从缔约国的行政部门或者公共机关获得任何不正当好处的条件。

以下有期徒刑或者拘役，并处罚金。

本罪是《刑法》新增的罪名，《刑法修正案（九）》增加了对自然人并处罚金的规定。需要指出的是，构成单位犯罪必须是为单位谋取不正当利益，以单位的名义行贿，因行贿取得的利益必须归单位所有。如果是为了个人利益而以单位的名义行贿，或者行贿所得归个人所有，应认定为自然人犯罪。

二、立法模式

从立法技术的角度而言，立法机关在规定单位贿赂犯罪之际采取了两种模式：其一，对纯正单位贿赂犯罪的独立规定模式，即将单位实施的具体贿赂行为规定为独立罪名；其二，对不纯正单位犯罪的混合规定模式，在这一模式下，立法机关通常是在《刑法》分则条文中规定自然人贿赂犯罪之后，特别规定单位也可以实施该罪，《刑法》第164条与第390条之一就是如此。

立法机关对单位贿赂犯罪采取两种立法模式，一方面，有着其特殊的历史背景。以自然人为主体要件的行贿罪与受贿罪在1979年《刑法》中已有规定，而处罚单位贿赂犯罪的最早立法是1988年1月21日第六届全国人民代表大会常务委员会第二十四次会议通过的《补充规定》，该规定采取独立模式对单位行贿与受贿犯罪进行了规定。在1997年修订刑法典之际，立法机关虽然并没有扩大独立模式的适用范围，但是也没有对之进行修改，将之保留了下来。另一方面，是因为《刑法》总则的立法约束。《刑法》总则第30条在规定单位可以构成犯罪的同时，明确要求"法律规定为单位犯罪的"才可以追究单位的刑事责任。因为我国《刑法》分则条文规定的都是由自然人所实施的单独犯、既遂犯状态，[1] 所以在没有采取独立模式的《刑法》分则法条中，为了追究单位的刑事责任，必须单列一款或者一条，规定单位的刑事责任。

由于两种立法模式下具体罪名的构成要件之间存在交叉，所以不可避免地会存在一些立法上的问题。例如，《刑法》第391条规定的对单位行贿罪与第393条规定的单位行贿罪都可以由单位实施，在主观方面都要求存在"谋取不正当利益"的目的，在客观方面都包含"违反国家规定，给予国家工作人员以回扣、手续费"的行为方式；但是，就因为贿赂对象的不同，前者是"国家机关、国有公司、企业、事业单位、人民团体"，后者是"国家工作人员"，而导致了同一单位的成员以相同的目的，实施相同的行为，而面临不同的处罚：前者的最高刑是3年有期徒刑，后者则是5年有期徒刑。从罪刑均衡的角度而言，这明显是存在问题的。虽然难以就向"国家工作人员"与向"国家机关、国有公司、企业、事业单位、人民团体"行贿的危害性孰大孰小进行定量研究，但是，从对单位行贿罪与单位行贿罪都规定在第八章"贪污贿赂罪"这一立法事实出发，可以认为二者侵犯的客体都是国家工作人员职务行为的廉洁性。与对个人行贿相比，对单位行贿不是侵犯了一个或者数个国家工作人员职务行为的廉洁性，而是整个国有单位成员的职务廉洁性，所以应该具有更大的社会危害性。

此外，由于在混合模式之下只有在《刑法》分则条文有特别规定的，才可以对单位进行处罚，所以难免存在疏漏的情况。例如，《刑法》第387条规定的单位受贿罪，犯罪主体仅为"国

---

〔1〕 参见屈学武："'基本犯罪构成'与'犯罪成立'关系疏议"，载《人民检察》2005年第11期。

家机关、国有公司、企业、事业单位、人民团体”，从罪刑法定的角度出发，对非国有单位收受贿赂的行为是不能予以刑事处罚的。但是在实践中，非国有单位收受商业贿赂的现象非常普遍，例如，餐饮单位、商场等向厂商收取“进场费”“专场费”，对于市场秩序而言，其危害性不亚于国有单位收受贿赂。就如有的观点所言，此类行为“尽管没有像国有单位收取贿赂一样破坏了国家机关的廉洁性和国家机关的管理秩序，但同样危害了市场秩序，本质也是商业贿赂”[1]。所以就如同“行贿并不是只限于向国家工作人员行贿，贿赂对象也不仅限于向国家工作人员、国有公司、企业、国家机关、事业单位。相反，完全可以包括非国有公司、企业和事业单位”[2]。

第三节　问题探讨

如上所述，在立法机关规定单位犯罪的 20 世纪 80 年代中期，一方面，否定单位犯罪的立场仍然在理论界占据主流，就如有的观点所言：“我国刑法对单位犯罪的规定本身就是立法回应社会现实的仓促之举，缺乏理论上的深入探讨。”[3] 另一方面，当时的经济体制仍然是公有制为主，立法机关在立法之际不免受到经济体制的影响。因此，就单位贿赂犯罪，在理论上仍有许多至今悬而未决的核心问题，尤其是对单位贿赂犯罪的处罚理念以及国家机关的刑事责任问题。

---

〔1〕　参见杨涛、陈娟娟：“应规定非国有单位受贿罪”，载《民主与法制时报》2007 年 3 月 12 日，第 A16 版。

〔2〕　曾粤兴、孙本雄：“《刑法》中的单位行贿罪研究”，载《昆明理工大学学报（社会科学版）》2014 年第 2 期。

〔3〕　赵秉志：《外向刑法问题》，北京大学出版社 2010 年版，第 40 页。

一、处罚理念

（一）理念概括

在 20 世纪 80 年代末期规定单位贿赂犯罪之际，立法机关从当时特定的历史背景与经济运行环境出发，确立了"两个从轻"的处罚理念：其一，对"单位从轻"，即对单位贿赂犯罪的处罚，要轻于对个人贿赂犯罪的处罚；其二，对"公有从轻"，即考虑到国家机关、国有企事业单位等全民所有制单位行贿都有"为公"谋利的因素，所以从轻处罚，而非全民所有制单位的行贿行为因为是"为私"而实施，所以按照个人的行贿行为处理，处以较重的刑罚。[1] 30 多年以来，这"两个从轻"的处罚理念并没有发生改变，并且已经从立法渗透至司法之中，形成了"双重从轻"的格局。

在立法层面，对因单位行贿而被追责的自然人的法定刑，依然远远轻于行贿罪犯罪人的法定刑：前者的最高刑是 5 年有期徒刑，后者的最高刑是无期徒刑。而且，在 2015 年 11 月 1 日《刑法修正案（九）》生效之前，对于前者并没有规定罚金刑。同样，对因单位受贿而被追责的自然人的处罚（最高刑为 5 年），也要远远轻于受贿罪的犯罪人（最高刑为死刑）。

在司法层面的从轻，体现在如下两个方面：

第一，对单位贿赂行为的追责标准更高。质而言之，对于单位贿赂行为立案追查的标准要高于自然人行为。例如，根据最高人民检察院《关于行贿罪立案标准的规定》（2000 年 12

---

〔1〕 时任全国人大常务委员会秘书长、法制工作委员会主任王汉斌在《全国人民代表大会常务委员会关于惩治贪污罪贿赂罪的补充规定（草案）》说明中明确表达了上述立法思想。参见张智辉："单位贿赂犯罪之检讨"，载《政法论坛》2007年第 6 期。

月），同样是对单位的行贿行为，如果行为人是自然人，立案标准是 10 万元；如果行为人是单位，立案标准则提高到 20 万元。同样，在行贿犯罪案件中，自然人行贿的立案追查数额（1 万元）也要高于单位行贿的立案追查数额（10 万元）。

第二，在具体案件中，对单位贿赂案件的量刑整体趋轻。例如，针对北大法意网刊登的 107 份单位行贿罪已决案例判决书的分析表明，单位的平均行贿金额超过 125 万元。在显示行贿次数的 79 份判决书中，平均行贿次数为 4.57 次，最多高达 22 次。平均行贿对象为 2.26 人，最多达 10 人。但是，117 名自然人被告人被判处的平均刑期不足 1 年（0.93 年），最长的也只有 4 年。其中，有 31 人被免予刑事处罚（占 26.5%）、68 人被判处缓刑（占 58.1%），二者合计高达 84.6%。而且在上述 107 份判决书中，有 9 份援引了《刑法》第 390 条第 2 款 "行贿人在被追诉前主动交待行贿行为的，可以从轻或者减轻处罚。其中，犯罪较轻的，对侦破重大案件起关键作用的，或者有重大立功表现的，可以减轻或者免除处罚" 的特别减免条款对被告人进行了从宽处理，[1] 尽管该款规定是针对自然人案件的特别规定，而且反对将该款规定适用于单位犯罪案件的观点无论是在实在法上还是在法理上都更充分。[2]

（二）矛盾体现

如此，在单位贿赂犯罪的社会危害性与对单位贿赂犯罪处罚的严厉性之间就出现了一个明显的矛盾：在宏观上，明明相

---

〔1〕　参见尹明灿、高成霞："单位行贿罪实证研究"，载《法治论坛》2014 年第 2 期。

〔2〕　关于该款是否应该适用于单位案件的争议与论述的介绍，参见曾粤兴、孙本雄："《刑法》中的单位行贿罪研究"，载《昆明理工大学学报（社会科学版）》2014 年第 2 期。

比自然人实施的贿赂行为而言，单位贿赂行为的社会危害性更大，但是对于贿赂行为的具体执行者，也即自然人而言，非单位成员所面临的处罚要比单位成员重得多。反对者可能会提出，在单位贿赂犯罪的案件中，单位与自然人同时受到处罚，二者相加也不会轻于自然人案件中的处罚。但是，事实表明并非如此。例如，根据上述针对 107 份单位行贿罪已决案例判决的分析，只有 88 份判决对单位判处了罚金，而且平均罚金只有 2.69 万元，与 125 万元的平均行贿数额相比无疑是天差地远。被注销的单位只有 5 家，其中还有 3 家是因为被认定有罪而不得不予以撤销的国家机关内部或派出机构。[1] 反对者可能还会提出，在单位犯罪中，直接负责的主管人员与其他直接责任人员实施犯罪的目的是为单位谋利，对之予以从宽处罚是罪、责、刑相适应原则的内在要求，因为"为单位谋利的目的是个体善良行动的根据，必须认为这一目的比为个人谋利更加善良。因此，在法律规范中，应该将之作为不能轻视的量刑情节"[2]。

但是，一方面，从最高人民法院 1999 年 6 月 18 日颁布的《关于审理单位犯罪案件具体应用法律有关问题的解释》第 3 条"盗用单位名义实施犯罪，违法所得由实施犯罪的个人私分的，依照刑法有关自然人犯罪的规定定罪处罚"之规定出发，为"单位谋利的目的"是单位犯罪的必要构成要件。既然"单位谋利的目的"是犯罪成立情节，在立法阶段将之作为降低法定刑的基础无可厚非，但是在司法实践中，再将之作为对自然人被告人从宽处罚的量刑情节，有悖于"同一情节不能重复适用"

---

〔1〕 参见尹明灿、高成霞："单位行贿罪实证研究"，载《法治论坛》2014 年第 2 期。

〔2〕 冯军："新刑法中的单位犯罪"，载［日］西原春夫编：《中日比较经济犯罪》，成文堂 2004 年版，第 280 页。

的法理。

另一方面，立法机关规定单位贿赂犯罪的目的，在于通过刑罚这一最严厉的制裁手段预防单位贿赂行为，因为"惩罚犯罪不如预防犯罪，这也就是一切好的立法的主要目的"[1]。而如欲有效预防犯罪，应该在犯罪的严重性与刑罚的严厉性之间建立起合理的对应关系或罪刑阶梯，对于社会危害性较大的犯罪行为处以较轻的刑罚，如果刑罚之苦小于犯罪之乐，反而会起到不良的示范效应，导致更多的犯罪行为，就如同"制服凶猛的狮子需要闪电，而枪声只能使它激怒"[2]。虽然在单位贿赂犯罪中，贿赂行为是在单位的整体意志支配下以单位名义做出的集体性行为，但是"单位作为一种拟制意志主体"[3]，"自身是不可能实施任何活动的，它只能通过作为其组成人员的自然人来实施"[4]。因此，对单位贿赂案件中的自然人被告人处罚过于轻缓，从犯罪预防的角度而言，有间接鼓励单位贿赂行为之嫌，上述情况也见诸于外国。例如，日本学者通过对日本2000年之后5年间违反法人税法的法人犯罪案件进行量化分析后，也得出了"为单位谋利的目的"与"为个人谋利的目的"在实践中的确能够对量刑结果产生实质性影响的结论，并批判性地指出："从定量研究中我们得到的信息是为法人利益实施犯罪与减轻责任之间存在正相关。但是，这是预防法人犯罪所希望的吗？……如果认为为了预防法人犯罪，我们需要培

---

〔1〕　[意]贝卡里亚：《论犯罪与刑罚》，黄风译，中国大百科全书出版社1993年版，第104页。

〔2〕　[意]贝卡里亚：《论犯罪与刑罚》，黄风译，中国大百科全书出版社1993年版，第104页。

〔3〕　曾粤兴、孙本雄："《刑法》中的单位行贿罪研究"，载《昆明理工大学学报（社会科学版）》2014年第2期，第42页。

〔4〕　黎宏：《刑法学》，法律出版社2012年版，第117页。

育超越法人伦理的规范意识，就不能认为上述信息是我们所希望的。"[1]

此外，因为《刑法》对单位贿赂案件中的自然人处罚较轻，所以"单位犯罪"经常被作为逃避重罚的一个"合法途径"。例如，在"泸水县东谷医药有限责任公司单位行贿案"中，公诉机关根据《刑法》第389条指控该公司董事长行贿110余万元、总经理行贿18万余元，并建议对前者判处有期徒刑13~15年，并处没收个人财产；对后者判处有期徒刑5~6年。但是，法院经审理，采纳了辩护方的意见，认定二人的行为构成单位行贿罪，仅对前者判处有期徒刑4年零6个月；对后者判处有期徒刑2年，缓刑3年。[2] 正因如此，在实践中许多行为人纷纷根据《中华人民共和国公司法》（以下简称《公司法》）第57条成立实际上由个人控制的一人有限责任公司，为自己的违法行为披上"单位"的外衣，以至于有观点提出应该适用《公司法》第20条规定的公司法人人格否认制度，来处理一人公司的犯罪案件。[3] 但是，从罪刑法定的角度出发，一人有限责任公司也是单位，即使是公司所有人能够完全控制该公司的行为与收益，只要其以一人公司的名义实施贿赂犯罪，并将所有收益放入公司管控的范围，也应该以单位贿赂犯罪的相应罪名予

〔1〕 ［日］白石贤等："企业犯罪中'企业利益目的'与'个人利益目的'的区别是否对量刑产生影响——关于违反法人税法量刑因素的计量分析"，载《ESRI系列论文》（ESRI Discussion Paper Series）第192号（2007年），第19页。
〔2〕 参见彭佩珍："泸水县东谷医药有限责任公司单位行贿案"，载云南省怒江傈僳族自治州中级人民法院网站，http://njfyw.gov.cn/Pages_3_2374.aspx，最后访问日期：2016年5月12日。
〔3〕 参见王剑波、郭慧："公司法人人格否认视野下的一人公司犯罪分析"，载《云南大学学报（法学版）》2007年第6期；谢杰、吕继东："一人公司犯罪主体论"，载《上海公安高等专科学校学报》2006年第6期。

以处罚。[1]

上述表明,虽然自 1997 年以来,立法机关已经多次对单位贿赂犯罪的相关条文进行修订完善,但是并没有改变业已存在的处罚理念与立法问题。而在这些基础问题得不到妥善解决的情况下,是难以提高刑罚的威慑力、促进犯罪单位改善的。

二、不正当利益

(一) 实然规定

从立法可以看出,不正当利益是贿赂犯罪的核心构成要件要素之一。《刑法》第 164 条第 1 款规定的对非国家工作人员行贿罪、第 389 条规定的行贿罪、第 390 条之一规定的对有影响力的人行贿罪、第 391 条规定的对单位行贿罪以及第 393 条规定的单位行贿罪都是以"为谋取不正当利益"为构成要件要素。与此相应,《刑法》第 388 条规定的受贿罪(斡旋受贿)与第 388 条之一规定的利用影响力受贿罪都是以"为请托人谋取不正当利益"为构成要件要素。因此,如何准确界定"谋取不正当利益"是司法实践中必须解决的问题。

就"谋取不正当利益"的内涵,刑法学界存在较大争议,学者们提出了"非法利益""不应得到的利益""手段不正当"以及"受贿人是否违背职务"等多种学说。为了给司法实践提供具体可行的操作标准,最高人民法院、最高人民检察院先后在三项司法解释中对"谋取不正当利益"进行了规定。最高人民法院、最高人民检察院于 1999 年 3 月 4 日下发的《关于在办理受贿犯罪大要案的同时要严肃查处严重行贿犯罪分子的通知》

---

[1] 参见何亮:"一人公司在单位行贿罪中的主体定位",载《人民检察》2012 年第 24 期。

（高检会〔1999〕1号，以下简称《通知》）第2条第1款规定："……'谋取不正当利益'是指谋取违反法律、法规、国家政策和国务院各部门规章规定的利益，以及要求国家工作人员或者有关单位提供违反法律、法规、国家政策和国务院各部门规章规定的帮助或者方便条件。"根据此规定，谋取不正当利益可以分为两种：①谋取非法利益；②谋取非法的帮助或者方便条件。

在《通知》公布近十年后，为了在21世纪初期展开的治理商业贿赂专项活动过程中准确适用法律，最高人民法院与最高人民检察院于2008年11月20日联合公布了《关于办理商业贿赂刑事案件适用法律若干问题的意见》（以下简称《意见》），在第9条规定："在行贿犯罪中，'谋取不正当利益'，是指行贿人谋取违反法律、法规、规章或者政策规定的利益，或者要求对方违反法律、法规、规章、政策、行业规范的规定提供帮助或方便条件。在招标投标、政府采购等商业活动中，违背公平原则，给予相关人员财物以谋取竞争优势的，属于'谋取不正当利益'。"可见，该条在《通知》第2条第1款规定的基础上，针对商业活动增加了"谋取不正当利益"的第三种情形，即虽然不违法，但是违反公平原则，在商业活动中谋取竞争优势。

2012年12月26日，为了应对实践中出现的新问题，最高人民法院、最高人民检察院联合公布了《关于办理行贿刑事案件具体应用法律若干问题的解释》（法释〔2012〕22号，以下简称《解释》），在第12条规定："行贿犯罪中的'谋取不正当利益'，是指行贿人谋取的利益违反法律、法规、规章、政策规定，或者要求国家工作人员违反法律、法规、规章、政策和行业规范的规定，为自己提供帮助或者方便条件。违背公平、公正原则，在经济、组织人事管理等活动中，谋取竞争优势的，应当认定为'谋取不正当利益'。"对比上述《通知》与《意见》的规定可见，《解释》在继承谋取违法的利益、谋取违法的帮助或者方便条件这两种情形的同时，对《意见》规定的第三种情形进行扩大，将"商业活动"扩大为"经济、组织人事管理等活动"。

（二）应然探讨

客观而言，上述司法解释的规定相对比较具体，而且可操作性强，对于指导司法实践而言具有重大的意义。但是，由于中国正处于快速发展期，新情况、新问题层出不穷，而且各种利益纷繁纠缠，因此在实践中还存在值得探讨的重要问题。其中之一就是请托人为"谋取正当利益"而行贿，或者为他人"谋取正当利益"而受贿是否构成犯罪？也即，是否可以通过贿赂手段获取正当利益？

之所以提出这一问题，一方面是因为《刑法》本身对"正当利益"与"不正当利益"做了区分。与对非国家工作人员行贿罪、行贿罪、对有影响力的人行贿罪、对单位行贿罪、单位行贿罪以及利用影响力受贿罪以"为谋取不正当利益"为构成要件要素相比，《刑法》第163条规定的非国家工作人员受贿罪、第184条第1款规定的非国家工作人员受贿罪、第385条规定的受贿罪、第387条规定的单位受贿罪都是以"为他人谋取利益"为构成要件要素。显然，这里的"为他人谋取利益"既包括不正当利益，也包括正当利益。另一方面是因为在社会生活中，存在大量行为人因为种种原因不得不采取贿赂手段才能实现其正当利益的情形，而在司法实践中的确存在争议。

例如，在 2015 年何细燕行贿案中，[1] 何细燕挂靠四川煤矿基本建设工程公司承揽到神华宁夏煤业集团有限责任公司灵新煤矿六采区 2013 年度矿建工程，为了矿建工程的顺利进行并能及时结算工程款，何细燕于 2013 年中秋节前及 2014 年春节前，先后两次到时任灵新煤矿矿长荀某（另案处理）的办公室，送给荀某人民币共计 30 万元。虽然被告人及其辩护人一直主张何细燕在本案中追求的利益不违反法律规定，也没有让荀某违反法律、法规、行业管理规定为何细燕谋取利益，何细燕谋求的是减少发包方违约的正当利益，但是一审判决、二审判决以及再审判决都认为，在侦查阶段，何细燕供述其向荀某行贿 30 万元是要求荀某帮助协调工程顺利进行和荀某尽快结算、支付工程款，该目的符合《解释》规定的要件要素，应认定何细燕行贿行为是谋取不正当利益。

与此相对，在 2017 年任鲁才行贿案中，[2] 就任鲁才通过时任聊城市政府副秘书长胡廷金，给东阿县交通运输局打招呼，帮助李亮讨要修路款，送给胡廷金好处费现金 6 万元人民币的行为，一审法院认为，任鲁才通过胡廷金打招呼要的是东阿交通局欠李亮的修路款，利益的本身是合法的，任鲁才把李亮给付的 6 万元原封不动地转交给胡廷金，主观上没有谋取不正当利益的目的，客观上也未获得任何不正当利益，因此，不存在谋取不正当利益的要素。判决生效后，检察机关以如下理由提出抗诉：李亮找到任鲁才让其帮忙向东阿县交通局要修路款，任鲁才找到时任聊城市政府副秘书长胡廷金给相关人员打招呼，在同样索要修路款的平等主体中，谋取到了竞争优势。任鲁才

---

〔1〕 宁夏回族自治区中卫市中级人民法院刑事判决书（2015）卫刑再终字第 2 号。

〔2〕 山东省冠县人民法院刑事判决书（2017）鲁 1525 刑再 1 号。

找胡廷金帮忙，是采取的不正当的方法，属于要求国家工作人员违反规章、政策，为自己提供帮助或者方便条件，属于牟取不正当利益。再审法院经审理推翻了一审法院的结论，认为虽然要的修路款本身是合法的利益，任鲁才也未获得任何利益，但是任鲁才通过不正当的方式、方法为他人要回修路款，违背了公平、公正原则，符合《刑法》第389条与《解释》第12条的规定，属于"谋取不正当利益"。

从上述两个判决可以看出，就通过贿赂行为"谋取正当利益"的行为，司法实践是倾向于认定构成"谋取不正当利益"的。从实然规定的角度出发，在《刑法》本身已经区分了"正当利益"与"不正当利益"的情况下，将通过贿赂行为"谋取正当利益"的行为一概认定为上述"谋取不正当利益"的第三种情形，即"违背公平、公正原则，在经济、组织人事管理等活动中，谋取竞争优势"并不合理，而且，有混淆手段与目的的界限、违反立法本意之嫌。

那么，如何对"谋取正当利益"的行为进行区分呢？如下两个要素应该具有重要的参考价值：

第一，行为人是否能够确定获取某一利益。也即，如果行为人能够确定无疑地获得"正当利益"，而且并不存在其他竞争者，只是因为外部因素导致其不能够合法、合规地获得该利益，行为人为了顺利获得其利益而行贿的，不应认定为"谋取不正当利益"。因为，一方面，该利益既然是正当合法的，就不符合《解释》规定的第一种与第二种情形；另一方面，如果不存在竞争者，也就不存在《解释》规定的第三种情形中的"谋取竞争优势"的规定。在上述任鲁才行贿案中，任鲁才在主观上是为了讨要其按照合同约定应得的工程款，而且就该工程款，并无其他合法主张者，也不存在谋取竞争优势的问题。因此，应该认为，一审法院的认定是合理的。同理，何细燕为减少发包方违约可能造成的损失而行贿的行为，也不应被认定为"谋取不正当利益"。如果行为人是否能够获得"正当利益"并不确定，存在其他竞争者，则其通过行贿获取该利益应该构成"谋取不正当利益"，因为在这种情形中，利益主体仍然属于待定状态，行为人通过行贿取得相关利益，当然属于"谋取不正当利益"。例如，在申请贷款的过程中，即使贷款申请完全符合条件，但是是否发放贷款取决于金融机构，在此过程中，如果行为人通过贿赂行为获取了贷款，因为还存在其他竞争者，其行为人当然构成"谋取不正当利益"。同理，在招投标的过程中，行为人通过不正当手段取得了招标的低价，在竞选岗位的过程中，行为人通过他人获得试题等，在这些情况下，即使行为人最后凭借自身实力中标或者竞选成功，也构成"谋取不正当利益"，因为虽然其没有侵犯他人的既定利益，但是破坏了利益程序上的公正性，违反公平、公正原则。

第二，为请托人谋利的不正当手段是否起到决定性的实质作用。如果行为人针对的利益并不非法或者违规，但是因为是否能够获取某一利益并不确定，因此采取了一些不正当手段，在这种情况下，其行为是否构成"谋取不正当利益"，也不能一概而论，应参考谋利的不正当手段的作用而确定。例如，行为人参加某高校的招生笔试，虽然通过教育部门的主管领导向招考单位打招呼，但是招考单位的经办人只是利用职务之便提前查询了行为人的考试分数，最后行为人因为成绩优秀而被录取。在这种情况下，虽然行为人提前知道了其分数，但是其在整个过程中，并没有获得任何相对优势。因此，不能认为其行为构成"谋取不正当利益"。同理，在杨常明利用影响力受贿案中，如果行为人符合申请审批号牌的条件，通过正常途径提出申请，杨常明只是利用其担任主要领导司机形成的便利条件，提前获得信息，告知申请人的申请是否获批，也不能认定其为请托人"谋取了不正当利益"，因为其行为对于请托人的申请是否能够获批未起到任何实质性作用。

总而言之，虽然司法解释就行贿犯罪中"谋取不正当利益"这一构成要件要素进行了说明，但是语言表述是有限的，而社会实践是无限的。所以，在司法实践中，对于具体问题还需要进行具体分析。尤其是在经济活动中，因为种种原因，存在着大量不得不通过不正当手段获取正当利益的情形，所以在认定某一行为是否构成"谋取不正当利益"之际，应参考获取正当利益的确定性与谋取利益手段的决定性谨慎为之。

三、财物

在贿赂犯罪中，行为对象都是"财物"。根据最高人民法院、最高人民检察院2008年颁布的《关于办理商业贿赂刑事案件适用法律若干问题的意见》第7条，此处的"财物"，既包括金钱和实物，也包括可以用金钱计算数额的财产性利益，如提供房屋装修、含有金额的会员卡、代币卡（券）、旅游费用等。虽然有的观点提出，贿赂行为的对象应该既包括财物，也包括财产性利益，还包括非财产性利益，即凡是能够满足人们物质或精神需求的一切有形的或无形的、物质的或非物质的、财产性的或非财产性的利益，均可以视为贿赂。[1] 但是，2011年5月1日开始实施的《刑法修正案（八）》显然还是坚持了传统观点，将新增的对外国公职人员、国际公共组织官员行贿罪的

---

〔1〕 参见郑泽善："受贿罪的保护法益及贿赂之范围"，载《兰州学刊》2011年第12期，第63~64页。

行为对象限定为"财物",〔1〕即"具有价值的有体物、无体物和财产性利益。非财产性利益不属于贿赂"〔2〕。

就将贿赂犯罪的行为对象限定为"财物",学者们提出的理由大致可以概括如下:①从历史上看,我国自古以来,贿赂均指财物;②1988年1月通过的《补充规定》明确规定,贿赂仅仅指财物,因此,扩大贿赂的范围是没有法律根据的;③受贿罪是按贪污罪的法定刑处罚,而贪污罪是以贪污财物的数额的多少作为量刑标准的,如果把财物以外的非法利益也视为贿赂,司法机关就难以掌握定罪量刑的标准;④如果贿赂不限于财物,当公务员与公务员之间,各自利用职务便利为对方谋取其他不正当利益时,将无法认定谁是行贿者谁是受贿者;⑤扩大贿赂的范围,将会使受贿罪成为"大口袋",什么都往里装,把国家工作人员的一般违法乱纪行为或其他犯罪行为,统统作为受贿罪处罚,这势必扩大受贿罪的成立范围。〔3〕

然而,上述理由存在诸多问题。首先,以历史作为限制贿赂的行为对象的理由,显然是不成立的,因为在法律与社会的关系上,"社会不是以法律为基础,那是法学家的幻想。相反的,法律应该以社会为基础。法律应该是社会共同的,由一定物质生产方式所产生的利益和需要的表现,而不是单个的个人的恣意横行。"〔4〕如果现实需要将贿赂的行为对象扩大至非财产性利益,立法首先需要满足现实的需要。其次,难以掌握定

---

〔1〕《刑法》第164条第2款规定:为谋取不正当商业利益,给予外国公职人员或者国际公共组织官员以财物的,依照前款的规定处罚。

〔2〕高铭暄、马克昌主编:《刑法学》,北京大学出版社、高等教育出版社2011年版,第629页。

〔3〕参见吕天奇:"论受贿罪的犯罪对象",载《西南民族大学学报(人文社科版)》2006年第11期,第81页。

〔4〕《马克思恩格斯全集》(第6卷),人民出版社2012年版,第291~292页。

罪量刑的标准的理由也很难成立，因为在数额之外，还可以根据行为人在接受非财产性利益之后，或为了在将来的某一时刻接受非财产性利益，而造成的危害后果，或者对职权或者职务的不正当行使的程度来定罪量刑。再次，就公务员与公务员之间，各自利用职务便利为对方谋取其他不正当的利益的情形，其实双方同时既有行贿行为，又有受贿行为，按照牵连犯的处理原则，从一重罪处罚即可。最后，也不必忧虑扩大贿赂的范围，将会使受贿罪成为"大口袋"，因为在立法预设之后，还可以通过司法选择的过程，控制受贿罪的实际处罚范围。

从现实需要出发，应该将贿赂犯罪中的"财物"扩大至"非财产性利益"。一方面，这在司法文件中已有先例。最高人民法院2003年颁布的《全国法院审理经济犯罪案件工作座谈会纪要》就全国人大常委会《关于〈中华人民共和国刑法〉第三百八十四条第一款的解释》中"个人决定以单位名义将公款供其他单位使用，谋取个人利益的"构成挪用公款之规定进行解释时认为，所谓的"个人利益"，既包括不正当利益，也包括正当利益，既包括财产性利益，也包括非财产性利益，但这种非财产性利益应当是具体的实际利益，如升学、就业等。另一方面，许多国家甚至国际公约已经将贿赂行为的对象扩展至非财产性利益。例如，2011年7月1日开始实施的英国《2010年贿赂罪法》（Bribery Act 2010）明确将贿赂犯罪的行为对象规定为"金钱或者其他利益"，[1] 在英国《2010年贿赂罪法》出台之前，欧洲的相关公约已经将"利益"解释为包括非财产性利益。新加坡、日本、韩国等许多国家甚至已经将性贿赂纳入了处罚

---

[1] 该法的文本及相关文件，参见英国政府官方网站，http://www.legislation.gov.uk/ukpga/2010/23/contents.

范围，例如，2013 年新加坡民防部队原总监林新邦因向 3 名商界女高管"索取性贿赂"，被判 6 个月监禁。[1]这说明在打击贿赂犯罪的国际实践中，"非财产性利益"的输送是真实存在的，定罪量刑问题也是可以解决的。

四、国家机关刑事责任

（一）具体案例

在司法实践中，因贿赂行为被定罪处罚的多为企业单位。但是，国家机关被定罪处罚的也不乏其例。例如，2000 年 4 月 10 日，原黑龙江省庆安县人民检察院检察长李云涛与庆安县人民检察院被以单位受贿罪公诉至人民法院。根据报道，1999 年 1 月 19 日，在未立案的情况下，李云涛批准将庆安县公安局林业派出所民警吴云翔刑事拘留，并授意主管副检察长暂不立案，向吴云翔的主管单位索要"赞助款"。几经讨价还价，最后李云涛同意接受 6 万元钱的"意见"，并同意对吴取保候审。仅隔一天，即 1999 年 1 月 20 日，也是在没有立案的情况下，庆安县人民检察院刑事拘留了县公安局市场民警队的刘建波（因故意伤害罪现已被判刑），李云涛又如法炮制索要"赞助"，工商局无力支付，后刘的家属拿了 5 万元人民币在工商局有关人员的陪同下送到了检察院，交钱当天刘就被取保候审。上述 11 万元款项全部列入了该院的账外账中，用于支付餐费、手机费、职工福利等。经开庭审理，人民法院一审以单位受贿罪，判处李云涛拘役 6 个月，判处黑龙江省庆安县人民检察院罚金人民币 1 万元。这是全国首例人民检察院因单位受贿罪被追究刑事责任

---

〔1〕 参见张宝钰："外媒：性贿赂在亚洲很常见？"，载《青年参考》2015 年 2 月 26 日，第 6 版。

的案例。[1]

2015年，南方的安徽省淮南谢家集区教育局与北方的黑龙江省佳木斯市前进区人民政府都被认定构成单位行贿罪。安徽省淮南市凤台县人民法院审理查明，2006年至2011年间，淮南市谢家集区教育局帮助淮南市新华书店在区属各学校征订教辅资料过程中，利用职权收受淮南市新华书店以"宣传推广费"名义给的教辅资料发行回扣款523 924元，作为单位小金库，用于发放福利。因此，以单位受贿罪判处谢家集区教育局罚金20万元。[2] 在同年审理的黑龙江省佳木斯市前进区单位行贿案中，[3]时任中共佳木斯市前进区区委书记的被告人王某某和时任佳木斯市前进区区长的被告人刘某某，为得到时任中共佳木斯市委书记林某某的帮助，以促成佳木斯市前进区人民政府与九阳集团的合作项目，先后两次套取前进区人民政府办公经费，向林某某行贿，最终促成了九阳项目的成功签约并协调解决了该项目用地困难。判决书认定，前进区人民政府的上述行为构成单位行贿罪，据此判处其罚金50 000元。

根据《刑法》第30条"公司、企业、事业单位、机关、团体实施的危害社会的行为，法律规定为单位犯罪的，应当负刑事责任"之规定，在立法层面，追究国家机关包括贿赂犯罪在内的相关犯罪的刑事责任应该不存在障碍。"既然《刑法》规定了单位可以成为犯罪的行为主体，事实上国家机关也完全可以

---

〔1〕　郭毅："反贪局长硬手查办，告倒顶头上司"，载《法制日报》2000年5月11日，第3版。

〔2〕　李旭东、万其明、张安浩："淮南谢家集区教育局一审被认定单位受贿——原局长获重刑"，载安徽网，http://www.ahwang.cn/zbah/20150430/1421714.shtml，最后访问日期：2018年6月5日。

〔3〕　黑龙江省佳木斯市向阳区人民法院刑事判决书（2015）向刑初字第168号。

实施部分犯罪，故没有理由将国家机关排除在单位犯罪的行为主体之外。"〔1〕但是，国家机关作为行使立法权、行政权与司法权的机构，毕竟不同于公司等经济组织。因此，就国家机关是否能够承担刑事责任，在许多观点问题上，都存在较激烈的理论争议。

（二）争议问题

1. 追究国家机关刑事责任是否存在理论依据？

否定国家机关刑事责任的论者认为，追究国家机关刑事责任违反刑事法理。从主观方面而言，国家机关是代表国家行使宪法规定的管理职能的主体，其在具体活动中体现的是与犯罪意志水火不相容的国家意志，如果国家机关中的个人假借组织的名义集体决策实施犯罪行为，具体行为体现的是个人意志而非集体意志；从客观方面而言，单位的犯罪行为应该由单位决策机构或负责人员的决定行为与其他直接责任人员的实施行为组成，二者紧密相联，缺一不可。而对于"我国国家机关而言，尤其是行政机关、军事机关（司法机关亦存在此种情形）决定者与执行者往往是不一致的，按照上述逻辑我们可以推出这种情况显然不构成单位犯罪。如果强行按照新《刑法》的规定将之作为单位犯罪来处理，则必然是对犯罪构成理论的悖逆，且造成司法实践中追究刑事责任的困难"〔2〕。

肯定论者则针锋相对地提出，国家机关也是单位的一种表现形式，如果认为公司、法人等国家机关以外的单位具有自己的意志能力，当然也应该承认国家机关的意志能力。虽然国家

---

〔1〕 张明楷：《刑法学》，法律出版社2007年版，第133页。

〔2〕 胡廷霞："国家机关作为单位犯罪主体之否定"，载《法制与社会》2008年第20期，第156页。

意志与犯罪意志不能共存，但是当国家机关集体决策实施犯罪行为之际，体现出来的已经不是国家意志，而是犯罪意志。"犯罪意思与国家意志不能并存的观点正好说明了国家机关为什么可以成为犯罪主体的理由。"[1] 而且，国家机关符合犯罪单位的所有要件。单位要成为犯罪主体，必须具备合法性、组织性、有一定的经费和财产以及有一定的独立性四个特征。根据《中华人民共和国民法通则》的规定，我国国家机关是具备如下特征的法人：依法设立、根据国家编制有本机关的工作人员、拥有国家拨款作为独立的经费以及根据法律规定行使国家权力和从事实现国家职能的活动，具备单位犯罪主体所必须具备的所有特征，能够成为单位犯罪的主体。[2]

2. 追究国家机关刑事责任是否有国外先例可循？

否定论者认为，我国的单位刑事责任是仿效国外，尤其是英美国家的法人刑事责任规定的。国外学者在论述法人的犯罪能力与刑事责任之际，首先是论述法人的本质，并提出了法人拟制说、法人实在说、法人超越说等不同观点，但是"西方学者论述的法人本质，都是就公司、法人而言的，所以西方国家刑法规定的法人犯罪，仅限于公司、企业犯罪，而不包括国家机关。我国规定国家机关为单位犯罪的主体，既无西方国家的理论可以借鉴，事前在学理上也未很好地进行研究，因而可以说我国刑法的这一规定缺乏理论根据"[3]。与此同时，主张允许司法机关追究国家机关刑事责任就是允许司法权干预行政权，

---

〔1〕　马克昌："'机关'不宜规定为单位犯罪的主体"，载《现代法学》2007年第5期，第57页。

〔2〕　郭建华："国家机关应该成为犯罪主体"，载《宜宾学院学报》2008年第2期，第80页。

〔3〕　马克昌："机关不宜规定为单位犯罪的主体"，载《人民检察》2007年第21期，第5页。

在国外立法中不存在立法先例，"从国外的立法例看，英、美无国家机关犯罪的规定；德国不承认法人犯罪；法国虽然承认法人犯罪，但是明确规定国家机关不可能规定犯罪；日本在行政刑法中规定了法人犯罪，但也没有国家机关犯罪的规定。从法理上讲，国家行政权平行于司法权，两权不能互相干预。司法机关宣布行政机关构成犯罪，实际上就是干预行政权的表现。"[1]

肯定论者则认为，关于法人本质的探讨主要存在于民商法律之中，无论法人的本质是什么，国外立法在肯定法人刑事责任之际，就是已经肯定了法人的犯罪能力，将之放在了与自然人同等的地位，就如美国法官所言："法律应该尊重包括自然人与法人在内的所有人的权利，但是，不能对绝大部分的商业活动，尤其是州与州之间的商业活动由其所控制的事实视而不见，如果因为法人不能犯罪这一腐朽而又陈旧的原则而赋予它们刑事豁免，实质上就是剥夺了唯一能够控制它们、纠正违法的有效工具。"[2] 也正是基于这一政策追求，在国外的制定法中，近年来已经出现了许多追究国家机关刑事责任的立法例。

在英美法系国家中，英国《2007年企业过失致人死亡罪法》明确规定，公司、协会、行政机构、警察机关、皇家组织都可以实施该法规定的犯罪，并承担刑事责任。根据澳大利亚维多利亚州议会的解释，可以根据2001年通过的《（工作场所死亡与严重伤害）犯罪法》［Crimes（Workplace Deaths and Serious Injuries）Bill 2001］追究行政机关的责任。在联邦层面，2012

---

〔1〕 贾凌、曾粤兴："国家机关不应成为单位犯罪的主体"，载《法学》2002年第11期，第39页。

〔2〕 Osvaldo Vazquez, "The History and Evolution of Corporate Criminality", Available at SSRN: http://ssrn.com/abstract=978883, p. 118（accessed 8 July 2017）.

年，作为澳大利亚中央金融主管机构的联邦储蓄银行的两家分公司因为在 20 世纪 90 年代末至 2011 年 7 月之间大肆向东南亚的政府行贿，被联邦法院认定有责。2004 年 3 月 31 日生效的加拿大《C-45 号法》也将刑事责任扩展到了所有的"组织"，包括公共组织、公司、社团、工会、地方政府。[1]

虽然与英美法系国家相比，大陆法系国家接受法人刑事责任的时间较晚，但是，也已经出现了规定国家机关刑事责任的立法例。1994 年开始实施的新《法国刑法典》第 121-2 条明文规定，除了国家以外，法人可以实施犯罪。这里所谓的"法人"，既包括公司、协会等私法法人，也包括公法法人，即国家以外的地方共同团体。而且，在 1997 年出现过地方政府因为管理河流不善，导致郊游儿童溺亡而被追究刑事责任的判例。[2] 1996 年修改的《丹麦刑法典》第 26 条和第 27 条明确规定，如果国家机关与地方政府像私人与法人那样违反了关于污水处理的环境保护法等法律，可以对之追究刑事责任。1995 年修改的《芬兰刑法典》规定，除行使公共权力的场合，可以追究公共机构的刑事责任。尤其应该指出的是，德国虽然迄今没有承认法人的犯罪能力，但是为了满足欧盟的要求与自身的规制需要，因而也承认对于公共团体是可以给予行政性制裁的。[3]

3. 国家机关刑事责任是否已经被实践否定？

从司法实践与立法适当性的角度，否定论者认为，法律的

〔1〕　Zhenjie Zhou, *Corporate Crime in China：History and Contemporary Debates*, London：Routledge, 2014, pp. 79-80.

〔2〕　ジャン＝ポール・セレ「フランスにおける法人の刑事責任の展開」企業と法創造 3 巻 4 号（2007）37 頁。

〔3〕　Zhenjie Zhou, *Corporate Crime in China：History and Contemporary Debates*, London：Routledge, 2014, p. 80.

生命在于实施，而司法实践常常否定国家机关的刑事责任。在丹东、烟台、海南等地发生的汽车走私案中，国家机关无一被追究刑事责任；在新疆乌铁中院受贿案中，法院也未被追究刑事责任。国家机关可以构成单位犯罪的规定一直未予实际执行的事实，充分说明它的妥当性值得认真考虑。而且，认定国家机关有罪会带来许多难以解决的难题："首先，国家机关依照法律设立并行使权力，自上而下呈网状分布，任何一个机关瘫痪，都会使国家权力的运行受阻。其次，公权力的行使，一靠权力主体自身的权威，二靠国家强制力保证。将国家机关作为罪犯处理，将严重损害国家机关的威信。在这种情况下，国家机关哪还有威信去履行自己的职能？对一个自身被定罪的法院的审判，谁还会认为是正义的审判呢？"[1]

就立法没有得到严格实施的问题，肯定论者则认为，司法上的操作困难与立法本身的妥当性是两个不同层面的问题。立法没有得到严格实施，并不必然说明立法本身的妥当性值得反思，因为徒法不足以自行，也可能是因为执法之中存在亟待解决的缺陷与问题，或者受到了大环境的制约。在这种情况下，立法机关不应该否定立法，而应该采取适切而有力的措施，保证刑法规范在实践中能够得到严格遵守与执行。[2] 同时，虽然总体而言"机关实施单位犯罪的可能性不高，但是客观上仍然存在着实施单位犯罪的可能性。即便司法实务中只出现少量的机关犯罪，法律规定机关作为单位犯罪的主体也是有必要的。而且，

---

〔1〕 马克昌："'机关'不宜规定为单位犯罪的主体"，载《现代法学》2007年第5期，第55页。

〔2〕 参见周振杰：《比较法视野中的单位犯罪》，中国人民公安大学出版社2012年版，第87页。

惩罚少量的机关犯罪有利于警醒机关、促进机关自律。"〔1〕"国家机关权威的丧失殆尽，不是由于国家机关被规定为犯罪主体进而被追究刑事责任造成的，而是由国家机关的犯罪行为造成的。国家机关的犯罪行为本身给社会造成了危害，如果把国家机关排除在犯罪主体之外而不追究其刑事责任，这无疑是对社会的二次危害，并且这种危害远远大于国家机关犯罪行为本身给社会造成的危害。因为它破坏了法律赖以存在的基础，使人们失去了对法律的希望和信心。"〔2〕

4. 追究国家机关刑事责任能否实现刑罚目的？

从刑罚目的的角度出发，否定论者认为，国家机关不能承受刑罚的后果，对之处罚无益于威慑、预防犯罪，因为国家机关的任务"是使国家机器正常运转，维护人民的根本利益，对机关进行经济处罚，只能损害机关行使职能的能力，最终损害国家和人民自身的利益，因此必然迫使国家追加对机关的经费支出，这无异于国家把金钱从这个口袋装入另一个口袋，没有实际意义，也达不到惩罚教育的目的，而且有损于国家机关的威信"〔3〕。继而，否定论者从经济学的角度提出："国有事业单位同样不能成立单位犯罪主体。事业单位是政府创办的提供教育、科研、文化和卫生服务的专门机构。……事业单位的管理者和行政官员并没有实质差别，他们都有一定的级别，都可以在不同性质的'单位'之间互换职位，都是'单位'仕途的起点和终点。"〔4〕

〔1〕　王良顺：《单位犯罪论》，中国人民公安大学出版社 2008 年版，第 14 页。

〔2〕　郭建华："国家机关应该成为犯罪主体"，载《宜宾学院学报》2008 年第 2 期，第 80 页。

〔3〕　左振杰："论国家机关不能成为犯罪主体"，载《西安社会科学》2008 年第 4 期，第 109 页。

〔4〕　高鹏："论国家机关、国有事业单位不能成立单位犯罪——以经济分析法学为视角"，载《河南公安高等专科学校学报》2009 年第 4 期，第 33 页。

既然国家机关刑事责任有害无益，则理应予以废除；为了遏制国家机关实施社会危害行为，对相关责任人员判处刑罚即可。

肯定论者则认为，上述主张其实是老生常谈，早在20世纪80年代，中国学者就《刑法》应否将单位规定为犯罪主体的问题进行争论之际，该主张就已经被反复提及。当时就有学者主张，鉴于在当时几乎所有法人都是国家与集体所有的事实，国家处罚单位即是在处罚自己，无法实现刑罚的报应或威慑目的；[1] 同时，刑罚目的的实现以处罚对象能感触到刑罚之苦为前提，而单位不是具有自我意识之生物，不能感觉到刑罚之苦，所以，单位处罚对于处罚、预防犯罪的刑罚目的而言，不但无益而且有害。[2] 但是，上述论点是在《刑法》仅规定了罚金作为单位犯罪唯一刑罚的情况下提出来的，如果增加新的刑罚制度，如资格刑、社区矫正、单位缓刑等，就可以避免否定论者所主张的情况。与此同时，从已经发生的案例来看，国家机关所实施的犯罪大多具有规模大、时间长与利益分散化的特点，实际上是在其内部形成了一种具有违法倾向的环境或者文化，仅仅处罚具体行为人是无法改变这种宏观事实的，而且会给有责的国家机关留下责任外化与降低犯罪成本的途径，例如，开除具体行为人或者宣布其非国家机关工作人员。从犯罪预防的角度出发，需要对国家机关这个整体予以谴责与制裁。[3]

---

〔1〕 参见高铭暄、姜伟："关于'法人犯罪'的若干问题"，载《中国法学》1986年第6期，第19页。

〔2〕 参见赵秉志："关于法人不应成为犯罪主体的思考"，载《法学研究》1989年第5期，第58页。

〔3〕 See Zhenjie Zhou, *Corporate Crime in China: History and Contemporary Debates*, London: Routledge, 2014, pp. 98–101.

5. 追究国家机关刑事责任是否存在宪政障碍？

对此，肯定论者认为，将国家机关规定为犯罪主体，将引起宪政上的难题，因为"根据宪法和相关法律的规定，相应的最高国家机关对外代表国家，对内行使最高国家权力，管理国家事务，行使国家司法权等。让他们成为犯罪主体并承担刑事责任，与其所承担的角色完全不相符，也会使相应的国家机关和人民群众都处于极其尴尬的境地。即使是地方国家机关成为犯罪主体，也是极其荒谬的，某个地方的人民可以处于被自己的国家所认定为犯罪的人的行政管理、司法管制之下吗？犯罪人可以管理普通公民吗？犯罪人如何以及应否行使国家权力？这是否会产生严重的宪政悖谬？这一系列问题，必将使单位特别是国家机关作为犯罪主体的刑法规定产生逻辑上、宪政上的难题……（只要规定了国家机关刑事责任），无论是否将国家机关作为犯罪主体来进行惩处，都会导致一系列的宪政悖谬，都会导致进退两难的尴尬困境与难以言说的困窘"〔1〕。

否定论者则反驳认为，虽然根据《宪法》规定，国家机关必须依法行使职能、从事管理工作，但是《宪法》并没有明确规定不得将国家机关规定为犯罪主体，同时《宪法》也对国有法人、行业协会、各类学校等做了规定，这些机构无疑也应依法办事。如果将国家机关规定为犯罪主体会带来宪政上的难题，那么将国有法人、高等学校等规定为犯罪主体，也同样会带来宪政上的难题。如果我们不能接受犯罪人的行政管理，难道我们就能接受犯罪人管理我们的财产、给我们提供教育吗？此外，我国的工会、妇联、行业协会等社会团体，在实质上也承当了

---

〔1〕　朱建华："单位犯罪主体之质疑"，载《现代法学》2008年第1期，第91页。

部分行政管理职能，如果国家机关的犯罪主体资格应该被予以否定，那么这些团体的犯罪主体资格也应该被予以否定。而关于国有法人、学校、社会团体等单位是否能够构成犯罪主体的问题，目前几乎没有从宪政角度提出的否定意见。因此，追究国家机关刑事责任并不会引起宪政难题。[1]

（三）理论评析

在对国家机关刑事责任否定论与肯定论的论据进行评析之前，必须明确如下事实：

第一，从历史的角度而言，单位刑事责任并非传统刑法理论的自然演绎，而是政策选择的结果。在 19 世纪以前，与大陆法系国家一样，英美国家也都基于对法人难以进行道德谴责、法人难以出庭作证、法人对社会生活影响不大等理由否定法人刑事责任。但是到了 19 世纪中期，随着工业化向英国全国扩展，英国法院被迫面对大量铁道公司的污染环境等违法行为。为了应对这种局面，英国法院不得不改变立场，认为能够基于不作为对法人提出刑事控诉，就如有的观点所言："法人已经通过各种方法进入了大部分市民以及其他社会主体的私生活，如果继续让法人享受免责特权，可能会给公众带来危险。"[2] 1838 年的雷吉纳诉泰勒案（Regina v. Tyler）更是直接表明了"采纳刑事责任是规制法人行为最有效的途径"[3]的态度。与此类似，"美国法院与立法机关一直在不断地修改法人的法律地位，以应对社会与司法需要。在 19 世纪初期，这些需要促使法

---

〔1〕 参见周振杰：《比较法视野中的单位犯罪》，中国人民公安大学出版社 2012 年版，第 87 页。

〔2〕 Guy Stessens, "Corporate Criminal Liability: A Comparative Perspective", *International and Comparative Law Quarterly*, 43 (1994), pp. 493–494.

〔3〕 173 Eng. Rep. 643 (Assizes 1838).

院赋予了法人以自由，后来又促使法院试图将之纳入控制之中，法院所拿起的武器就是刑法"[1]，因为"仅仅起诉个人不仅是不公正的，也是无效的。即使对法人官员的控诉得以成功，也很难对法人的行为方式产生影响。对一个法人而言，其组织结构的缺陷不会因为成员被审判而消失"[2]。我国在 20 世纪 80 年代末通过修订《海关法》规定单位犯罪，同样是因为受到从计划经济的束缚中被解放出来的单位所实施的走私、偷税、污染环境等犯罪的压力不得已而为之，就如有的观点所言：随着我国经济体制改革的进展，关于法人的法律问题在实务界与理论界都受到了极大的关注。在经济法、民法以及行政法中已经存在规制法人活动的法律规定，但是刑法中尚不存在相应的规定，这是我们研究的弱点所在。[3]

　　第二，从立法的角度而言，单位在民商、经济法律中被赋予了与自然人相同的主体资格，刑法中的单位与民法中单位的构成要件相同，与自然人一样享有各种权利，其名誉权、财产权等也平等地受到刑法的保护。例如，根据《刑法》第 221 条之规定，如果造成重大损失或者有其他严重情节，侵犯单位名誉权的行为构成损害商业信誉罪；根据《刑法》第 396 条之规定，通过私分的形式侵犯国有单位财产的行为，构成私分国有资产罪。国家机关作为《刑法》明确规定的单位的一种表现形式，当然也享受上述权利。既然能够享受《刑法》上的权利，当然也就能够承担《刑法》规定的不利后果。

---

〔1〕　Osvaldo Vazquez, "The History and Evolution of Corporate Criminality", at http://ssrn. com/abstract＝978883 (accessed 8 July 2016).

〔2〕　Guy Stessens, "Corporate Criminal Liability: A Comparative Perspective", *International and Comparative Law Quarterly*, 43 (1994), pp. 518-519.

〔3〕　陈泽宪："论法人的刑事法律问题"，载《政治与法律》1985 年第 6 期，第 40 页。

第三，从司法实践中"违法事实发生确定有责个人处罚相应单位"的逻辑出发，可以认为我国的单位刑事责任是以个人刑事责任为基础的，这类似于美国的代理责任（vicarious liability）与英国的等同原则（identification principle）。这其实是传统刑法理论与现代刑事政策的折中选择：以个人刑事责任为基础，符合了传统刑法理论对个人责任与道义责任的强调；处罚单位，满足了通过最严厉的法律制裁方法预防与打击单位违法行为的政策要求。这一逻辑也表明，我们目前并没有真正将单位刑事责任融入刑法理论之中，只是以个人刑事责任为基础做了变通规定。[1] 所以，在一定程度上，与其说单位刑事责任是传统刑法理论的有益补充，不如说其是后者肌体上的伤痕。同时，这也从另一个侧面印证了刑法理论接受单位刑事责任的被动性。

基于上述事实，从肯定论的角度出发可以认为，单位刑事责任是政策选择的结果，包括国家机关在内的单位违法行为不但是存在的，而且其危害性是值得发动刑罚的，就如有的观点所言："一方面，机关并不总是能正确行使国家职能，当地方主义、本位主义作祟时，机关活动就可能脱离其正常轨道而违法犯罪；另一方面，市场经济大潮下，机关一旦抵制不住诱惑而难守清贫时，其所掌握的权力更为其非法谋利提供直接便利，

---

〔1〕 这可能也是《刑法》在许多问题上缺少一贯立场的原因所在。例如，根据《刑法》第 200 条的规定，单位可以实施第 192 条规定的集资诈骗罪、第 194 条规定的票据诈骗罪与金融凭证诈骗罪以及第 195 条规定的信用证诈骗罪，那么，为什么单位不能实施贷款诈骗罪（第 193 条）与有价证券诈骗罪（第 197 条）？这两个罪名与上述三个单位犯罪的罪名同样规定在第三章第五节"金融诈骗罪"中，侵犯的客体相同，主观方面都是故意，客观方面也都是采取欺诈的方法骗取金融机构。同时，既然单位可能实施特殊法条规定的票据诈骗罪等，为什么不能实施一般法条规定的诈骗罪？

从而构成违法犯罪。"[1] 所以，国家机关刑事责任具有实践基础。同时，因为国家机关刑事责任是以其成员的个人责任为基础的，符合传统刑法理论对主客观构成要件的要求，也是具有理论基础的。此外，因为单位刑事责任是参考外国立法制定的，既然现在国外也有立法先例可循，那么国家机关刑事责任也是可以接受的；因为传统刑法是以个人刑事责任为假想对象的，所以《刑法》仅规定了罚金作为对单位的处罚，而这是不科学的，应该将单位处罚予以多样化与灵活化，既然对国家机关之外的国有单位进行处罚不违反宪政，符合刑罚目的，那么对国家机关进行处罚亦是如此。

与此相似，从否定论的角度出发也可以合理地认为，即使国家机关的某些行为具有社会危害性，也并不必然意味着刑法必须介入，因为刑事责任是刑法的核心内容，刑事责任是以道义主义与个人主义为基础的，而国家机关作为人的集合与法律的拟制没有自己的故意与过失。同时，既然国家机关刑事责任也是以个人责任为基础的，那么破坏刑法基本原则对之进行处罚就没有必要，因为处罚有责个人完全可以满足刑罚目的。此外，正是因为《刑法》强调的是个人责任与道义责任以及国家机关的特殊地位，所以在司法实践中，国家机关的刑事责任没有得到足够的重视，许多案件都是如乌铁中院受贿案一样，以处罚直接责任人员而告终。法律的生命在于实施，没有得到贯彻的法律是没有生命的。因此，应该废除国家机关刑事责任。

可见，国家机关刑事责任肯定论与否定论都非空穴来风，各有合理之处，并都能在理论与实践中找到根据。但是，必须

---

[1]　张目："单位犯罪的理论与实务"，载《中国刑事法杂志》1998 年第 2 期，第 17 页。

注意的是，肯定论是以刑事政策与现实立法为基础，否定论是以传统刑法理论尤其是责任理论为基础，二者的出发点与立足点都是不同的。如上所述，在很大程度上，国家机关刑事责任不是传统刑法理论能解决与解释的，因为其并不是后者自然演绎的产物，而是政策与立法的现实选择。所以，此处的问题不是应该肯定还是否定国家机关刑事责任，而应该是从政策与立法的角度出发，肯定论与否定论之间是否是非此即彼的关系，我们是否必须且只能在二者之间选择其一，以及肯定论或者否定论的观点是否应该完全被接受，或者应该完全被拒绝？答案都是否定的。无论是肯定论还是否定论，都忽略了如下两个基本问题：

第一，国家机关内部是存在区别的。在理论上，就《刑法》第30条中规定的"机关"存在着广义论与狭义论的分歧。广义论认为，在立法没有明确限制的情况下，此处的国家机关应根据《宪法》第三章"国家机构"的规定理解，指以国家预算拨款作为独立活动经费，从事国家管理和行使权力等公共事务管理活动的中央和地方的各级组织，包括国家权力机关、国家行政机关、国家审判机关、国家检察机关、国家军事机关等。与之相对，狭义论认为，此处的"机关"在广义上包括国家的行政机关、立法机关、司法机关、军队、政党等，但国家立法、司法等机关不可能成为单位犯罪主体，所以"机关"应作狭义理解，仅应指地方国家行政机关。[1] 从立法的角度而言，根据《宪法》第三章的规定来界定国家机关范围的主张无疑是恰当的。从该章的规定出发，可以将国家机关分为两类：代表国家

---

[1] 参见马克昌："机关不宜规定为单位犯罪的主体"，载《人民检察》2007年第21期，第5页。

的机关与根据宪法与法律行使职权、履行职务的其他国家机关，前者代表国家实施国防、外交、立法等国家行为，后者根据宪法与法律的授权行使具体权力，二者之间存在着实质的区别。

第二，国家机关行为的内部也是存在区别的。例如，从行为主体身份出发，可以将国家机关的行为分为两类：一类是以行使宪法与法律赋予职权的管理者身份实施的权力行为，如颁布各类法律法规、制定治安政策、实施社会管理活动等；另一类是以平等的民事主体身份实施的旨在设立、变更、终止民事权利和义务关系的权利行为，如进行公共采购、管理公共财物。前者又进而可以根据行为对象分为针对不特定管理对象的抽象权力行为与针对特定管理对象的具体权力行为。具体权力行为又可以根据管理相对人的不同，分为针对特定国家机关成员之外的人所实施的权力行为，与针对特定国家机关内部成员实施的权力行为。前者如行政机关根据《中华人民共和国行政处罚法》《中华人民共和国行政强制法》等实施行政拘留、暂扣或者吊销许可证和执照、责令停产停业、没收违法所得、没收非法财物、罚款、警告，后者如行政机关根据《中华人民共和国公务员法》对工作人员进行警告、记过、记大过、降级、撤职等。这些行为有着本质的区别，当然应区别对待，不能一概而论。

（四）基本立场

从国家机关与国家机关行为的内部区别出发，对于国家机关刑事责任不能够简单地予以肯定与否定，而应该寻找合理的标准，对之进行适当的限制，以在保证国家机关自身权威的同时，有效地预防其在社会生活中可能实施的违法行为，推动刑法规范的贯彻实施。

1. 限制国家机关刑事责任的理由

首先，应该限制国家机关刑事责任的理由存在于国家机关本身。在理论上，根据现有《刑法》规定，可以追究包括代表国家的机关在内的所有国家机关的刑事责任，而追究代表国家的机关的刑事责任，就是追究国家本身的刑事责任。虽然从都是人的集合这一点而言，国家与其他组织具有实质的相似之处，但是迄今为止，国家刑事责任在国际法上仍然是争论不休、悬而未决的问题。关于国家刑事责任的争论，始自于第一次世界大战之后，当时，负责调查破坏战争规则罪行特别委员会曾在一项报告中指出："德国及其同盟国违反明确制定的规范，以及不容争辩的惯例和人道主义的明显要求，犯下了无数的滔天罪行。"[1] 自此，国际社会掀起了讨论"国家国际犯罪及其国际刑事责任"以及建立常设国际刑事法院的热潮。在理论上，许多学者都坚持认为国家能够犯罪，尤其是对国际社会危害程度最强烈的犯罪，都是由国家实施或在国家支配下实施的。要想从根本上遏制国家的国际犯罪，必须追究国家的刑事责任。[2] 例如，在1985年发生在新西兰的著名的彩虹勇士号（Rainbow Warrior）案件中，[3] 有的观点明确认为，法国应该被视为国家

---

〔1〕 转引自钱晓萍："'国家犯罪及其刑事责任'理论争鸣与发展研究"，载《时代法学》2014年第4期，第112页。

〔2〕 关于国家刑事责任的外文文献，See Allain Pellet, "Can a State Commit a Crime? Definitely, Yes!", *EJIL*, 2 (1992), pp. 425-434; 关于国家刑事责任的中文文献，参见王虎华："国家刑事责任的国际法批判"，载《上海社会科学院学术季刊》2002年第4期；蒋娜："国际法视野下国家刑事责任的可能与局限——对国家刑事责任赞成论之否定"，载《法学杂志》2010年第2期。

〔3〕 彩虹勇士号是绿色和平组织的所属船只，活跃于各种抗议活动。1985年7月10日，在该船从新西兰的奥克兰港启程去法国抗议核试验之际，被法国特工炸沉。在实施犯罪行为的特工被新西兰法院判处有罪之后，绿色和平组织与法国政府达成协议，将该案交由国际仲裁。仲裁的结果是法国应该向绿色和平组织承担赔偿责任。

恐怖主义组织。[1] 所以，国家刑事责任获得了非常强烈的理论支持。[2] 为了避免实践中的困境，有的学者提出了以"政府犯罪"代替"国家犯罪"的建议，并认为"在国际法层面，政府行为通常归于国家行为，所以政府犯罪被视为国家犯罪。然而国家犯罪较普通国际犯罪有更严格的判断标准，只有基于政府行为或在政府渎职的情势下才能实现；反之政府犯罪可能因政府行为违反法律，严重伤害本国人民和国家的利益，而超越国家犯罪，独立存在，所以'政府犯罪'包含'国家犯罪'"[3]。这其实是变相地主张国家能够成为犯罪主体。但是，在国际审判实践与国际法文件中，国家刑事责任从未得到承认。第二次世界大战后，在为审判战争罪犯而设立的纽伦堡和东京国际军事法庭上，虽然控方同时提出了个人刑事责任、组织（或团体）刑事责任及国家刑事责任，并特别指出，国家犯罪比个人犯罪更加可怕，国家对其犯罪行为负责并不是创新，但是特别法庭最后都以国家是抽象实体，受国家主权保护为由，避开了国家刑事责任问题，只让个人承担刑事责任。1948 年制定的《防止及惩治灭绝种族罪公约》、1996 年国际法委员会通过的《危害人类和平及安全治罪法草案》、1996 年一读通过的《国家对国际不法行为的责任条款草案》等国际文件都绕开了国家的刑事责任问题；2002 年开始生效的《国际刑事法院罗马规约》也明确将国家排除在了刑事责任主体之外，该公约第 1 条明确规定，国际刑事

---

〔1〕　C. Harding, *Crime Enterprise*, Portland：William Publishing, 2007, p. 135.

〔2〕　See V. Hüls, "State Criminal Liability under International Law：Filling the Justice Gap in the Congo", at http：//www. lawanddevelopment. org/docs/justicegapcongo. pdf（accessed 12 July 2015）.

〔3〕　钱晓萍："'政府犯罪'对'国家犯罪'的替代性研究——国际刑法框架内基于理论和实例的结论"，载《中国刑事法杂志》2011 年第 9 期。

法院"为常设机构,有权就本规约所提到的、受到国际关注的最严重犯罪对个人行使其管辖权"。因此,我们应该对国家机关的范围进行限制,避免给外界以我国立法已经承认国家刑事责任的印象。

其次,应该限制国家机关刑事责任的理由在于刑法的谦抑性。刑法的谦抑性,在立法阶段,指立法机关只有在该规范确属必不可少,没有其他适当方法可以代替刑罚之际,才能将某种违反法律秩序的行为规定为犯罪。刑法应该坚持谦抑性的主要原因,在于"刑罚是达到目的的工具,但是,目的观念要求工具符合目的,并在其使用中尽可能地缩减,因为刑罚是双刃剑,它通过损害法益来保护法益。……在现代刑事政策研究方面的一个重大成就是,最终达成了这样一个共识:在与犯罪作斗争中,刑罚既非惟一的也非最安全的措施。对刑罚的效能必须批判性进行评估"[1]。所以,只有当一般部门法不能充分保护某种社会关系时,才动用刑法来保护;当一般部门法不足以抑制某种危害行为时,才动用刑法来禁止。或许也正因如此,卢梭才会认为"刑法在根本上与其说是一种特别的法律,还不如说是其他一切法律的制裁"[2]。从刑法的谦抑性出发,在决定应否以及如何追究国家机关刑事责任之际,应该考虑区分如下三种情况:①其他法律并未就某一行为的法律责任进行规定;②其他法律已经排除了某一行为的法律责任;③其他法律规定了某一行为的法律责任。在第一种情形下,即使从刑法二次法、补充法与保障法的性质出发,也不宜直接追究该行为的刑事责

---

〔1〕 [德] 弗兰茨·冯·李斯特:《德国刑法教科书》,埃贝哈德·施密特修订,徐久生译,何秉松校订,法律出版社 2000 年版,第 20 页。

〔2〕 [法] 卢梭:《社会契约论》,何兆武译,商务印书馆 1980 年版,第 73 页。

任。在第二种情形下，也不应追究该行为的刑事责任，因为如果不能追究某一行为的民事责任与行政责任，当然也不能追究其刑事责任。例如，全国人民代表大会、国家主席等代表国家的机关，其根据宪法与法律实施的涉及国防、外交事务行为属于国家行为，《中华人民共和国行政诉讼法》第 13 条已经明确将国家行为排除在了行政诉讼的范围之外。对于此类国家机关行为，当然不能追究刑事责任。在第三种情形下，从刑法保障法的性质出发，在相应法律不足以制裁该行为的情况下，可以将之纳入刑事处罚的范围。

再次，刑法的任务是应该限制国家机关刑事责任的又一理由。考虑到刑罚的严厉性，刑法的任务应该限定于保护法益，即将犯罪限制于侵害法益的行为与导致法益侵害危险的行为，这已经成为理论上的共识。我国《刑法》第 2 条也明确规定，刑法的任务是"用刑罚同一切犯罪行为作斗争，以保卫国家安全，保卫人民民主专政的政权和社会主义制度，保护国有财产和劳动群众集体所有的财产，保护公民私人所有的财产，保护公民的人身权利、民主权利和其他权利，维护社会秩序、经济秩序，保障社会主义建设事业的顺利进行"。国家机关实施的某些行为，如制定法律法规、发布具有普遍约束力的决定或者命令等抽象权力行为，不会侵害到具体法益，或者导致具体的危险。正因如此，《中华人民共和国行政诉讼法》将司法审查的对象限定于具体行政行为，该法第 2 条第 1 款明确规定："公民、法人或者其他组织认为行政机关和行政机关工作人员的行政行为侵犯其合法权益，有权依照本法向人民法院提起诉讼。"第 12 条对此处的"行政行为"进行了列举，第 13 条继而将行政法规、规章或者行政机关制定、发布的具有普遍约束力的决定、命令等抽象行政行为排除在行政诉讼的范围之外。所以，从刑法的任务是保护法益出发，不加区分地将所有国家机关行为纳入刑法调整的范围也是不恰当的。

最后，从比较法的角度而言，也应该限制国家机关的刑事责任。在已经明确规定了国家机关刑事责任的国家，立法也都对之进行了一定限制。例如，《法国刑法典》虽然规定了机关法人的刑事责任，但是其第 121-2 条第 2 款要求，地方行政部门及其联合团体只在犯罪行为发生在其实施可以签订公共服务委托合同的活动时，才承担刑事责任。也即"地方国家机关的刑事责任并不具有全面性，仅限于与权力活动无关的行为，即受公法人或者私法上的法人委托的行为（例如垃圾回收、泳池管理、公共运输行为以及学校食堂管理行为等）……在公法上的法人根据管理委托，或者通过合同形式接受委托而行为的场合，可以追究公法上的法人的刑事责任。与公权力相关的事项（如一般的警察活动），并不在刑事责任的范围之内"[1]。"法国立法者如此规定的主要逻辑在于：地方行政部门管理地方财政的行为属于私法领域的活动，此时他们应当承担与私法法人相同的责任；但是，在地方行政部门进行其公共权力专属性的活动时，即可免除刑事责任。"[2] 英国的《2007 年企业过失致人死亡罪法》第 1 条也是通过"具体义务"要求，对国家机关的刑事责任进行了限制。根据该条规定，只有具备以下两项条件，才可以追究包括国家机关在内的法人的刑事责任：①导致了死亡结果；②相关组织严重违背了对被害人所承担的注意义务。同时，该法第 3 条第 1 款明确规定，在有关公共政策事项的决定之中公

---

〔1〕 ジャン゠ポール・セレ「フランスにおける法人の刑事責任の展開」企業と法創造 3 巻 4 号（2007）37 頁。

〔2〕 陈萍："法国'机关法人'刑事责任述评及其借镜"，载《中国刑事法杂志》2013 年第 11 期，第 79 页。

共机关所承担的注意义务，尤其是在资源分配以及在衡量具有竞争关系的公共利益的场合，并非本法所规定的注意义务。[1] 另言之，虽然可以根据该法规定追究刑事责任的国家机关的行为，但是仅限于违反具体义务的行为。《芬兰刑法典》也是将国家机关刑事责任限定在了非行使公共权力的场合。

2. 限制国家机关刑事责任的途径

基于上述论述，可以从国家机关本身及行为两个角度对其刑事责任进行限制。

（1）限制可以承担刑事责任的国家机关的范围，将可以代表国家最高权力机关的全国人大及其常委会、作为国家象征的国家主席与副主席以及行使最高行政权力的中央政府等排除出单位犯罪的主体范围。因为追究这些国家机关的刑事责任，就等于追究国家的刑事责任。所以，建议立法机关在《刑法》第30条中增加一款，明确规定国家主席、国家副主席、全国人大及其常委会、国务院等代表国家的机关不承担刑事责任。

（2）限制实行行为的范围。首先，就国家机关实施的权利行为，因为是发生在平等主体的权利义务关系设立、变更、终止过程中，与行使国家管理职权无关，如国家机关购买服务、物品以及委托他人从事管理工作等，如果在此过程中国家机关实施了需要以刑法规范予以调整的违法行为，当然可以追究其刑事责任。例如，《刑法》第276条之一规定的拒不支付劳动报酬罪，国家机关也完全可以实施。其次，就制定、发布普遍性行为规范、全国性政策等抽象权力行为，不能够据之追究国家机关的刑事责任，这不仅仅是坚持法益保护主义与刑法谦抑性

---

[1] 参见英国司法部官方网站，http://www.justice.gov.uk/publications/corporatemanslaughter2007.htm.

的需要。而且，如果根据抽象的权力行为追究国家机关的刑事责任，将会严重阻碍其行使宪法与法律赋予的职权，造成管理上的难题与社会秩序的紊乱。最后，就国家机关依据职权实施的有关相对人权利义务的具体权力行为，如果符合如下两个条件之一，可以据之追究其刑事责任：①相关法律已经规定国家机关应该就特定行为承担行政责任或者经济责任，如《中华人民共和国国家赔偿法》第 3 条规定的 5 种情形、第 4 条规定的 4 种情形与第 17 条规定的第 4 种与第 5 种情形；②在具体的权力行为之中，存在具体相对人或者具体法律义务。

所谓"具体相对人"，是指因国家机关的具体行为而权益受到影响的自然人、法人以及其他组织。如上所述，国家机关必须依法从事管理活动。因此，如果国家机关超越法律授权，或者以违法的方法展开活动，并因此给相对人造成重大人身伤害或者财产损失，应该承担包括刑事责任在内的法律责任。例如，根据《中华人民共和国刑事诉讼法》的规定，公安机关有权拘留与逮捕犯罪嫌疑人。同时，根据我国签署的国际公约与现行立法，公安机关与拘留场所的管理机关，非依法律不得侵害犯罪嫌疑人的人身权利与健康权利，而且应该采取合理措施，对之予以妥当保护。如果管理机关或者拘留场所管理机关命令其工作人员殴打、虐待被拘禁者，或者在知情的情况下对其工作人员的上述行为予以放任或者默许，可以根据《刑法》第 248 条的规定追究拘留场所管理机关虐待被监管人的刑事责任。

同时，在许多场合，尤其是国家机关怠于履行法定义务而导致重大损失的场合，可能并不存在具体的相对人。针对如此情况，有必要规定即使不存在具体的相对人，只要国家机关违背了其应该承担的具体法律义务，就可以追究其刑事责任。例如，全国人大常委会 2002 年 8 月修订并于 2016 年 7 月 2 日进行第二次修正的《中华人民共和国水法》第 42 条规定："县级以上地方人民政府应当采取措施，保障本行政区域内水工程，特别是水坝和堤防的安全，限期消除险情。水行政主管部门应当加强对水工程安全的监督管理。"在县级以上人民政府或者水利行政部门根据本法管理行为中，可能并不存在具体的相对人。但是，如果相关政府或者主管机关怠于行管理义务，造成了重大的财产损失或者人身伤亡，可以根据《刑法》第 115 条的规定追究相关政府或者主管部门的过失决水罪的刑事责任。

从上述限制论的角度出发，应该在有限的范围内追究国家机关贿赂犯罪的刑事责任。

第二章

单位贿赂犯罪现状研究

第一章介绍了单位贿赂犯罪的立法现状、相关问题以及理论争议，并进行了初步的分析。如果想要解决立法中存在的问题，一方面当然要更新理念，另一方面也有必要对司法实践进行分析，针对实际问题完善立法。此外，立法机关不断扩大单位贿赂犯罪的处罚范围并加大处罚力度，其目的无疑在于通过刑罚预防、减少单位贿赂行为。但是，刑罚的预防目的之实现，既取决于刑罚的严厉性、确定性与及时性，也取决于量刑的适当性，即在实然的犯罪与宣告的刑罚之间建立起合法、合理的对应关系。因此，本章将通过综合分析判决书与典型案例，描述单位贿赂犯罪的现状以及特点。

第一节　综合分析

一、样本选择与问题设置

在对判决书进行分析之际，本章原本选择了单位行贿罪、单位受贿罪以及对单位行贿罪为分析对象，并收集和初步分析了中国裁判文书网在 2008 年[1]至 2016 年 8 月 30 日之间公布的

---

〔1〕　这是中国裁判文书网（http://wenshu.court.gov.cn/）最早出现单位行贿案件判决书的年份。

裁判文书。在收集样本之际，首先，以高级检索的模式，分别将"单位行贿""单位受贿""对单位行贿"设定为全文搜索关键字，分别以刑事案由、刑事案件为案由与案件类型，对 2016 年 8 月 30 日之前全国各级人民法院公开的裁判文书进行了检索。其次，以犯罪人被以"单位行贿罪""单位受贿罪""对单位行贿罪"认定有罪为原则，对收集到的裁判文书进行了筛选。最后，排除了涉及同一犯罪人单位的不同类型裁判文书。

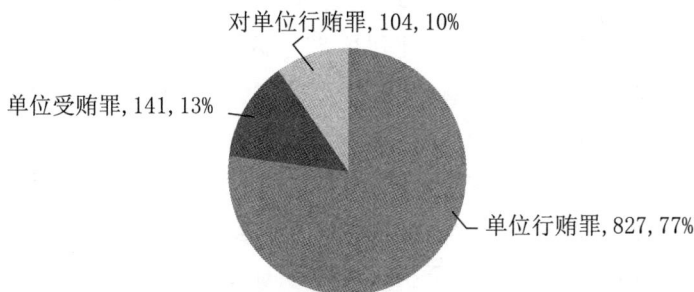

图 1　对象罪名判决书分布

如上图所示，在分析、筛选之后，共得到 1072 份有效裁判文书。其中，单位行贿罪占 77%（827 份）、单位受贿罪占 13%（141 份）、对单位行贿罪仅占 10%（104 份）。鉴于后二者的样本较少，而且近年来引起广泛社会关注的美国葛兰素史克公司行贿案、法国赛诺菲公司行贿案、英国阿斯利康公司行贿案等重大案件表明，单位行贿犯罪具有涉案金额大、影响范围广、行为持续时间长和预防难度高的特点；[1]此外，之前也有调查已经表明，单位行贿犯罪占据了所有行贿犯罪相当大的一部分，

----

〔1〕　参见梁爽："药企行贿事件敲响医改警钟"，载《新华每日电讯》2013 年 8 月 22 日，第 3 版。

而且平均数额要比个人行贿高得多。[1] 因此，本书仅对单位行贿罪的裁判文书利用 SPSS 软件进行分析研究，一探单位贿赂犯罪的实情。

基于研究目的之需要，本章首先围绕单位犯罪人和自然人犯罪人的量刑问题设计了调查问题。就单位犯罪人的量刑结果，设计了如下两个问题：①单位犯罪人是否被判处罚金；②罚金数额分布情况。与下文对单位行贿数额的分档相对应，本书将单位罚金分为 0（未判处罚金）、20 万元以下（不包括 20 万元）、20 万元至 50 万元（不包括 50 万元）、50 万元至 100 万元（不包括 100 万元）、100 万元至 250 万元（不包括 250 万元）、250 万元至 500 万元（不包括 500 万元）、500 万元以上七个档次。就自然人犯罪人的量刑情况，本书设计了如下三个问题：①是否被免于刑事责任；②是否被宣告缓刑；③是否被判处实刑。就宣告刑长度，基于拘役与有期徒刑都是主刑、自由刑，本书将二者放在一起，统一宣告刑长度分为四档进行了分析：6个月以下（包括 6 个月）、6 个月至 1 年（包括 1 年）、1 年至 3 年（包括 3 年）、3 年至 5 年。需要说明的是，因为如下两个原因，本书没有就自然人犯罪人被判处罚金的情况进行分析：其一，对自然人犯罪人并处罚金的规定是在 2015 年 11 月 1 日之后才开始生效的，本书分析的案件绝大部分是在这一时间之前；其二，初步分析显示，在本书所分析的 827 份裁判文书中，仅有 11 份裁判文书载明对自然人犯罪人并处罚金，缺乏代表性。

其次，根据《刑法》与相关司法解释的规定，对基本量刑情节进行了分析。根据《刑法》第 393 条的规定，单位行贿罪是

---

[1] 参见尹明灿、高成霞："单位行贿罪实证研究"，载《法治论坛》2014 年第 2 期。

指单位为谋取不正当利益而行贿，或者违反国家规定，给予国家
工作人员以回扣、手续费，情节严重的行为。在此基础上，最高
人民检察院 1999 年 8 月 6 日通过的《关于人民检察院直接受理立
案侦查案件立案标准的规定（试行）》规定，单位行贿数额在 20
万元以上，或者单位为谋取不正当利益而行贿，数额在 10 万元以
上不满 20 万元，有下列情形之一的，应予立案：①为谋取非法利
益而行贿；②向 3 个以上单位以上行贿的；③向党政机关、司
法机关、行政执法机关行贿的；④致使国家或者社会利益遭受重
大损失的。显而易见，在行贿数额之外，司法解释将行为类型、
行贿对象的数量、身份以及是否造成重大损失作为了从严情节。

　　因此，一方面，本书围绕如下八个基本影响因子设计了调
查问题：①单位犯罪人的性质。本书将之分为两类：公有单位
与私有单位，前者包括国家机关、事业单位、企业单位、社会
组织等，公有单位之外的其他组织皆为私有单位。②行为类型。
即是为谋取不正当利益而行贿，还是违反国家规定给予回扣、
手续费。③行贿数额。因为刑法并没有对单位行贿的数额进行
细分，所以本书参考上述《关于人民检察院直接受理立案侦查
案件立案标准的规定（试行）》和 2016 年 4 月 18 日开始实施
的最高人民法院和最高人民检察院（以下简称"最高两院"）
联合公布的《关于办理贪污贿赂刑事案件适用法律若干问题的
解释》第 8 条和第 9 条关于个人行贿罪入罪数额、情节严重、
情节特别严重的数额规定，[1] 将行贿数额详细分为 20 万元以

---

〔1〕　根据该解释第 8 条的规定，犯行贿罪，具有下列情形之一的，应当认定为
"情节严重"：①行贿数额在 100 万元以上不满 500 万元的；②行贿数额在 50 万元以
上不满 100 万元，并具有本解释第 7 条第 2 款第 1 项至第 5 项规定的情形之一的。根
据第 9 条的规定，犯行贿罪，具有下列情形之一的，应当认定为"情节特别严重"：
①行贿数额在 500 万元以上的；②行贿数额在 250 万元以上不满 500 万元，并具有本
解释第 7 条第 2 款第 1 项至第 5 项规定的情形之一的。

下（不包括 20 万元）、20 万元至 50 万元（不包括 50 万元）、50 万元至 100 万元（不包括 100 万元）、100 万元至 250 万元（不包括 250 万元）、250 万元至 500 万元以下（不包括 500 万元）、500 万元以上六个档次。④行贿对象的身份。基于上述立法标准的规定，将之分为两类，即党政领导、司法工作人员、行政执法人员与非党政领导、司法工作人员、行政执法人员。⑤行贿对象的数量。本书将之分为三类：1 人、2 人与 3 人（包括 3 人）以上。⑥行贿行为持续的时间。本书将之划分为 2 年以下（包括一次性行贿的情形）、2 年至 5 年、5 年至 10 年、10 年以上四档。⑦行贿行为的次数。与行贿对象的数量相对应，本书将之分为三类：1 次、2 次、3 次以上（包括 3 次）。⑧损失情况，即是否致使国家或者社会利益遭受重大损失。

另一方面，本书还围绕如下三个从宽量刑因子设计了调查问题[1]：①自首，包括个人自首和单位自首。个人自首一直是刑法规定的从宽情节。同时，最高两院于 2009 年 3 月 12 日联合发布的《关于办理职务犯罪案件认定自首、立功等量刑情节若干问题的意见》明确将单位自首规定为从宽情节之一。②坦白，即同案自然人犯罪人是否存在坦白情节。坦白虽然在 2011 年 5 月 1 日随着《刑法修正案（八）》的施行才成为法定量刑情节，但是在司法实践中坦白一直是酌定的量刑情节。③认罪，即自然人犯罪人是否存在认罪情节。认罪虽然迄今并未进入刑事立法，但是与坦白相似，认罪态度良好是司法实践一直予以考虑的从宽情节。2016 年 9 月 4 日开始实施的全国人大常委会《关于授权最高人民法院、最高人民检察院在部分地区开展刑事案

---

［1］ 从实践来看，积极退赃也是单位行贿案件中重要的影响因子之一。但遗憾的是，在本书分析的裁判文书中，明确说明积极退赃问题的并不多，因此这里未将之纳入分析范围。

件认罪认罚从宽制度试点工作的决定》规定的认罪认罚从宽制度也间接佐证了这一点。

需要指出的是，虽然目前司法解释仅就单位自首做了规定，但是，一方面，在单位行贿案件中，被追究刑事责任的自然人犯罪人通常是单位的直接主管人员，在其坦白、认罪之际，从《关于办理职务犯罪案件认定自首、立功等量刑情节若干问题的意见》中关于单位自首规定的精神出发，[1] 也可以认为单位能够构成坦白、认罪。另一方面，在理论上，自首、坦白与认罪具有同质性，既然认为单位可以自首，那么就没有理由认为单位不能坦白、认罪。而且，本书分析的许多裁判文书也明确将认罪态度良好作为酌量情节予以考虑。因此，本书将三者一并进行了分析。

二、基本事实与初步分析

（一）基本事实

1. 量刑结果

如表1所示，在本书分析的827名单位犯罪人中，未被判处罚金的共有104名，占总数的12.6%，法院对这些单位犯罪人免于处罚的原因主要有：犯罪人单位被注销或者吊销[2]、犯罪

---

〔1〕 该条规定，单位自首，是指在"单位犯罪案件中，单位集体决定或者单位负责人决定而自动投案，如实交代单位犯罪事实的，或者单位直接负责的主管人员自动投案，如实交代单位犯罪事实的"。那么，如果单位直接负责的主管人员如实供述罪行、承认被指控的犯罪事实，在理论上也应该成立坦白、认罪。

〔2〕 例如，滕某单位行贿案［湖北省武汉市武昌区人民法院（2013）鄂武昌刑初字第00949号］、金某单位行贿案［延吉市人民法院（2014）延刑初字第601号］以及王某单位行贿案［江苏省阜宁县人民法院（2014）阜刑二初字第0003号］。

人单位积极退赃[1]、公司已经被转让[2]等。被判处罚金的共有 723 名，罚金数额最高为 1500 万元[3]，最低为 2 万元[4]，平均数额为 42.6 万元。其中，罚金数额小于 20 万元的有 301 名，占总数的 36.4%；20 万元以上 50 万元以下的有 224 名，占 27.1%；50 万元以上 100 万元以下的有 102 名，占 12.3%；100 万元以上 250 万元以下的有 86 名，占 10.4%；250 万元以上 500 万元以下的有 7 名，占 0.8%；500 万元以上的有 3 名，占 0.4%。

表 1　单位罚金数额统计

罚金数额	单位犯罪人数	百分比
0	104	12.6
小于 20 万	301	36.4
20 万至 50 万	224	27.1
50 万至 100 万	102	12.3
100 万至 250 万	86	10.4
250 万至 500 万	7	0.8
500 万以上	3	0.4
总　计	827	100.0

---

[1]　例如，龚某某单位行贿案［江西省南昌市东湖区人民法院（2014）东刑初字第 292 号］与王某单位行贿案［湖北省武汉市硚口区人民法院（2015）鄂硚口刑初字第 01022 号］。

[2]　例如，孙某单位行贿案［江苏省泰州市中级人民法院（2016）苏 12 刑终 195 号］。

[3]　齐某某单位行贿案［吉林省汪清县人民法院（2015）汪刑初字第 32 号］。

[4]　安某某单位行贿案［清河县人民法院（2013）清刑初字第 117 号］。

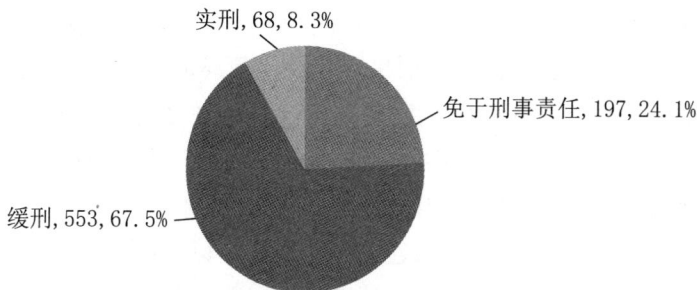

实刑, 68, 8.3%

免于刑事责任, 197, 24.1%

缓刑, 553, 67.5%

图 2　对自然人犯罪人的量刑情况

在同时被提起公诉的 819 名自然人犯罪人中，有 197 人被免于刑事责任，占总数的 24.1%；553 人被判处缓刑，占 67.5%；仅有 68 人被判处实刑，占 8.3%（参见图 2）。同时，如表 2 所示，在上述 819 名自然人犯罪人中，共有 620 名被判处自由刑（包括拘役与有期徒刑），占 75.7%，宣告刑最高刑期为有期徒刑 4 年 6 个月（实刑）[1]，最低刑期为拘役 2 个月[2]，平均刑期为 16.1 个月。其中，宣告刑刑期在 6 个月以下的有 116 人，占 14.2%；6 个月以上 1 年以下的有 257 人，占 31.4%；1 年以上 3 年以下的有 245 人，占 29.9%；3 年以上 5 年以下的有 2 人，占 0.2%。应该指出的是，在有的案件中，对自然人犯罪人的量刑明显有悖于罪刑法定原则，例如，在 2015 年上海陆康实业有限公司单位行贿案中[3]，直接责任人张某某被判处管制 3 个月，在 2015 年北京亨通机械有限公司单位行贿案[4]与 2015

---

〔1〕　江某某单位行贿案［上海市长宁区人民法院（2015）长刑初字第 996 号〕。

〔2〕　骆某单位行贿案［都昌县人民法院（2015）都刑二初字第 146 号〕。

〔3〕　张某单位行贿案［上海市浦东新区人民法院（2015）浦刑初字第 822 号〕。

〔4〕　王某单位行贿案［伊春市乌马河区人民法院（2015）乌刑初字第 16 号〕。

年黑龙江宏阳资产评估有限公司单位行贿案[1]中，自然人犯罪人都是被单处罚金，而《刑法》第 393 条规定的法定刑中并无管制，对自然人犯罪人是并处罚金，而不能单处罚金。

同时，如表 2 所示，在被判处缓刑的 553 人中，所占比例最高的是被判处 6 个月以上 1 年以下的犯罪人（235 人，占42.5%），之后分别是被判处 1 年以上 3 年以下的犯罪人（214人，占 38.7%）和被判处 6 个月以下的犯罪人（104 人，占18.8%）。在被判处三个档次刑期的犯罪人内部，缓刑率最高的也是被判处 6 个月以上 1 年以下的犯罪人（91.4%），之后依次是被判处 6 个月以下的犯罪人（89.7%）和被判处 1 年以上 3 年以下的犯罪人（87.3%）。显而易见，被判处 6 个月以上 1 年以下的犯罪人无论是从绝对数量上还是从缓刑率上，都是最多的。

表 2 个人刑罚 * 宣告刑刑期交叉列表

个人刑罚	宣告刑刑期				总　计
	6 个月以下	6 个月至 1 年	1 年至 3 年	3 年至 5 年	
缓　刑	104	235	214	0	553
实　刑	12	22	31	2	67
总　计	116	257	245	2	620

2. 影响因子

分析显示，在本书所涉的 827 名单位犯罪人中，有 802 家单位是私有性质，占总数的 97%。与此相应，只有 25 家是公有性质，仅占 3%。与此同时，在这 827 名单位犯罪人中，公司、企

---

[1]　郑某某单位行贿案［伊春市乌马河区人民法院（2015）乌刑初字第 11号］。

业有 818 家，占总数的近 99%。就犯罪行为的类型，如图 3 所
示，91% 的单位犯罪人是为谋取不正当利益为行贿，仅有 9% 的
单位犯罪人是通过违规给予回扣和手续费行贿。就单位行贿行
为是否致使国家或者社会利益遭受重大损失的问题，在 827 名
单位犯罪人中，只有 11 名单位犯罪人（约 1%）致使国家或者
社会利益遭受重大损失。

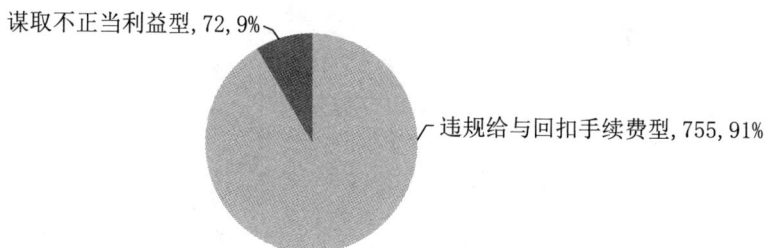

图 3 行为类型

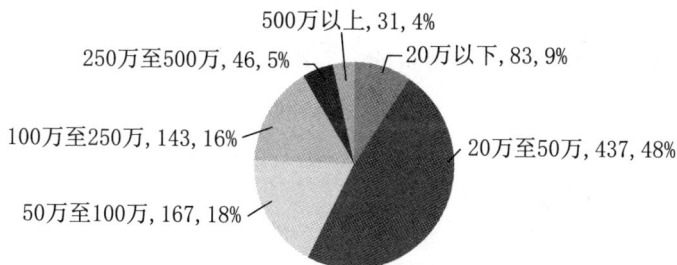

图 4 行贿数额

在本书分析的单位犯罪人中，有近一半（372 名，45%）是
向党政机关领导、司法或者执法工作人员行贿。行贿数额最高
的是 1061 万元[1]，平均行贿数额为 105.8 万元，就行贿数额的

---

[1] 王某某单位行贿案［天津铁路运输法院（2014）津铁刑初字第 10 号］。

分布，如图 4 所示，行贿数额在 20 万至 50 万之间的单位犯罪人最多，有 437 名，占总数的将近一半（48%）。行贿数额在 50 万至 100 万与在 100 万至 250 万之间的单位犯罪人数量非常接近，前者有 167 名（18%），后者有 143 名（16%）。之后行贿数额依次在 20 万以下、250 万至 500 万、500 万以上的单位犯罪人，分别为 83 名（9%）、46 名（5%）与 31 名（4%）。*

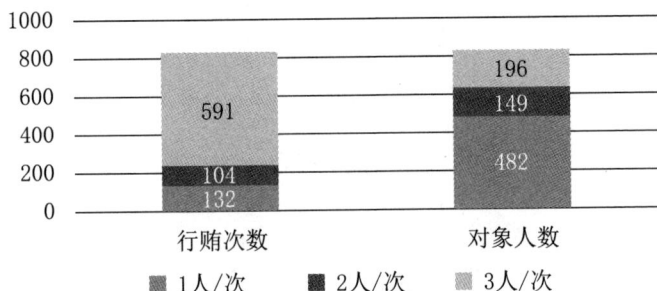

图 5 行贿次数与对象人数

图 5 表明，在本书分析的 827 名单位犯罪人中，虽然大部分（482 名，占总数 58%）仅向 1 人行贿，但是有 1/5 多（196 名，占总数 24%）的行贿对象是 3 人或者更多。同时，行贿次数在 3 次以上的（591 名，占总数 71%）是行贿次数 1 次的（132 名，占总数 16%）4 倍多（参见图 5），最多的行贿 40 余次。[1]

图 6 显示，与上述行贿次数的分布相对应，在行贿行为持续

---

* 数据说明：在同一案件中，一个单位犯罪人可能数次向同一对象或者数个不同对象行贿。在数次向同一对象人行贿的场合，仅计算一个行贿数额。在数次向数个不同对象行贿的场合，则计算数个行贿数额。因此，此处的统计数字为 907，与单位犯罪人的统计数字（827）不同。——作者注

〔1〕 佛山恒瑞交通发展公司、李要某单位行贿案［广东省佛山市南海区人民法院（2014）佛南法刑初字第 2948 号］。

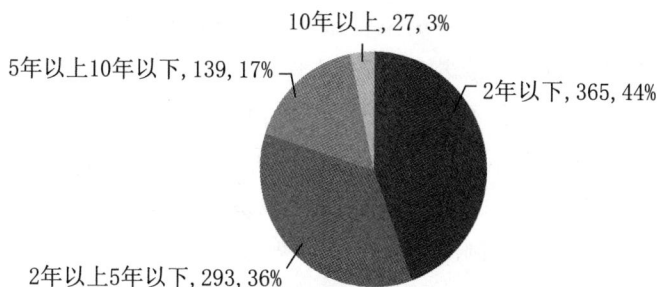

图6 行贿行为持续时间

的时间分布中，虽然行贿行为持续时间在 2 年以下的单位犯罪人最多（44%），但是行贿行为持续时间在 2 年以上 5 年以下的单位犯罪人（36%）和 5 年以上 10 年以下的单位犯罪人（17%）相加占了一半以上。尤其应该指出的是，有 27 名单位犯罪人（3%）的行贿行为持续时间超过了 10 年。从单位行贿的次数、对象的人数以及行贿行为持续的时间来看，可以说在一定程度上行贿行为已经成了单位日常的一部分。

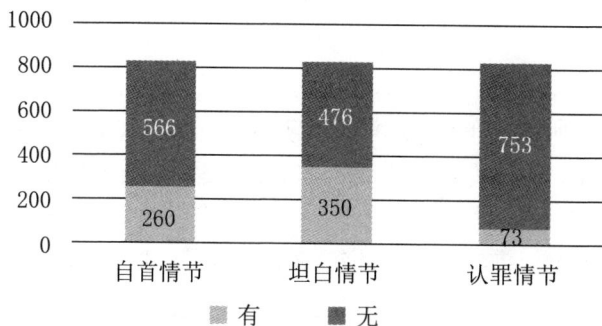

图7 自首、坦白与认罪

从图 7 可以清楚看出，在本书分析的单位行贿案件中，大部分都不存在自首、坦白或者认罪情节。具体而言，在这三类情节中，存在坦白情节的案件最多，有 350 件，占 42.4%；存在认罪情节的案件最少，只有 73 件，占 8.8%；存在自首情节的案件居于二者之间，有 260 件，占 31.5%。* 认罪所占的比例最低是可以理解的，一方面，本书所分析的案例都是发生在《关于授权最高人民法院、最高人民检察院在部分地区开展刑事案件认罪认罚从宽制度试点工作的决定》开始实施之前，[1] 认罪不过是在司法实践中可以考虑的酌定情节，并无任何立法或者司法解释规定单位可以认罪；另一方面，认罪是对司法机关已经掌握的犯罪事实不予以否认，并不能减轻司法机关在调查取证方面的负担，司法机关将之作为从宽处罚的积极性并不高。因此，选择认罪的犯罪人所占比例要远远低于选择坦白与自首的犯罪人。

（二）初步分析

基于以上事实，本书就单位性质、行为类型、是否造成重大损失、行贿数额、行贿对象的身份、人数、行贿次数、自首、坦白以及认罪情节对单位罚金和自然人量刑结果的影响进行了初步分析。

1. 单位性质对量刑结果的影响

如上所述，在本书所涉的 827 名单位犯罪人中，有 802 名单位（97%）是私有性质**，只有 25 名（3%）是公有性质。虽然

---

* 数据说明：因为在一个案件中并无图 7 所列任一情节，所以此处的统计数字为 826。

〔1〕 全国人大常委会于 2016 年 9 月 3 日通过授权最高人民法院、最高人民检察院在部分地区开展刑事案件认罪认罚从宽制度试点工作，本书分析的案例截止到 2016 年 8 月 30 日。

** 数据说明：此处的 802，是指 827 名单位犯罪人中私有单位的数量，而表 3 中的 794，是指有自然人被告人被起诉的私有单位的数量。因为在有的单位犯罪案件中并无自然人被告人被提起公诉，所以后者的数量相对较少。

根据现有数据无法分析出单位性质对单位犯罪人量刑结果的影响，但是就单位性质对于自然人犯罪人量刑结果的影响可窥一斑。在25家公有单位中，行贿数额在20万以下的只有6家，其余19家行贿数额都在20万以上。但是，如表3所示，在25个公有单位行贿的案件中，自然人犯罪人被免于刑事处罚的案件多达17个（68%），被判处缓刑的有6个案件（24%），被判处实刑的只有2个案件（8%）：其中一个是中铁某局北京办事处单位行贿案。[1] 在本案中，犯罪人单位行贿金额约为74万，单位最后被判处罚金100万，直接责任人卢某被判处有期徒刑1年9个月。[2] 另一个是黑龙江省某总站单位行贿案。在本案中，犯罪人单位行贿金额为10万，单位最后被判处罚金5万元，侯某作为直接责任人被判处有期徒刑6个月。与此同时，在私有单位行贿案件中，自然人犯罪人被免于刑事处罚的有180个案件（22.7%），被判处缓刑的有548个案件（69.0%），被判处实刑的仅有66个案件（8.3%）。可以看出，虽然总体而言对两类性质犯罪主体的处罚都非常轻缓，但是就自然人犯罪人被免于刑事处罚的比例而言，公有单位行贿案件显然要高于私有单位行贿案件。质而言之，单位性质对于量刑结果有着重要影响。

表3 犯罪人单位性质＊个人刑罚交叉列表

犯罪人单位性质	个人刑罚			总 计
	免予刑事处罚	缓 刑	实 刑	
公 有	17	6	2	25

---

〔1〕 内蒙古自治区通辽市科尔沁区人民法院刑事判决书（2015）科刑初字第140号。

〔2〕 黑龙江省伊春市乌伊岭区人民法院（2015）乌刑初字第174号。

续表

犯罪人 单位性质	个人刑罚			总　计
	免予刑事处罚	缓　刑	实　刑	
私　有	180	548	66	794
总　计	197	554	68	819

2. 行为类型与结果对量刑结果的影响

如上所述，在本书所分析的 827 名单位犯罪人中，有 91.3%（755 家）的行为类型是为谋取不正当利益而行贿，仅有 8.7%（72 家）是违规给予回扣和手续费行贿。对比两种行为类型在各档法定刑上所占的比例（参见表 4），我们会发现，差距最小的是单位罚金数在 500 万元以上的一档，相差 1 个百分点，差距最大的是单位罚金数在 20 万元以下的一档，相差 7 个百分点。如果不考虑其他变量的话，可以认为，行为类型对单位罚金数额的影响并不明显。

表 4　单位罚金数＊行为方式交叉列表

单位罚金数	行为方式		总　计
	为谋取不正当 利益型（％）	回扣、手续 费型（％）	
0	93（12）	11（15）	104
小于 20 万	270（36）	31（43）	301
20 万以上 50 万以下	207（27）	17（24）	224
50 万以上 100 万以下	95（13）	7（10）	102
100 万以上 250 万以下	81（11）	5（7）	86
250 万以上 500 万以下	7（1）	0（0）	7

单位罚金数	行为方式		总　　计
	为谋取不正当 利益型（%）	回扣、手续 费型（%）	
500 万以上	2（0.3）	1（1.4）	3
总　　计	755	72	827

那么，行为类型对于自然人犯罪人的量刑结果是否会有明显影响呢？答案也是否定的。从表5可以清楚看出，在两种行为类型中，被免于刑事处罚、宣告缓刑和判处实刑的自然人犯罪人所占各自总数的比例几乎完全相同，分别为：24.1%/23.9%、67.6%/67.6%和8.3%/8.5%，仅在被判处实刑的比例上，为谋取不正当利益而行贿的犯罪人所占比例高了1个百分点。

表5　个人刑罚 * 行为方式交叉列表

个人刑罚	行为方式		总　　计
	为谋取不正当 利益型（%）	回扣、手续 费型（%）	
免予刑事处罚	180（24.1）	17（23.9）	197
缓　　刑	506（67.6）	48（67.6）	554
实　　刑	62（8.3）	6（8.5）	68
总　　计	748	71	819

那么，行为是否造成重大损失与量刑结果之间存在什么样的关系呢？分析表明，在造成重大损失的11个案件中，涉案自然人犯罪人并无一人被判处实刑。其中行贿数额在20万以上50万以下并造成重大损失的案件中，自然人犯罪人被免于刑事处罚的有3人，被判处缓刑的有5人，行贿数额在50万以上100

万以下、100 万以上 250 万以下和 500 万以上并造成重大损失的案件中，各有 1 人被判处缓刑。与此同时，在 11 名单位犯罪人中，有 3 名被免于罚金，4 名罚金数额小于 20 万，3 名罚金数额在 20 万至 50 万之间，仅有 1 名单位犯罪人因为行贿数额在 100 万以上，而被判处了 100 万以上的罚金。所以总体而言，是否给国家和社会利益造成重大损失和量刑结果之间，并无正相关的关系。

3. 行贿数额对量刑结果的影响

因为单位行贿罪是典型的数额犯，所以我们有理由相信行贿数额与单位罚金数额和个人刑罚之间存在正相关。如果这一假设成立，那么就单位罚金而言，从整体上而言，应该是呈现出单位罚金数额随着行贿数额增加的态势。但是，从表 6 的统计来看，情况并非如此。

首先，从纵向上看，在 102 名没有被判处罚金的单位犯罪人中，行贿数额在 100 万元以上的有 23 名，占 23%。从横向上看，在行贿数额在 20 万以上 50 万以下的 437 名单位犯罪人中，被判处 50 万以上 250 万以下罚金的有 25 名（6%），而在行贿数额 250 万以上 500 万以下的 46 名犯罪人中，被判处相同档次罚金的单位犯罪人有 27 名（59%），无论是在绝对数字上，还是在比例上，后者都明显高于前者。在行贿数额差距如此之大的情况下，单位罚金数额的如此分布显然有悖于"行贿数额越高，单位罚金数额越高"的直观认识。

其次，在行贿数额为 20 万以上 50 万以下的 437 名单位犯罪人中，单位罚金数额在 20 万至 50 万之间的有 121 名，占 28%。如果罚金数额在宏观上是呈现随着行贿数额增加而增加的趋势的话，那么在行贿数额 50 万以上 100 万以下、100 万以上 250 万以下、250 万以上 500 万以下、500 万以上的各档单位犯罪人中，被判处相应各档数额罚金的单位犯罪人所占比例应不低于

28%，而事实却恰恰相反，相应的比例分别为 17%（28 名）、23%（33 名）、6.5%（3 名）、2%（2 名），非但低于 28%，而且总体上呈现递减的趋势。

最后，从整体上而言，如果罚金数额是随着行贿数额增加而增加，那么被判处的罚金数额比相应档次行贿数额低的单位犯罪人所占比例，应该呈现递减（至少相同）的趋势。但是从表 6 可以明显看出，在行贿数额多于 20 万小于 50 万的 437 名单位犯罪人中，被判处低于此数额罚金的（20 万以下，但是不包括未被判处罚金的）有 231 名，占 53%，而在其他各档行贿数额的单位犯罪人中，被判处罚金数额比行贿数额低的所占相应比例分别为：62%（48＋56＝104 名）、65%（18＋37＋38＝93名）、78%（2＋7＋8＋19＝36 名）、87%（1＋3＋7＋15＋1＝27 名），呈现递增的趋势。

简而言之，行贿数额和单位罚金数额之间的关系，并非是我们所直观想象的正相关，而是令人意外的负相关，即在整体上行贿数额越高，单位罚金数额相对比行贿数额而言呈现下降的趋势。

表 6 行贿数额 * 单位罚金数交叉列表

行贿数额	单位罚金数							总　计
	0	小于 20 万	20 万以上 50 万以下	50 万以上 100 万以下	100 万以上 250 万以下	250 万以上 500 万以下	500 万以上	
20 万以上 50 万以下	60	231	121	21	4	0	0	437
50 万以上 100 万以下	19	48	56	28	15	1	0	167

行贿数额	单位罚金数							总　计
	0	小于20万	20万以上50万以下	50万以上100万以下	100万以上250万以下	250万以上500万以下	500万以上	
100万以上250万以下	14	18	37	38	33	2	1	143
250万以上500万以下	7	2	7	8	19	3	0	46
500万以上	2	1	3	7	15	1	2	31
总　计	102	300	224	102	86	7	3	824

那么，行贿数额与个人刑罚之间是否存在正相关的关系呢？从量刑结果上来看，如果个人刑罚是随着行贿数额的增加而上升的话，那么被免于刑事处罚、宣告缓刑和判处实刑的自然人犯罪人在相应各档行贿数额的自然人犯罪人总数中所占的比例，应该呈现出如下两个趋势：①被免于刑事处罚和宣告缓刑的比例，呈现下降趋势；②与第一个趋势相反，被判处实刑的比例，应该呈现上升趋势。

在本书所分析的827份裁判文书中，共涉及819名自然人犯罪人，有197人被免于刑事责任，占总数的24%；553人被判处缓刑，占68%；仅有68人被判处实刑，占8%。分析显示，在行贿数额在20万以上50万以下的435名自然人犯罪人中，被免于刑事处罚、宣告缓刑和判处实刑的比例分别为：33%（143人）、61%（266人）、6%（26人）。在其余四档行贿数额的自然人犯罪人中，被判处免于刑事处罚的比例分别为：24%（40人）、6%（9人）、5%（2人）、6%（2人），被宣告缓刑的比例分别为：69%（115人）、82%（116人）、77%（34人）、

71%（22 人），被判处实刑的比例分别为：7%（11 人）、11%（16 人）、18%（8 人）、22%（7 人）。

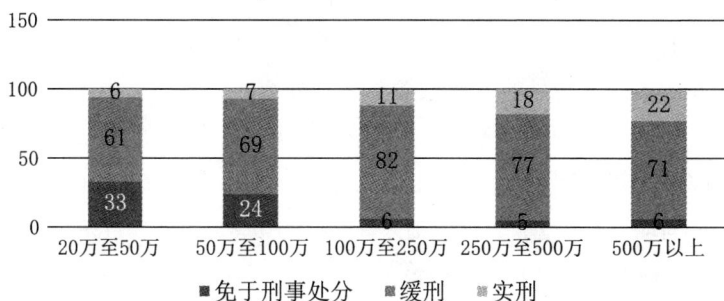

图 8　个人刑罚在行贿数额各档所占比例

　　显而易见，从免于刑事处罚与实刑的角度来看，行贿数额与个人刑罚之间存在正相关：被免于刑事处罚的自然人犯罪人在各档所占比例是依次减少的，而被判处实刑的自然人犯罪人的这一比例是依次增加的，这意味着总体而言，行贿数额越高个人刑罚越重。但是，从缓刑的角度来看，结论却是相反的，因为被宣告缓刑的自然人犯罪人所占的比例在总体上是上升的，这意味着在总体上，个人刑罚并没有随着行贿数额的增加而增加。所以，就行贿数额与个人处罚之间是否存在正相关的问题，还有争辩的余地。

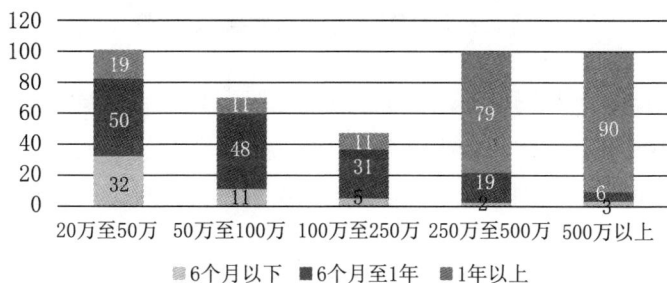

图 9　各档刑期在行贿数额各档所占比例（%）

那么，如果从宣告刑刑期的角度来看，情况又是如何呢？如图 9 所示，在 20 万至 50 万、50 万至 100 万、100 万至 250 万、250 万至 500 万、500 万以上五档行贿数额上，被判处 6 个月以下刑期的自然人犯罪人所占比例分别为 32%、11%、5%、2% 和 3%，成明显的下降趋势，被判处 6 个月以上 1 年以下的所占比例也呈现相同的趋势，这说明随着行贿数额的增加，犯罪人被判处较低刑期的可能性随之降低。与此相对，被判处 1 年以上刑期[1]的犯罪人所占比例依次为 19%、11%、11%、79%、90%，整体上呈现上升的趋势，而在 100 万至 250 万这一档之后，增加的幅度非常大，这说明行贿数额越高，被判处较长刑期的可能性就越高。质而言之，行贿数额与宣告刑刑期之间存在正相关。

4. 行贿对象对量刑结果的影响

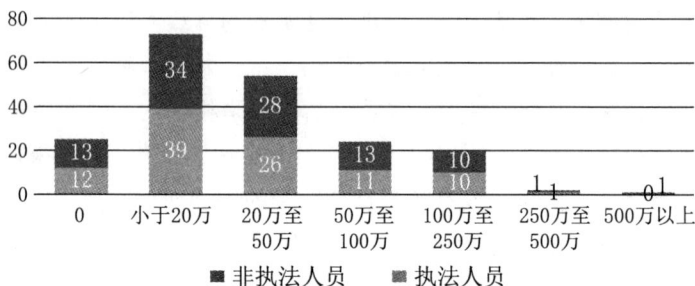

图 10　不同行贿对象在各档罚金数额所占比例（%）

首先，从行贿对象的身份对单位罚金数额的影响来看，如图 10 所示，在本书分析的 827 名单位犯罪人中，行贿对象为党政、司法、行政执法人员的共有 370 名，在各档罚金数额所占

---

〔1〕　因为被判处 3 年以上有期徒刑的被告人只有 2 人，所以此处将 1 年至 3 年和 3 年至 5 年两个档次合并为 1 年以上。

的比例分别为：12%、39%、26%、11%、10%、1%和 0；行贿
对象为非党政、司法、行政执法人员的共 455 名，相应的比例
分别为：13%、34%、28%、13%、10%、1% 和 1%。[*]显而易
见，除了罚金数额为 100 万以上 250 万以上、250 万以上 500 万
以下两档，在其他各档，行贿对象为非党政领导、司法、行政
执法人员的单位犯罪人所占比例都较高。

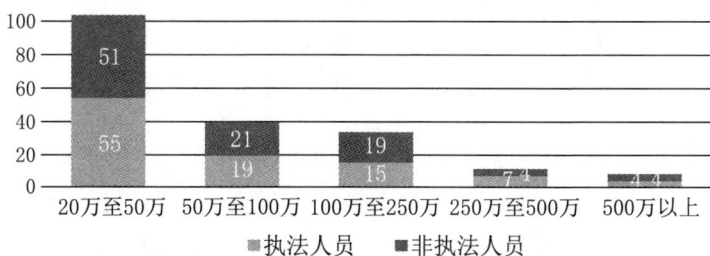

图 11　行贿对象性质在各档行贿数额所占比例（%）

而如图 11 所示，在行贿对象为党政、司法、行政执法人员
的 370 名单位犯罪人中，在行贿数额为 20 万以上各档所占的比例
分别为：55%、19%、15%、7%、4%；在行贿对象为非党政、司
法、行政执法人员的 455 名单位犯罪人中，相应的比例分别为：
51%、21%、19%、4%、4%。可以明显看出，在各档行贿数额
上，以两类不同身份的人为行贿对象的单位犯罪人所占比例相近，
在 20 万以上 50 万以下、100 万以上 250 万以下以及 250 万以上
500 万以下三档上，行贿对象为党政、司法、行政执法人员的单
位犯罪人所占比例相对要高。或许可以说，对比不同行贿对象
在各档罚金数额和行贿数额上所占的比例说明，在行贿对象为

---

[*]　数据说明：因为有 2 个案件的行贿对象为单位，所以此处的总数为 825（370
+455）。

党政、司法、行政执法人员的案件中，单位罚金的数额相对较低。

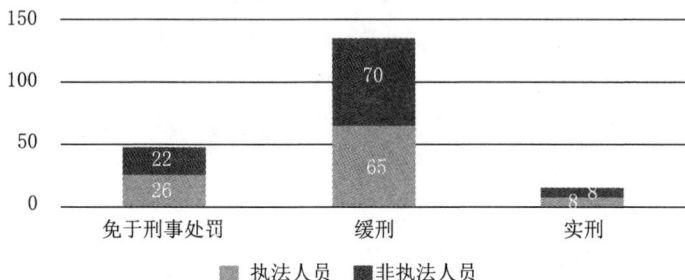

图 12 个人刑罚在不同行贿对象中所占比例（%）

那么，行贿对象的身份与个人刑罚之间又存在什么关系呢？图 12 表明，虽然在被免于刑事处罚的自然人犯罪人中，行贿对象为党政、司法、行政执法人员的所占比例高出 4 个百分点（26%；22%），但是在被判处缓刑的自然人犯罪人中，行贿对象为非党政、司法、行政执法人员的所占比例高出 5 个百分点（70%；65%），在被判处实刑的犯罪人中，二者的比例相同。因此，在宏观上，应该说行贿对象的身份并没有对实际量刑结果造成过多影响。

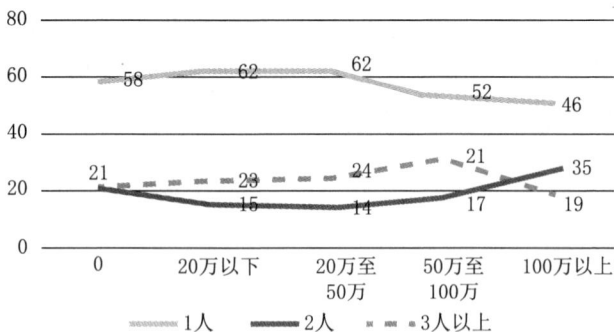

图 13 行贿对象在各档单位罚金所占比例（%）

那么，行贿对象数量与单位罚金数额以及个人量刑结果之间存在什么样的关系呢？从图 13 可以看出，二者之间在整体上呈现出正相关的关系。随着罚金数额的升高，在各个档次上，[1] 行贿对象为 1 人的自然人犯罪人所占比例逐渐减少，这说明行贿对象越少，罚金数额就相对较低。与此相对，行贿对象为 2 人的自然人犯罪人所占比例总体呈上升趋势，也即，罚金数额相对较高。最后，虽然在 100 万以上这一档上，所占比例有所减少，但是在之前的四个档次罚金上，行贿对象为 3 人以上的自然人犯罪人一直是呈现上升趋势的，而且除最后一档，在其他四档上所占比例都高于行贿对象为 2 人的自然人犯罪人，这进一步说明，在整体上，行贿对象越多，被判处罚金的数额就相对更高。

那么，行贿对象数量与个人量刑结果之间，是否也存在着正相关的关系呢？

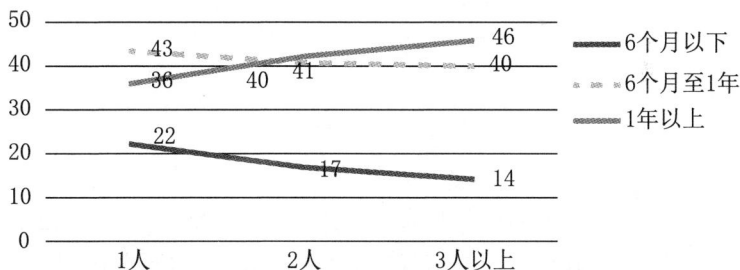

图 14　行贿对象数量在各档宣告刑所占比例（%）

首先，从宣告刑的刑期来看，答案是肯定的。如图 14 所示，一方面，在被判处 6 个月以下自由刑的自然人犯罪人中，行贿对象为 1 人、2 人、3 人以上的所占比例分别为 22%、17%、

---

〔1〕　因为罚金数额在 250 万至 500 万、500 万以上两档的单位犯罪人仅有 10 名，因此这里将之都纳入了 100 万以上这一档。

14%，呈明显下降趋势，这说明，行贿对象数量越多，被判处较短刑期的可能性就越小。与此相应，在被判处 1 年以上自由刑的自然人犯罪人中，相应比例分别为 36%、40%、46%，呈明显的上升趋势，这说明行贿对象数量越多，被判处较长刑期的可能性就越高。在被判处 6 月至 1 年刑期的自然人犯罪人中，虽然趋势并不明显，但是在总体上，也呈现出与行贿对象为 1 人的犯罪人相似的趋势。

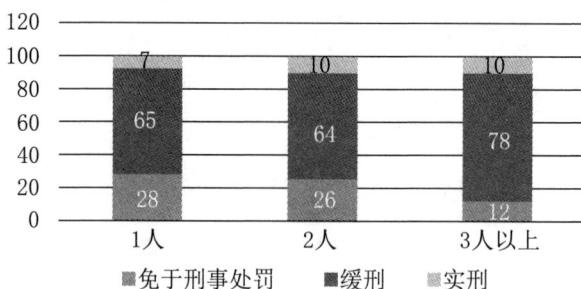

图 15　行贿对象在个人量刑结果所占比例（%）

其次，从量刑结果来看，如图 15 所示，在行贿对象为 1 人的 477 名自然人犯罪人中，有 28% 被免于刑事处罚，行贿对象为 2 人和 3 人以上的被免于刑事处罚的比例分别为 26% 和 12%，不但呈现下降趋势，而且行贿对象为 3 人以上的所占比例要少于前两者的一半。与此相对，在被判处实刑的自然人犯罪人中，行贿对象为 1 人、2 人和 3 人以上的所占比例分别为 7%、10% 和 10%，虽然差距不大，但是考虑到在向 3 人以上行贿的自然人犯罪人中被宣告缓刑的高达 785 名，也可以说，随着行贿对象数量的增加，这一比例在总体上是呈现上升趋势的。因此，在总体上，也可以说行贿对象数量与量刑的严厉性之间是存在正相关的关系的。

5. 行贿行为持续时间与次数对量刑结果的影响

首先，行为持续时间和量刑结果之间存在什么样的关系呢？从图 16 可以看出，[1] 行贿行为持续的时间与单位罚金数额之间存在正相关的关系，即随着行为持续时间的增加，单位罚金数额也相应增加。一方面，在罚金数额在 20 万以内的 455 名单位犯罪人中，有 51% 是行贿行为持续时间在 2 年以内的，35% 是在 2 年以上 5 年以内的，14% 是 5 年以上 10 年以内的，仅有 1% 是 10 年以上的。随着罚金数额的增加，行贿行为持续时间在 2 年以内的单位犯罪人所占比例逐步减少。与此相对，在罚金数额在 20 万以内的单位犯罪人中，行贿行为持续时间在 10 年上的仅占 1%，之后，随着罚金数额的增加，行贿行为持续时间在 10 年上的单位犯罪人所占比例逐步增加，在 100 万以上 250 万以下达到 19%。另一方面，在上述二者之间，在单位罚金数额为 20 万以上的单位犯罪人中，随着单位罚金数额的增加，行贿行为持续时间在 2 年以上 5 年以下的单位犯罪人所占比例是逐步减少的，而行贿行为持续时间在 5 年以上 10 年以下的单位犯罪人所占比例是逐步增加的。因此，总体而言，单位罚金的数额随着行贿行为持续时间的增加而增加。

那么，行贿行为持续时间和个人量刑结果之间的关系如何呢？图 17 表明，在被免于刑事处罚的 197 名自然人犯罪人中，在行贿行为持续时间的各个档次，所占比例是持续降低的。与此同时，在被判处实刑的 68 名自然人犯罪人中，在行贿行为持续时间的各个档次，所占比例一致呈现上升趋势。就此而言，可以说在总体上，行贿时间越长，对自然人犯罪人的量刑结果

---

〔1〕 图 16 没有列入单位罚金数额在 250 万以上 500 万以下、500 万以上两档的情况，因为被判处这两档罚金的单位犯罪人非常少，前者只有 7 名，后者只有 3 名，放在总体状况之中进行比较没有实质意义。

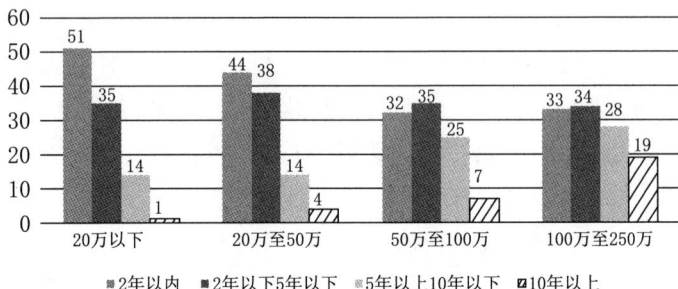

图16　各档罚金数额在行贿行为持续时间上所占比例（%）

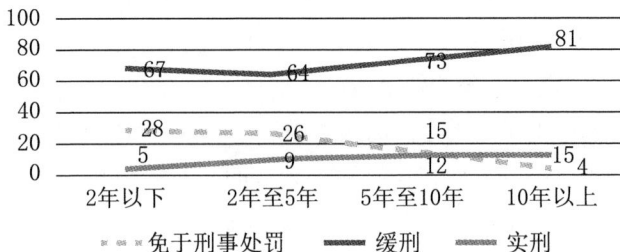

图17　个人刑罚在行贿行为持续时间各档所占比例（%）

就越趋于严厉，也即行贿行为的持续时间与对自然人的量刑结果之间存在正相关。但是，从缓刑的适用情况来看，情况却稍有不同，因为随着行贿行为持续时间的增加，缓刑的适用比例总体而言是呈上升趋势的，质而言之，即行贿行为持续的时间越长，被宣告缓刑的自然人犯罪人所占的比例就越大。似乎又可以说，行贿行为的持续时间与对自然人犯罪人的量刑结果之间存在负相关的关系。

从宣告刑的刑期来看，如图18所示，在被判处自由刑的犯罪人中，被判处6个月以下的在持续时间为2年、2年至5年、5年至10年、10年以上各档上所占的比例分别为23%、15%、18%、4%，被判处6个月至1年的犯罪人所占比例分别为47%、

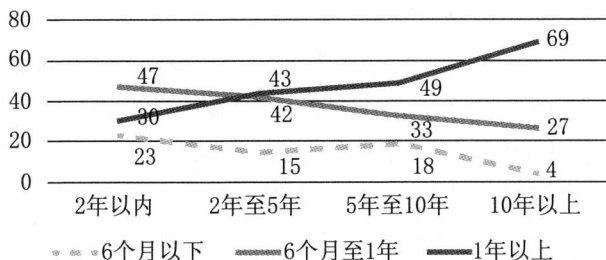

图18　宣告刑刑期在行为持续时间各档所占比例（%）

43%、33%、27%，都呈明显的下降趋势，这说明随着行为持续时间的增加，被判处相对较轻的自由刑的可能性逐渐降低。与此相对，被判处1年以上自由刑的犯罪人[1]的相应比例分别为30%、43%、49%、69%，呈明显的上升趋势，这说明随着行为持续时间的增加，被判处相对较长刑期的可能性逐步增加。从正反两方面都可以看出，行贿行为的持续时间与刑期之间存在正相关的关系。

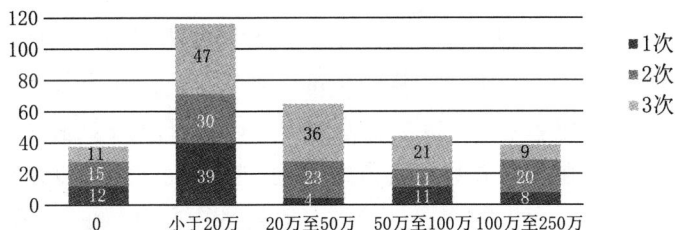

图19　不同行贿次数在各档罚金数额所占比例（%）

就行贿次数与单位罚金之间的关系，从图19出发，可以大致认为，二者之间存在着正相关的关系。一方面，在单位罚金

---

〔1〕　因为被判处3年以上有期徒刑的被告人只有2人，所以此处将1年至3年和3年至5年两个档次合并为1年以上。

为 0、小于 20 万、20 万以上 50 万以下、50 万以上 100 万以下、100 万以上 250 万以下等五档罚金中，[1] 随着罚金数额的升高，行贿次数为 1 次的单位犯罪人在相应档次罚金数额中所占的比例大致呈现减少趋势，行贿次数为 2 次和 3 次的单位犯罪人在各自总数中所占比例基本上都高于仅行贿 1 次的单位犯罪人；另一方面，从图 19 可以明显看出，在行贿数额小于 20 万、20 万以上 50 万以下、50 万以上 100 万以下三档上，行贿次数为 3 次以上的单位犯罪人所占比例都远远高于行贿次数为 1 次和 2 次的单位犯罪人。

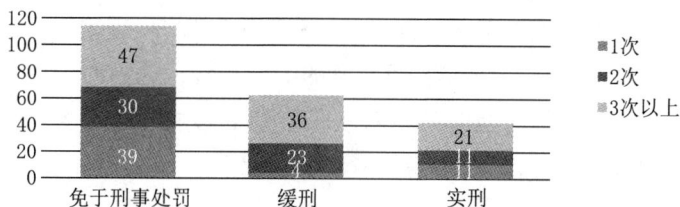

图 20　不同行贿次数在个人刑罚所占比例（%）

但是，图 20 表明，行贿行为的次数与个人刑罚之间的关系未必是正相关。一方面，从图中可以看出，虽然在次数为 3 次以上的单位犯罪人中，21% 被判处实刑，高于行贿 1 次和 2 次的单位犯罪人在各自总数中所占的比例，就此而言，可以说行贿次数越多，对个人的刑罚越严厉。但是另一方面，在行贿次数为 1 次以上的单位犯罪人中，有 47% 被免于刑事处罚、36% 被宣告缓刑，相应比例也远远高于行贿次数为 1 次和 2 次的单位犯罪人所占的比例。此外，在行贿次数为 1 次和 2 次的单位犯罪

---

〔1〕　在 250 万以上 500 万以下、500 万以上两档罚金中，行贿次数为 1 次、2 次、3 次的单位犯罪人分别为 4 名、1 名，2 名、2 名，1 名、0 名，因为绝对数量较少，所以没有纳入比较的范围。

人中，虽然前者被免除处罚的比例高于后者，但是后者被判处缓刑的比例要高出前者 19 个百分点，而且二者被判处实刑的比例是相同的。就此而言，很难说行贿次数越多，量刑选择就越严厉。

那么，行为次数与宣告刑刑期之间的关系如何呢？如图 21 所示，在行贿 1 次案件的自然人犯罪人中，被判处 6 个月以下和 1 年以上自由刑[1]的所占比例分别为 21% 和 26%。在行贿 3 次以上案件的自然人犯罪人中，相应的比例分别为 16% 和 45%，前者降低了 5 个百分点，而后者增加了 19 个百分点。而且，在此类案件中，被判处 6 个月以下、6 个月以上 1 年以下、1 年以上自由刑的自然人犯罪人所占比例依次增加，就此而言，可以说，行贿次数越多，宣告刑的刑期就越长。此外，虽然对比存在 1 次与 2 次行贿行为案件中的自然人犯罪人的宣告刑刑期所占比例很难得出上述结论，但是如果对比存在 2 次与 3 次以上行贿行为案件中的自然人犯罪人的宣告刑刑期所占比例情况，我们会发现，被判处 6 个月以下和 6 个月以上 1 年以下自由刑的自然人犯罪人所占比例都有所降低，前者更是降低了 20 个百分点。与此相对，被判处 1 年以上自由刑的自然人犯罪人所占比例增加了 23 个百分点。因此，总体而言，行为次数与宣告刑刑期之间存在正相关，即随着行贿行为次数的增加，自然人犯罪人被判处的刑期也相应增加。

---

[1]　因为被判处 3 年以上有期徒刑的被告人只有 2 人，而且行贿都在 3 次以上，所以此处将 1 年至 3 年和 3 年至 5 年两个档次合并为 1 年以上。

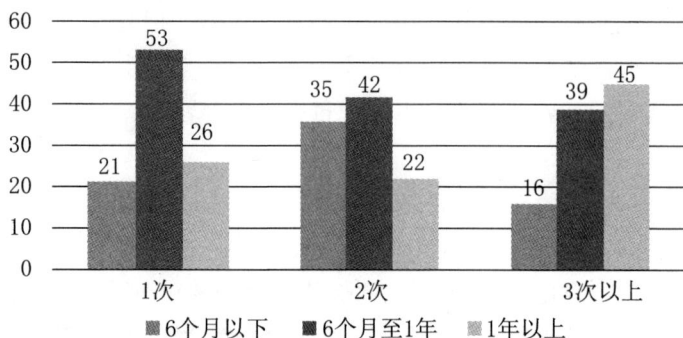

图 21　宣告刑刑期在行为次数各档次所占比例（%）

6. 从宽情节的影响

在理论上，自首的法律效力要高于坦白，而坦白的法律效力要高于认罪。那么，在实践中，三者的实际影响又是什么样的呢？从图 22 可以看出，就单位罚金而言，在各个档次的罚金数额中，坦白所占的比例都最高，在被判处 500 万元以上罚金的单位犯罪中，100%都存在坦白情节，自首与认罪所占的比例紧随其后。

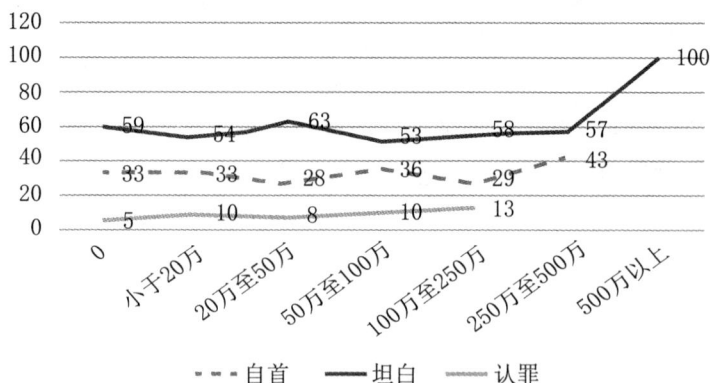

图 22　自首、坦白与认罪在各档罚金数额所占比例（%）

在自首与坦白之间，更多的犯罪人选择坦白存在着合理解释。一方面，自首通常意味着在司法机关没有发现犯罪事实的情况下主动投案，而行贿行为被惩处的概率较低，所以即使犯罪事实已经被有所察觉，犯罪人尤其是单位犯罪人通常并不会选择自首。另一方面，坦白不但意味着被动归案，而且意味着司法机关已经掌握了一定的犯罪事实，尤其是受贿一侧的犯罪事实，在目前贿赂案件中撤销案件、不起诉与宣告无罪的比例都比较低的情况下，除非是坚信自己不存在任何犯罪事实，坦白是比较务实的选择。这可能也是罚金数额在500万元以上的三个案件中，都存在坦白情节而不存在自首情节的原因。从图22我们还可以看出，在总体上，随着罚金数额的增加，存在自首、坦白与认罪情节的案件所占比例也随之增加。也即，在实践中，自首、坦白与认罪情节对于单位罚金数额是真实存在影响的。

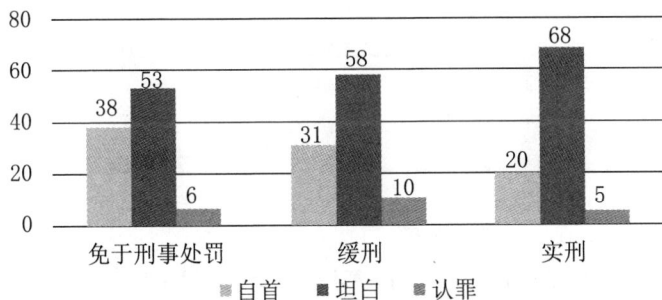

图 23　个人刑法中自首、坦白与认罪所占比例（%）

那么，自首、坦白与认罪在个人量刑结果之间又存在着什么关系呢？如图23所示，在被免于刑事处罚的197人，具有自首情节的占38%，具有坦白情节的占53%，具有认罪情节的仅占6%。之后，随着量刑结果趋严，具有自首情节的犯罪比例逐

渐减少，这说明具有自首情节能够获得更轻缓量刑结果的可能
性更大。与此相对，具有认罪情节的自然人犯罪人仅占被免于
刑事处罚的 6%、被宣告缓刑的 10%，远远低于具有自首和缓刑
情节的自然人犯罪人。但是，在被判处实刑的自然人犯罪人中，
具有认罪情节的也仅占 5%，与被免于刑事处罚的比例几乎相
同。因此，可以说，在总体上，是否认罪对于个人量刑结果的
影响不是很大。与在单位罚金场合的情况相似，在被免于刑事
处罚、宣告缓刑和判处实刑的自然人犯罪人中，具有坦白情节
的所占比例也最高。但是，如图 23 所示，在这类量刑结果中，
具有坦白情节的自然人犯罪人在被免于刑事处罚、宣告缓刑和
判处实刑中所占的比例分别为 53%、58% 和 68%，是逐步升高
的，这与自首情节的情况正好相反，这在一定程度上说明，具有
坦白情节的犯罪人，被给与相对较严的量刑结果的可能性更大。

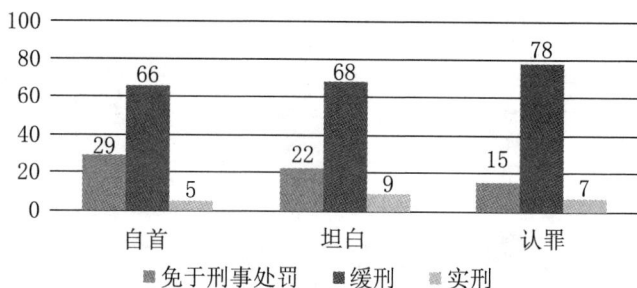

图 24　自首、坦白与认罪情节中个人刑罚情况（%）

从另一个角度来看，结论也是相同的。如图 24 所示，在具
有自首情节的 258 名自然人犯罪人中，有 29% 被免于刑事处罚，
而具有坦白情节的 473 名和认罪情节的 72 名自然人犯罪人的这
一比例，分别为 22% 和 15%，呈下降趋势。与此相对，在具有
自首情节的 258 名自然人犯罪人中，仅有 5% 被判处实刑，而具

有坦白情节和认罪情节的自然人犯罪人的这一比例，分别为9%和7%，都相对较高，这说明比较而言，自首更能够带来相对轻缓的量刑结果。但是，在坦白与认罪之间，很难说哪一个情节能够带来相对轻缓的量刑结果：虽然在具有坦白情节的自然人犯罪人中，有22%被免于刑事处罚，高于认罪的15%，但是后者被判处缓刑的比例高于前者，而且被判处实刑的比例要低于前者。

那么，自首、坦白和认罪情节和宣告刑刑期之间存在什么样的关系呢？如图25所示，在具有自首情节的184名自然人犯罪人中，有21%被判处了6个月内的刑期，这一比例虽然高于具有坦白情节的自然人犯罪人所占的比例（16%），但是低于具有认罪情节的自然人犯罪人所占的比例。与此同时，在具有自首、坦白和认罪情节的自然人犯罪人中，被判处6个月以上1年以内和1年以上自由刑的自然人犯罪人所占比例几乎相同，而且并不呈现出一致的趋势，例如，在具有坦白情节的自然人犯罪人中，被判处6个月至1年自由刑的自然人犯罪人所占比例（42%）比具有认罪情节的自然人犯罪人所占比例高出6个百分点（36%），但是，后者中被判处6个月以下自由刑的所占

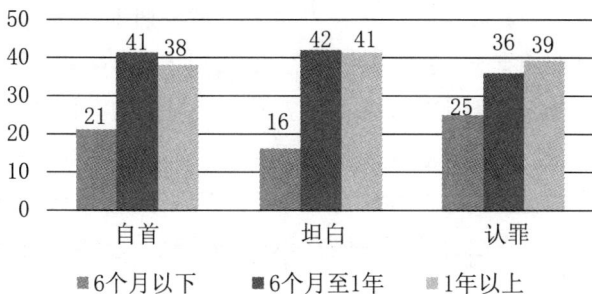

图25　宣告刑刑期与从宽情节之间的关系

比例（25%）又比前者（16%）高出 9 个百分点。因此，很难说哪一个情节更有利于减少刑期。

三、突出问题

除了上文已经提及的公私界限分明、从宽情节效用不明显等问题外，在宏观上可以看到单位行贿罪司法实践的一个突出问题是，量刑过于轻缓，而且缺少规范性。一方面，在上述分析的 827 名单位犯罪人中，共有 104 名单位犯罪人未被判处罚金，占总数的 12.6%。在被判处罚金的 723 名单位犯罪人中，罚金数额最高为 1500 万元，最低为 2 万元，平均数额为 42.6 万元。而与此相对，行贿数额最高的是 1061 万，平均行贿数额为 105.8 万元。质而言之，单位罚金的平均数额不足平均行贿数额的 1/2。另一方面，在这 827 个单位犯罪案件中，虽然共有 819 名自然人作为主管人员或者直接责任人员被认定有罪，但是其中超过九成被免于刑事责任（24%）和被宣告缓刑（68%）。此外，在裁判文书明确指出行贿行为给国家和社会造成了重大损失的 11 个案件中，有 3 名单位犯罪人被免予罚金，涉案自然人犯罪人并无一人被判处实刑。行贿数额在 20 万以上 50 万以下并造成重大损失的案件中，自然人犯罪人被免于刑事处罚的有 3 人，被判处缓刑的有 5 人；行贿数额在 50 万以上 100 万以下、100 万以上 250 万以下和 500 万以上并造成重大损失的案件中，各有 1 人被判处缓刑。更有甚者，如上所述，在有的案件中，法院直接违背罪刑法定原则，在法定刑之外对自然人犯罪人判处了较轻的刑罚，例如，在 2015 年上海陆康实业有限公司单位行贿案[1]、

---

[1]　张某单位行贿案［上海市浦东新区人民法院（2015）浦刑初字第 822 号］。

2015 年北京亨通机械有限公司单位行贿案[1]与 2015 年黑龙江宏阳资产评估有限公司单位行贿案[2]中，相关人员是被判处管制或者单处罚金。而《刑法》第 393 条并没有针对直接负责的责任人员或者其他直接责任人员规定管制，对于自然人规定的也是并处罚金。

造成上述现象的原因虽然很多，但是有两点不得不提：一是上述的两个从轻的处罚理念；二是对单位犯罪案件缺乏类似于量刑指南的规范性文件。因为就单位犯罪量刑规范化的问题，后文还有论述，此处不再细述。

然而，量刑过度轻缓而且缺乏规范性，会产生诸多消极影响：首先，严重妨碍刑罚目的的实现。国家规定刑罚的目的在于预防犯罪。如上文所述，预防目的的实现，取决于刑罚的严厉性、确定性与及时性三个要素，量刑过度轻缓表明实践中的刑罚缺乏严厉性。其次，为潜在犯罪人提供规避严厉处罚的合法路径，削弱打击贿赂犯罪的政策效果。无论是在立法层面对单位行贿案件中的自然人犯罪人的处罚要轻缓得多，还是在司法层面几乎到了不罚的程度，其实是相当于在为潜在犯罪人提示规避处罚的合法路径。尤其应该指出的是，2018 年修正后的《公司法》对公司成立的条件规定得非常宽松，并在第 57 条规定了一人有限责任公司，即只有一个自然人股东或者法人股东的有限责任公司。在这种情况下，现行关于单位行贿罪的立法规定与司法实践更应该做出回应。最后，不利于发挥自首等从宽情节的政策效应。中国境内的企业数量截至 2014 年已经多达 1000

---

〔1〕　王某单位行贿案〔伊春市乌马河区人民法院（2015）乌刑初字第 16 号〕。

〔2〕　郑某某单位行贿案〔伊春市乌马河区人民法院（2015）乌刑初字第 11 号〕。

余万，显而易见，权力机关本身是无法有效监督与预防包括贿赂行为在内的企业违法行为的，就是深入查处已经暴露出来的违法行为有时候也存在很大难度。与此同时，随着外资和合资企业的增多、组织的复杂化和全球化的深入，单位行贿的行为也呈现出了全球化、长期化与隐蔽化的趋势，必须加强企业方面的自律。

第二节　典型案例

第一节根据中国裁判文书网公布的裁判文书，在宏观层面，对单位行贿罪的总体情况进行了分析。本节将尝试在介绍两个典型行贿案例与三个典型受贿案例的基础上，对比上述综合分析，总结当前单位贿赂犯罪的突出特点。

一、葛兰素史克公司单位行贿案

2014年9月19日，湖南省长沙市中级人民法院依法对GSK中国和马克锐等人对非国家工作人员行贿、非国家工作人员受贿案进行不公开开庭审理，法院以对非国家工作人员行贿罪判处被告单位GSK中国罚金人民币30亿元，这是已知的对犯罪单位的最高罚金数额。

（一）查处过程

英国葛兰素史克公司（GlaxoSmithKline，简称"GSK公司"）是全球最大药剂集团，在中国的历史最早可追溯至20世纪初叶。20世纪80年代以来，在改革开放政策的感召下，公司在中国积极投资。2001年初，葛兰素史克（中国）投资有限公司（简称"GSK中国"）成立，业务总部分设上海、天津、北京和香港，涉及处方药、非处方药、疫苗和消费保健品四大部分。

2013 年初，公安机关在工作中发现部分旅行社经营活动异常。例如，上海临江国旅几乎没做过任何旅游业务，但年营业额却从成立之初的几百万元飙升到案发前的数亿元，仅从 2009 年到 2012 年，业务往来总额就高达 1.19 亿元。在有关部门的协助下，公安机关部署涉案地的警方开展调查，发现 GSK 中国及其关联企业存在重大经济犯罪嫌疑。

在掌握了确凿证据之后，2013 年 6 月，公安部指示湖南长沙、上海、河南郑州等地公安机关立案侦查。同年 6 月 27 日、7 月 10 日，公安机关组织了两次集中抓捕，对 GSK 中国部分高管和多家旅行社部分工作人员采取了刑事强制措施。2013 年 7 月 11 日，公安部发布通报：因涉嫌严重商业贿赂等经济犯罪，GSK 中国 4 名高管和 20 名医药企业和旅行社工作人员被依法立案侦查。

2013 年 7 月 15 日，GSK 公司打破沉默，发布致歉声明称上述调查中所发现的问题令人羞愧，我们对所发生的事情深表歉意，并表示，某些员工及第三方机构因欺诈和不道德行为严重违背了 GSK 全球的规章制度、管理流程、价值观和标准，GSK 公司对此类行为绝不姑息和容忍。同年 7 月 22 日，GSK 公司再度发表声明，承认 GSK 中国高管卷入贿赂案件，通过逃避公司流程和监管进行了不当操作，触犯了中国法律，并已准备好与中国政府合作。

（二）基本事实

2014 年 9 月 19 日，湖南省长沙市中级人民法院依法对葛兰素史克（中国）投资有限公司和马克锐等人对非国家工作人员行贿、非国家工作人员受贿案进行不公开开庭审理。经法庭审理查明，2009 年 2 月，马克锐相继担任 GSK 中国处方药事业部总经理、董事会主席、法定代表人。为扩大药品销量，马克锐提出了"以销售产品为导向"的口号，并通过全体员工年会、领导力峰会、销售精英俱乐部等公司内部各种会议和活动进行宣传鼓动。该经营理念得到张国维、梁宏、黄红、赵虹燕等公司高管的积极响应和支持，逐渐形成了无视中国药品管理等法律法规中的禁止性规定，只追求扩大销量、以费用促进销售的贿赂销售模式。

为提高销量，GSK 中国大量招聘销售人员，改组扩建业务部门。处方药事业部、疫苗部、抗生素及创新品牌事业部等各业务部门采取多种形式向全国各地医疗机构的从事医务工作的非国家工作人员行贿。人力资源部制定以销售业绩为核心的工资、奖金等薪酬福利制度及政策，将人力和财力向业务部门倾斜；财务部、合规部、IT 部等其他部门也提供全方位的支持、帮助并进行监督、管理和考核；法务部则为行贿提供帮助和掩护。其中，GSK 中国的大客户团队、各事业部的市场部等部门，邀请全国各地医疗机构的从事医务工作的非国家工作人员参加由其赞助和组织的境内外各类会议，通过支付差旅费、讲课费、安排旅游等方式贿赂与会医务人员，然后将相关费用分别以"研讨会费用"等科目在财务系统中报账。在参会医务人员的支持下，GSK 中国的各类药品得以进入各地医疗机构。

同时，各业务部门通过医药代表等，以支付业务招待费、讲课费以及现金回扣等方式贿赂全国多地医疗机构的医务人员，并将相关费用以"招待费""其他推广费用"的科目报账，换得 GSK 的药品得到使用或扩大使用。

最终，法院以对非国家工作人员行贿罪判处被告单位 GSK 中国罚金人民币 30 亿元；判处被告人马克锐有期徒刑 3 年，缓刑 4 年，并处驱逐出境；判处被告人张国维有期徒刑 3 年，缓刑 3 年；判处被告人梁宏有期徒刑 2 年，缓刑 3 年；判处被告人赵虹燕有期徒刑 2 年，缓刑 2 年；以对非国家工作人员行贿罪判处被告人黄红有期徒刑 2 年，以非国家工作人员受贿罪判处其有期徒刑 2 年，决定执行有期徒刑 3 年，缓刑 4 年。宣判后，被告单位的诉讼代表人及各被告人均当庭表示认罪服判，不提出上诉。[1]

二、金宝公司单位行贿案

（一）基本事实

广东金宝集团有限公司（以下简称"金宝公司"）成立于 1991 年 1 月 29 日，法定代表人为庄恭钦。根据深圳市中级人民法院（2016）粤 03 刑初 157 号刑事判决书，本案基本事实如下：

在开发"城市佳园"房地产项目中向黄某甲、黄某乙行贿人民币 1150 万元及港币 1350 万元的事实。庄恭钦在黄某甲任广东省惠州市副市长时就与其结识并交往日益密切。2004 年，庄恭钦及金宝公司有意开发惠州市"仲恺 ZK210301 地块"，但一直未能获得该地块的土地使用权。至 2008 年左右，黄某甲想通过其子黄某乙与庄恭钦"合作"开发房地产的方式牟取利益，于是庄恭钦提议，由黄某甲出面协调拿下前述地块的使用权，之后由金宝公司进行开发（后开发为惠州市"城市佳园"房地

---

〔1〕 关于葛兰素史克案的始末，参见"长沙市查处葛兰素史克（中国）投资有限公司对非国家工作人员行贿"，载红网，http://pf.rednet.cn/c/2015/12/02/3854442.htm，最后访问日期：2018 年 9 月 2 日；陈伟："葛兰素史克为何到中国就敢变坏"，载《经济参考报》2014 年 5 月 16 日，第 2 版；张继："葛兰素史克案终结，黑金链条浮现"，载《企业家日报》2014 年 5 月 19 日，第 7 版；王志灵："葛兰素史克行贿利益链终结：面临高额罚款，中国药企争夺份额"，载《21 世纪经济报道》2014 年 5 月 16 日，第 17 版；周武英："葛兰素史克在英国遭刑事调查"，载《经济参考报》2014 年 5 月 29 日，第 4 版；张焱："葛兰素史克陷'贿赂门'销售潜规则何日休"，载《中国经济时报》2013 年 7 月 4 日，第 9 版。

产项目），作为回报，以黄某乙的公司深圳市骏骐投资发展有限公司（后变更为深圳市骏骐投资控股有限公司，以下简称"骏骐公司"）的名义虚假出资人民币1500万元，占有该项目30%的股份及收益，黄某甲及黄某乙表示同意。之后，黄某甲出面找惠州市相关部门协调并推动前述地块挂牌出让，2010年4月，庄恭钦的金宝公司通过招投标顺利取得了该地块的土地使用权并正式开发该房地产项目。在项目开发过程中，黄某乙及骏骐公司未参与相关的经营与管理，亦未实际出资。为了感谢黄某甲在项目开发过程中的帮助，兑现承诺，庄恭钦于2013年至2014年期间多次以"分红"形式送给黄某甲及黄某乙人民币950万元、港币1350万元。另外，2009年9月，在该项目运作过程中，黄某甲、黄某乙以"借款"名义向庄恭钦索取人民币200万元，庄恭钦通过其妻周某的银行账户将人民币200万元汇给黄某乙，后庄恭钦将该款计入黄某甲、黄某乙的"分红"，直至2014年2月，庄恭钦因担心该款会牵连到周某，才催促黄某乙将该款"原路汇回"周某的银行账户。

在马过渡河整治工程BT项目中向黄某甲、黄某乙行贿人民币300万元的事实。2011年，黄某甲利用担任广东省水利厅厅长的职务便利，帮助金宝公司顺利中标了仲恺高新区马过渡河整治工程BT项目。在该项目招投标及施工过程中，庄恭钦和黄某甲、黄某乙商定，黄某甲、黄某乙方占有该项目30%的收益，但该项目的利润暂不分配，待后由庄恭钦在仲恺高新区找土地摘牌进行房地产开发，并用该项目的回购款抵扣土地款，继续延续既定的模式"合作"。2013年底，庄恭钦参与了位于仲恺高新区××街道××路附近地块"CJ010403Z"的挂牌出让，期间，庄恭钦找到黄某甲帮忙协调解决用马过渡河BT回购款抵扣该地块的土地购买款。在参与招标过程中，该地块的其他竞买方通过中间人找到庄恭钦，要其放弃竞价并承诺给庄恭钦人民币1000万元的补偿。在征得黄某甲的同意后，庄恭钦放弃该地块的竞拍并取得了人民币1000万元。之后，庄恭钦按事先的约定给了黄某乙人民币300万元现金。

在金山河综合整治工程BT项目中向钟某行贿人民币25万元的事实。2012年，庄恭钦找到时任广东省水利厅厅长的黄某甲，表达想投标参与金山河水利工程项目的意愿。黄某甲找到了时任惠州市水务局局长钟某帮忙，后在钟某的帮助下，金宝公司顺利中标了金山河综合整治工程BT项目第二标段。为了感谢钟某在金山河项目招投标中提供的帮助，也为了让钟某在后续的项目建设中继续提供帮助，庄恭钦于2013年4月、5月请钟某吃饭并在饭后送给钟某人民币25万元。

（二）审判结果

深圳市中级人民法院经审理认为，金宝公司无视国家法律，为谋取不正当利益向国家工作人员行贿，其行为已构成单位行贿罪；被告人庄恭钦身为金宝公司的董事长，系该公司直接负责的主管人员，并具体实施相应的行贿行为，依法亦应以单位行贿罪对其予以刑事处罚。因此，判决金宝公司犯单位行贿罪，判处罚金人民币950万元；庄恭钦犯单位行贿罪，判处有期徒刑2年，并处罚金人民币50万元。

一审宣判后，金宝公司与庄恭钦均以存在从宽情节以及量刑过重为由提起上诉。2016年12月28日，广东省高级人民法院二审认为，原判决证据确实、充分，事实清楚，但是本案所涉行为发生于《刑法修正案（九）》施行以前，而此前的刑法对单位行贿罪并未规定并处罚金刑，根据从旧兼从轻原则，应适用《刑法修正案（九）》施行前的法律，即对上诉人庄恭钦不应附加适用罚金刑，因此，在维持深圳市中级人民法院

（2016）粤 03 刑初 157 号刑事判决对庄恭钦定罪部分的同时，撤销量刑部分，以单位行贿罪，改判其有期徒刑 2 年。

三、雷州市公安局西湖派出所单位受贿案

（一）基本事实

2016 年 4 月 15 日，黄某等人因吸毒被广东省雷州市公安局西湖派出所抓获，但是西湖派出所"罚款"65 000 元后放人。2016 年 5 月 2 日，黄某涉嫌运输冰毒 2000 多克、海洛因 370 多克被广东省徐闻县公安局抓了。知道这次犯了大案的黄某在看守所期间将西湖派出所收钱放人的事说了出来，西湖派出所的做法从而被曝光。2017 年 3 月 23 日，湛江经济技术开发区人民检察院以单位受贿罪，向湛江经济技术开发区人民法院提起公诉。经审理查明：

被告人曾常明于 2014 年 2 月调任被告单位雷州市公安局西湖派出所所长后，挂任该所总值班领导，该所教导员劳某 1、副所长曾某 2 和柯某 1 为带班领导分 3 个值班组进行轮流值勤。经该所领导班子研究决定：按照惯例，3 个值班组在查处相关案件中，在完成办案指标的前提下，若有人说情或其他可作"罚款"创收的治安案件，由值班领导报给所长曾常明决定"罚款"金额后，便不进入公安机关警情综合处理系统，不按规定的案件办理流程报批而进行"罚款"放人处理，所得款项的 50% 交给协警曾某 1 保管及用于该所公共开支，所得款项的另外 50% 扣除线人费和值班组夜餐费后，余款由曾常明和值班组人员平分。

自 2015 年 7 月截至案发时，雷州市公安局西湖派出所不按案件办理流程报批而擅自作"罚款"后放人处理的案件 21 宗，共收取"罚款"总额为 137 400 元，除提取 4500 元给雷州市公

安局打击私彩办外，所余"罚款"中的50%即66 450元交给协警曾某1保管，作为西湖派出所的账外开支使用；另外的50%即66 450元提取给值班组。值班组给付线人费10 940元后，剩余的55 510元由值班组和所长曾常明进行私分，其中曾常明从中分得6750元。

吸毒人员黄福彪等人因吸毒于2016年4月15日被雷州市公安局西湖派出所抓获，并被雷州市公安局西湖派出所作"罚款"65 000元后放人处理。后来黄福彪等人因运输毒品于同年5月2日被徐闻县公安局抓获，黄福彪于同年5月6日将雷州市公安局西湖派出所"罚款"65 000元后放人处理的事情向湛江市公安局的侦查人员作了供述。该事曝光后，被告人曾常明等人担心被牵连，于同年5月16日，由被告人曾常明拿出40 000元、曾某2拿出25 000元，共65 000元退还给黄某2的亲属。

雷州市人民检察院于2016年6月8日对本案进行立案侦查。同年8月8日，涉案的相关人员陈德智、周维勇等13人向雷州市人民检察院退出非法所得款人民币共计19 300元；本案案发后，涉案人员曾某2、柯某1等8人于2016年8月份向雷州市纪律检查委员会退出非法所得款人民币8200元。本案开庭审理后，被告人曾常明亲属于2017年4月27日向雷州市纪律检查委员会退出其违法所得款人民币6750元。[1]

此外，据西湖派出所民警周某某证实，2006年9月至今他一直在西湖派出所当民警，这个模式一直都存在，只是曾常明到任后这种罚款创收案件就更多了。[2]

---

〔1〕 湛江经济技术开发区人民法院刑事判书（2017）粤0891刑初67号。
〔2〕 陈卿媛："派出所收罚款放人被判单位受贿罪，处罚20万"，参见 http://news.163.com/17/1119/21/D3KQLKMD0001875P.html.

（二）审判结果

湛江经济技术开发区人民法院经审理认为，雷州市公安局西湖派出所作为国家机关的派出机构，在工作中非法收受他人财物共计人民币 137 400 元，并为他人谋取非法利益，情节严重，其行为已构成单位受贿罪。被告人曾常明作为雷州市公安局西湖派出所的负责人，系直接负责的主管人员，其行为也已构成单位受贿罪。参照最高人民法院、最高人民检察院《关于办理受贿刑事案件适用法律若干问题的意见》第 9 条规定，国家工作人员受贿后因自身或者与其受贿有关联的人、事被查处，为掩饰犯罪而退还或者上交的，不影响认定受贿罪。本案被告单位收到黄某"罚款"后，不是及时将该款退还，而是将该款作了处理，之后退款是发现黄某已将该事曝光，相关部门准备查处，害怕受到牵连而被迫退还，其单位受贿犯罪行为已经实施完毕，故仍应认定为犯罪数额。

湛江经济技术开发区人民法院以单位受贿罪判处雷州市公安局西湖派出所罚金 20 万元，判处曾常明有期徒刑 1 年，扣押的赃款 34 250 元被认定为违法所得，没收上缴国库。公安派出所被判单位受贿罪，在国内尚属首例。

四、荆州市土地市场交易中心单位受贿案

（一）基本事实

2015 年 11 月 20 日，湖北省荆州市江陵县人民检察院向江陵县人民法院提起公诉，指控荆州市土地交易中心、被告人吴帆犯单位受贿罪。江陵县人民法院于 2015 年 11 月 27 日受理该案。此后，经数次补充侦查与延期，2016 年 9 月 9 日，江陵县人民检察院将被告单位变更为荆州市土地市场交易中心、荆州

市国土资源交易管理办公室。就单位受贿的犯罪事实，江陵县人民法院经审理查明如下：

1996 年 6 月，经荆州市机构编制委员会批准，成立全民所有制事业单位荆州市土地交易市场管理中心（现被告单位荆州市国土资源交易管理办公室前身），经费来源为自筹。1998 年 12 月 24 日，为了解决经费来源，原荆州市土地管理局（现荆州市国土资源局前身）以荆州市土地市场交易中心作为组建单位，由组建负责人王某 1 向工商行政管理部门提交企业法人申请开业登记注册书，申请文件中包括原荆州市土地管理局向工商行政管理部门提交的申请书，申请书中提到：荆州市土地交易市场管理中心是荆州市机构编制委员会于 1996 年批准成立的全民所有制事业单位，为适应改革需要，研究决定将荆州市土地交易市场管理中心更名为荆州市土地市场交易中心，并以此名称申请办理工商营业执照。1999 年 2 月 2 日，荆州市土地市场交易中心经工商注册登记，经济性质为全民所有制企业，独立承担民事责任，经营范围包含为土地交易者提供咨询信息、用地代办、登记代理、企业土地资产咨询鉴证、政策咨询市场策划等工作，依规收取土地交易服务费，其注册资金 200 万元系原荆州市土地管理局拨付，该中心的主管部门为原荆州市土地管理局，法定代表人产生程序及劳动用工制度由原荆州市土地管理局任命、分派。荆州市土地交易市场管理中心在荆州市土地市场交易中心成立后依然存在，以荆州市土地市场交易中心对外开展业务并收取土地交易服务费，解决荆州市土地交易市场管理中心人员及办公经费，荆州市土地交易市场管理中心与荆州市土地市场交易中心的运作模式为"2 块牌子 1 套班子"。

2012 年 6 月 20 日，中共荆州市委机构编制委员会办公室鉴于荆州市国土资源局原下属荆州市土地交易市场管理中心的国土资源交易职责已划转到荆州市公共资源交易中心，其国土资源交易管理职责仍由荆州市国土资源局负责。为承接好此项管理职责，经研究同意设立荆州市国土资源交易管理办公室，为荆州市国土资源局下属正科级事业单位。其主要职责包含土地交易市场管理、政策咨询、信息服务等工作，继续与荆州市土地市场交易中心以"2 块牌子 1 套班子"方式运作。

2008 年 3 月 10 日，中共荆州市国土资源局委员会任命吴帆为荆州市土地交易市场管理中心副主任；2012 年 5 月，吴帆作为副主任牵头负责荆州市土地交易市场管理中心全面工作，并同时负责荆州市土地市场交易中心全面工作；2013 年 1 月 31 日，吴帆被任命为荆州市国土资源交易管理办公室主任；2014 年 10 月，吴帆被任命为荆州市土地市场交易中心主任，同月 9 日，荆州市土地市场交易中心的法定代表人变更为吴帆。

2012 年 5 月至 2015 年 5 月 11 日，被告人吴帆在担任荆州市土地市场交易中心副主任（牵头人）、主任及法定代表人、荆州市国土资源交易管理办公室主任等职务期间，在吴帆的要求下，荆州市土地市场交易中心收受相关单位、人员所送现金共计 47 万元，并为相关单位、人员谋取利益。收受的钱款放在账外，由该中心会计周某 1 在吴帆的指示下具体处理，用于职工节假日福利费用发放、零星支出、职工旅游等相关费用开支。

检察机关在侦办其他案件中，发现被告人吴帆涉嫌收受某 1 公司陈某 610 万元的犯罪事实，在立案侦查后，侦查人员前往吴帆办公室，口头将吴帆传唤到案，吴帆交待了检察机关已掌握其涉嫌单位受贿 10 万元的犯罪事实，并主动交待了检察机关尚未掌握其涉嫌单位受贿 37 万元的犯罪事实；检察机关在对吴帆涉嫌单位受贿罪立案侦查前，经吴帆安排，周某 1 经事先与某 1 公司牛某联系，于 2015 年 4 月 17 日将 10 万元退还给牛某，

2015 年 5 月 11 日，牛某将此 10 万元交湖北省荆州市人民检察院暂扣。

本案具体事实如下：

（1）2012 年 6 月，某 2 公司在办理补缴土地出让金手续、土地使用权证期间，吴帆向某 2 公司的易某 2 提出，需要该公司为荆州市土地市场交易中心解决 5 万元的工作经费，易某 2 对此表示同意，吴帆与周某 1 前往某 2 公司取走 5 万元现金支票，并于 2012 年 6 月 7 日支取。在随后办理使用权证等事宜上，对某 2 公司给予了关照。

（2）2012 年，吴帆向某 8 公司的张某 1 提出，需要该公司为荆州市土地市场交易中心解决 2 万元的旅游费用，张某 1 对此表示同意，并找到周某 1 的办公室，交给周某 1 现金 2 万元。2013 年 6 月 20 日至 2014 年 7 月 21 日，荆州市土地市场交易中心多次委托某 8 公司拍卖地块，给予其关照。

（3）吴帆向某 7 公司的章某 2 提出，需要该公司为荆州市土地市场交易中心解决工作经费，章某 2 对此表示同意，分别在 2012 年年底及 2013 年年底，交给周某 1 现金 3 万元和 5 万元。2012 年 8 月 10 日至 2013 年 11 月 20 日，荆州市土地市场交易中心多次委托某 7 公司拍卖地块，给予其关照。

（4）吴帆向某 9 公司的陈某 1 提出，需要由该公司为荆州市土地市场交易中心解决工作经费，陈某 1 对此表示同意，在 2012 年年底至 2014 年，分 2 次交给交易中心现金 3 万元和 4 万元。2013 年 6 月 4 日至 2014 年 5 月 12 日，荆州市土地市场交易中心多次委托某 9 公司拍卖地块，给予其关照。

（5）吴帆向某 4 公司的叶某提出，需要该公司为荆州市土地市场交易中心解决工作经费，叶某对此表示同意。2012 年 5 月，叶某从公司财务拿出现金 1.5 万元，交到了周某 1 手中。经荆州市土地市场交易中心给予某 4 公司关照后，2013 年 7 月 31 日，某 4 公司取得了荆州市荆州区荆北路某 G 项目的土地使用权证。

（6）吴帆向某 5 公司的田某 2 提出，需要由该公司为荆州市土地市场交易中心解决工作经费，田某 2 对此表示同意。2012 年 7 月 17 日，吴帆、周某 1 到某 5 公司找到田某 2，由公司出具了一张 4.99 万元的现金支票及现金 0.01 万元交给了吴帆、周某 1。经荆州市土地市场交易中心给予某 5 公司关照，2012 年 7 月 6 日，由某 5 公司股东荆州市路祥房地产开发有限公司竞得荆州市国土资源局挂牌地块。

（7）吴帆向某 3 公司的严某提出，需要由该公司为荆州市土地市场交易中心解决旅游费用，严某对此表示同意。2013 年 10 月，严某在收到旅游发票后，给付了现金 3.5 万元。荆州市土地市场交易中心对某 3 公司给予了关照。

（8）吴帆向某 6 公司的魏某 2 提出，需要该公司为荆州市土地市场交易中心解决工作经费，魏某 2 对此表示同意。2014 年 5 月，魏某 2 向荆州市土地市场交易中心给付现金 5 万元。2014 年 5 月 12 日，某 6 公司与荆州市国土资源局签订了国有建设用地使用权出让合同及补充协议，给予其关照。

（9）2014 年 9 月底，荆州市公共资源交易中心的网站上挂出了荆州市土地市场交易中心采购"荆州市国土资源网上交易系统"的招标公告，某 1 公司参与投标。该公司的陈某 6 找到吴帆，对其称如果自己的公司中标，可以为荆州市土地市场交易中心解决 10 万元的工作经费。随后，某 1 公司中标，中标金额 198.5 万元，并于 2014 年 10 月 31 日签订合同。在合同履行过程中，吴帆向陈某 6 提出兑现 10 万元工作经费的要求，陈某 6 表示同意。2015 年 1 月 15 日，某 1 公司牛某来到荆州市土地市场交易中心，经吴帆安排，牛某将 10 万元交给了周某 1。
2015 年 4 月上旬，吴帆听闻陈某 6 被抓，在吴帆的授意下，周某 1 经事先与牛某联系后，于 2015 年 4 月 17 日前往武汉，将 10 万元退还给了牛某。2015 年 5 月 11 日，牛某将此 10 万元交湖北省荆州市人民检察院暂扣。[1]

（二）审判结果

2017 年 1 月 23 日，湖北省荆州市江陵县人民法院判决认为，被告单位荆州市土地市场交易中心作为国有事业单位，在对外开展业务过程中，从中索取、非法收受他人财物，为他人谋取利益，情节严重，被告人吴帆作为荆州市土地市场交易中心主管人员，被告单位荆州市土地市场交易中心及被告人吴帆的行为均构成单位受贿罪，判决被告单位荆州市土地市场交易中心犯单位受贿罪，判处罚金 10 万元，被告人吴帆犯单位受贿罪，判处有期徒刑 6 个月。

五、北京 × 报社 ×× 周刊单位受贿案

（一）基本事实

2014 年 6 月 30 日，北京市朝阳区人民检察院以京朝检公诉刑诉（2014）25 号起诉书向朝阳区人民法院提起公诉，指控被告单位北京 × 报社 ×× 周刊、被告人雷某犯单位受贿罪。2014 年 7 月 9 日，朝阳区人民法院依法适用简易程序公开开庭审理此案。经审理查明：

被告人雷某在担任北京 × 报社副总编辑及被告单位北京 × 报社 ×× 周刊主编期间，于 2009 年至 2013 年间指使北京 × 报

---

〔1〕　湖北省江陵县人民法院刑事判决书（2015）鄂江陵刑初字第 00126 号。

社××周刊的其他工作人员，多次为××国际品牌管理（北京）有限公司、北京××公关顾问有限公司、北京××信息咨询有限公司、北京××公关咨询有限公司、北京××公关策划有限公司、北京××广告有限公司等公关公司代理的客户刊发宣传性报道，收受上述公关公司给予的宣传费共计人民币 1 028 860元，并用于北京×报社××周刊的活动经费。

（二）审判结果

朝阳区人民法院认为，被告单位北京×报社××周刊身为国有事业单位，非法收受他人钱财，为他人谋取利益，情节严重，其行为触犯了刑法，构成单位受贿罪。被告人雷某身为单位直接负责的主管人员，亦构成单位受贿罪。因此，以单位受贿罪判处北京×报社××周刊罚金人民币 20 万元，判处被告人雷某有期徒刑 2 年，缓刑 2 年。[1]

六、特点总结

从上述典型案例来看，单位贿赂犯罪案件存在着如下几个突出特点，而这几个特点在上述的实证分析中也有所体现：

第一，贿赂方式的多样化。从上述案例可以明显看出，在实践中，单位行贿的方式从直接给予现金、财物，到提供旅游、娱乐，再到给干股分红等，不一而足，体现出了多样化的特征。与此同时，葛兰素史克公司单位行贿案表明，跨国公司可能利用其自身优势，在两个甚至多个国家实施行贿行为，也即贿赂行为呈现国际化的趋势。

第二，行贿行为的制度化。在上述五个案例中，犯罪单位

---

[1] 北京市朝阳区人民法院刑事判决书（2014）朝刑初字第 2034 号。

都是在长时间内实施了多起行贿或者受贿行为，甚至几乎所有成员都参与了犯罪行为。在葛兰素史克公司单位行贿案、西湖派出所单位受贿案中，行贿与受贿甚至都成了制度性安排，而且因为从单位违法行为中的受益，单位的其他成员对制度化的腐败现象虽然心知肚明，但是都不愿或者不敢揭露。这种制度化现象使得主要以个人为预防对象的单位贿赂犯罪立法很难发挥作用。

第三，案件发生的偶然化。贿赂行为自身就具有隐秘性，在贿赂行为成为制度化存在的时候，更没有人愿意主动披露犯罪事实。因此，如葛兰素史克公司单位行贿案、西湖派出所单位受贿案所示，单位贿赂犯罪案件的发生具有很大的偶然性特征：在葛兰素史克公司单位行贿案中，是因为警方发现旅行社业务中的异常现象；在西湖派出所受贿案中，是因为被私自放掉的毒贩为了减轻罪责揭发出来。

第四，量刑结果的轻缓化。在上述五个案件中，所有的自然人犯罪人都受到了相对较轻的处罚：在葛兰素史克公司单位行贿案中，虽然判处了迄今最高额的单位罚金，但是被告人马克锐仅被判处 3 年有期徒刑，而且是缓刑，其他自然人也无一不被判处缓刑；在金宝公司单位行贿案中，涉案数额近 2000 万，被告人也仅被判处有期徒刑 2 年，而且没有被判处罚金；在××周刊单位受贿案中，被告单位接受 10 余家单位的 100 余万贿赂，仅被判处 20 万罚金，而且雷某被判处缓刑。

第三章

单位刑事责任立法模式研究

从第二章描述的事实出发，预防贿赂犯罪不能够仅着眼于立法与司法，而且还应该立足于社会整体变化，自宏观层面思考如何有效预防与惩治单位贿赂犯罪的问题。与此同时，国外的立法与司法实践表明，对单位刑事责任本质的认识构成了包括贿赂犯罪在内的单位贿赂犯罪立法的基础。因此，本章将在分析风险社会及其对单位犯罪立法带来的挑战的基础上，探讨国外理论对法人刑事责任认识的转变以及在此转变基础上发生的立法模式的转变。

第一节　风险社会对单位犯罪立法的挑战

虽然从权利保障与刑法基本原则出发，中国刑法学界对从风险社会理论中引申出来的风险刑法大多持谨慎甚至批判的态度，[1] 但是在政策层面上，刑法已经逐步变成了"管理不安全

---

[1]　例如，参见陈兴良："风险刑法理论的法教义学批判"，载《中外法学》2014年第1期；孙万怀："风险刑法的现实风险与控制"，载《法律科学》2013年第6期；南连伟："风险刑法理论的批判与反思"，载《法学研究》2012年第4期。

性的风险控制工具"〔1〕,并开始对风险社会中的风险做出积极回应,〔2〕就如有的观点所言:"风险刑法是对风险社会的制度性回应,运用刑罚对抗具有典型危险的违法行为这一趋势不可逆转。"〔3〕那么,何为风险社会,其又对单位犯罪立法提出了什么样的挑战?

一、风险社会的风险特征

风险社会是德国社会学者贝克于 20 世纪 80 年代提出来的概念,用以描述 20 世纪中期以后人类社会的转型。在本质上,风险社会是工业化在近代以来发展的必然结果,是工业社会的一个更高的发展阶段。但是,风险社会又体现出了与工业社会不同的特点,就如我国学者所总结的:"在贝克这里,工业社会与风险社会分别对应的是第一现代性与第二现代性。他用'第一现代性'来描述以民族国家为基础的现代性,其中的社会关系、网络和社区主要是从地域意义上去进行理解,集体的生活方式、进步和控制能力、充分就业和对自然的开发都属于典型的第一现代性的东西。他所谓的第二现代性,则以全球化、个体化、性别革命、不充分就业和全球风险等五个相互关联的过程为突出的表征。"〔4〕与此同时,与工业社会以分配财富为主要关注不同,风险社会的核心议题与运作逻辑是风险分配,就如有的

---

〔1〕 劳东燕:"公共政策与风险社会的刑法",载《中国社会科学》2007 年第 3 期,第 126 页。

〔2〕 参见齐文远:"刑法应对社会风险之有所为与有所不为",载《法商研究》2011 年第 4 期,第 4 页。

〔3〕 吕英杰:"风险刑法下的法益保护",载《吉林大学社会科学学报》2013 年第 4 期,第 26 页。

〔4〕 劳东燕:"风险社会与变动中的刑法理论",载《中外法学》2014 年第 1 期,第 74 页。

学者所言，在风险社会中，"风险已经成为政治动员的主要力量，常常取代如与阶级、种族和性别相联系的不平等之类的变量。"[1]质而言之，公平地分配发展成果虽然是人类追求的目标与社会安全稳定的重要基础，但是并不能代表全部，对于风险社会而言，如果不能够在各阶层中公平地分配风险及其所产生的不利后果，也会导致社会的崩溃。

风险社会的风险有着不同以往的特征。一方面，风险社会中的风险具有制度化的特征，即风险社会的风险"源于人们的重大决策，当然这些决策往往并不是由无数个体草率作出的。而是由整个专家组织、经济集团或政治派别权衡利弊得失后所作出的"[2]，而且"在风险的生产过程中，每个环节都是正当而合法的，这种正当性与合法性是由科学、政治和法律共同赋予的"[3]。另一方面，风险社会中的风险具有不可知性的特点，即虽然环境污染、核泄漏、食品事故等现代风险如果发生最终都可能侵害到个体权益，甚至给人类带来灭顶之灾，但是这些风险在造成实质侵害之前，只存在于抽象的化学配方、物理公式、数学逻辑之中，在很多时候，我们甚至都只能接受它们是不存在的结论，因为"只要危险没有获得科学的认识，它们就不存在，至少在法律上、医学上、技术上或科学上不存在"[4]。

---

〔1〕 ［德］乌尔里希·贝克：《世界风险社会》，吴英姿、孙淑敏译，南京大学出版社2003年版，第5页。

〔2〕 ［德］乌尔里希·贝克："从工业社会到风险社会（上篇）——关于人类生存、社会结构和生态启蒙等问题的思考"，王武龙译，载《马克思主义与现实》2003年第3期，第28页。

〔3〕 南连伟："风险刑法理论的批判与反思"，载《法学研究》2012年第4期，第150页。

〔4〕 ［德］乌尔里希·贝克：《风险社会》，何博闻译，译林出版社2004年版，第86页。

既然我们"实际上往往不知道这些风险是什么，就更甭说从概率表的角度来对它们加以精确计算了"[1]。与此同时，风险社会中"新类型的风险既是本土的又是全球的，或者说是'全球本土'的。这种本土和全球风险选择上的'时空压缩'进一步证实了世界风险社会的诊断。全球威胁已经导致已知的风险规律基础受到削弱甚至失效，在这样一个社会，只能是难以控制危险，而不能预测风险"[2]。就如 2011 年 3 月发生的日本福岛核泄漏事故，不仅威胁到了日本国内，而且威胁到了包括中国在内的亚洲国家，甚至远在万里之外的欧洲国家的食品安全、环境安全。

由于风险社会中的风险在本质上仍然是工业化所产生的风险，而法人是工业化的主要主体，如上所述，实践也不可辩驳地证明，在当代社会，环境污染、食品事故、核泄漏等重大风险的始作俑者都是法人，所以法人应该成为重要的预防与制裁对象。在法治的背景下，强制性的法律规范就成了向法人分配风险并使之服从分配的必要选择，作为其他法律规范保障与后盾的刑法当然也不能置身事外。但是，在现代社会，规模与影响日渐扩大的法人是有着个体所不具有的认知能力与社会资源的强势群体，在获取社会利益的同时，总是"竭尽全力通过在工业中逐渐制度化的'反科学'的帮助来反驳对他们的指控，并试图提出其他的原因和祸根"[3]，以将风险转移出去，形成

---

〔1〕　［英］安东尼·吉登斯、克里斯多弗·皮尔森：《现代性——吉登斯访谈录》，尹宏毅译，新华出版社 2001 年版，第 195 页。

〔2〕　［德］乌尔里希·贝克："风险社会再思考"，郗卫东译，载《马克思主义与现实》2002 年第 4 期，第 48 页。

〔3〕　［德］乌尔里希·贝克：《风险社会》，何博闻译，译林出版社 2004 年版，第 33 页。

了类似于"有组织的不负责任"的现象，[1] 这对各国的法人刑事责任立法都是严峻的挑战，身处快速工业化过程中的中国也不例外。

二、单位犯罪立法的困境

如上所述，在 20 世纪 80 年代末，中国迫于现实需求，参考英美国家的立法，在 1987 年修订的《海关法》中规定了单位犯罪。[2] 但是一直以来，都采取了相对保守的态度。一方面，在实践中，追究法人责任通常以直接负责的主管人员和/或直接责任人员的个体责任为前提，根据是否在履行职责和是否为法人谋利，将个人责任转嫁至法人（转嫁罚）；另一方面，在立法上，就法人犯罪的范围采取了限制性的路径，即"法律规定为单位犯罪的"才追究法人刑事责任。与英美国家有关法人刑事责任的早期立法相似，中国法人刑事责任立法也体现出了社会的现实需要与刑法的责任原则相妥协的明显特征。但是，在风险社会的背景下，这一立法不得不面对如下困境：

首先，如上所述，风险社会中的风险具有制度化的特征。因此，通过刑法有效预防法人可能导致的风险意味着需要通过刑罚的威慑功能，强迫法人整体接受其活动中的不安定性及其可能实现的不利后果。而要实现这一目的，依赖转嫁罚是远远

---

〔1〕 有组织的不负责任，是指尽管现代社会的制度高度发达，关系紧密，几乎覆盖了人类活动的各个领域，但是因为人们无法准确地推算风险结果和破坏程度，这就必然导致风险责任主体模糊不清。责任主体的缺失常常使人们听任风险继续发展而无法防范，一旦风险真的来临了也无能力承担事后的责任。详细参见张劲松："论风险社会人造风险的政策防范"，载《天津社会科学》2010 年第 6 期。

〔2〕 关于中国法人犯罪立法的发展，参见周振杰：《比较法视野中的单位犯罪》，中国人民公安大学出版社 2012 年版，第 22 页以下。

不够的，因为其首要处罚对象还是个人，法人总是可以利用这一点转移风险，在不改变整体结构的情况下将犯罪成本最小化，就如有的观点所言："法人的规模越大，决策程序越复杂，业务活动越分散，责任的分担者就越多。这使得在发生重大危害结果之后，在为数众多的法人雇员中确定应该承担刑事责任者异常困难。也即，法人规模越大，越有可能逃脱责任。"[1] 正因如此，有的观点才明确认为："直接对法人本身加以处罚是惩治法人犯罪的唯一有效途径。……即使能够成功地控诉法人的官员，也很难影响到法人的组织管理与经营方式，因为对于法人而言，其组织结构之中的缺陷不会因为一个成员被审判而消失。"[2] 质而言之，在风险社会中，忽视风险的普遍性等特征，无视制度、结构等更深层次的风险，拘囿于行为——行为人的传统思路而一味地强调个人风险、行为风险本身就是一种风险。[3]

其次，风险社会中的风险是不可知性的，而且其产生过程具有合法化的特征。这意味着在现有的立法框架下，在风险成为现实之前，刑法规范难以介入，因为当前的主流观点"以个人主义、自由主义国家观为基础，站在国家只能够处罚侵犯他人的权利与自由的立场上，认为刑法的目的任务在于保护法益"[4]。而"应该作为法益受到保护的，必须认为是具体的、个人的物的法

〔1〕　Gary Slapper and Steve Tombs, *Corporate Crime*, Essex：Person Education Limited, 1999, p. 330.

〔2〕　See Guy Stessens, "Corporate Criminal Liability：A Comparative Perspective", *International and Comparative Law Quarterly*, 43（1994）, pp. 518-519.

〔3〕　参见卢建平："风险社会的刑事政策与刑法"，载《法学论坛》2011 年第 4 期。

〔4〕　［日］山中敬一：《刑法总论》（第 2 版），成文堂 2008 年版，第 48 页。

益"[1]。"只有当涉及个体利益（生命、身体不受侵害，自由等）时，法益这个概念才有具体内容。"[2]也即，刑法所禁止的"侵害法益的危险"是具体而现实的。但是在风险成为现实之后再进行处罚，因为侵害已经发生，从刑罚的预防目的出发，显然并不可取。与此同时，如上所述，现行立法针对的主要还是个人，即使进行处罚，也很难对法人本身产生积极影响。

最后，风险社会中的风险有着全球化的特征，这意味着制造这种风险的法人活动也有着相同的特征。例如，因为制动系统与轮胎存在缺陷而在中国导致重大交通事故的汽车，零部件可能是在泰国、印尼、越南生产，然后在印度组装后再进口到中国。再如，对中国法人的行贿行为可能同时在英国、美国、澳大利亚数个国家实施，贿赂留存在加拿大。根据现行立法，在诸如此类的案件中，司法机关需要全面收集证据，积极地证明法人责任，而这无论是从专业知识还是执法成本的角度而言无疑都是困难的。

因此，虽然如上所述，中国立法机关已经开始通过增设、修改具体罪名来回应风险社会的影响，但是如果不对法人刑事责任及其立法进行深层次的反思与改革，利用刑罚有效预防法人活动导致的社会危害只能是镜花水月，而反思与改革的起点，是对法人刑事责任在风险社会中的本质的认识，因为这一认识构成了法人刑事责任的基础、范围、原则以及实现方式等立法与技术性问题的基础。因为中国立法最初是参考国外尤其是英美国家立法规定了法人刑事责任，因此，就对法人刑事责任本

---

〔1〕 ［日］山中敬一：《刑法总论》（第 2 版），成文堂 2008 年版，第 49 页。

〔2〕 ［德］冈特·施特拉腾韦特、洛塔尔·库伦：《刑法总论 I——犯罪论》，杨萌译，法律出版社 2006 年版，第 30~31 页。

质的认识而言，对比国外立法的立场是不可或缺的。

第二节　法人刑事责任本质的转变

从外国尤其是英美等国相关立法的发展来看，对法人刑事责任本质的认识经历了从严格责任到个人责任再到风险责任的转变过程，而且这一过程与工业革命带来的社会变革紧密相连。

一、工业革命与法人严格责任的出现

"法人不能犯罪"（*societas delinquere non potest*）是古老的罗马法格言，刑法学大师李斯特曾经坚决地认为："法人（Moralische Person），如公司、大学或者学院等绝不可能成为犯罪的主体。只有不同种类的公司里的具体的个人才可能是犯罪人，甚至，当公司里的所有人都想犯罪并且实施了犯罪行为时，仍然是个人犯罪。"[1] 18 世纪的法国、意大利、荷兰、比利时等国家都明确在刑法规范甚至宪法规范中否定了法人刑事责任。[2] 在 19 世纪中期以前，英美国家的判例也基于法人没有灵魂，不可能有罪恶的目的，不能根据法庭规则进行宣誓作证等理由，对法人刑事责任持否定态度。[3]

法人刑事责任立法最早出现在 19 世纪中期的英国和美国，起源于英国的第一次工业革命是直接动力。第一次工业革命使

---

〔1〕　〔德〕弗兰茨·冯·李斯特：《德国刑法教科书》，埃贝哈德·施密特修订，徐久生译，何秉松校订，法律出版社 2000 年版，第 37 页。

〔2〕　See Leonard Orland and Charles Cachera, "Corporate Crime and Punishment in France: Criminal Responsibility of Legal Entities under the New French Criminal Code", *Connecticut Journal of International Law*, 11 （1995）, pp. 115-116.

〔3〕　See Osvaldo Vazquez, "The History and Evolution of Corporate Criminality", at http://ssrn. com/abstract=978883 （accessed 6 July 2018）.

人类社会从农业社会进入了工业社会，"以机器取代手工工具，以蒸汽机、内燃机和电动机等动力机械取代人力、兽力、水力和风力，克服了人力兽力的局限性和自然力的不可预见性及难以控制性，提高了人类利用自然和改造自然的能力，使生产力发生了巨大的飞跃"[1]。就如恩格斯所言："自从蒸汽和新的工具机把旧的工场手工业变成大工业以后，在资产阶级领导下造成的生产力，就以前所未闻的速度和前所未闻的规模发展起来了。"[2] 随着机器的大规模应用，工厂制取代了家庭手工作坊，在相继展开工业革命的美、法、德等国普遍建立起来。"工业革命完成时，英国第一个从工场手工业占统治地位的农业国变为机器大工业占优势的工业国。到了 1848 年，法国工厂制度在纺织业各部门都普遍得到推广。美国在 19 世纪 50 年代，工厂制度也得到广泛的发展，到 1860 年，工厂制度已代替了手工生产。"[3] 质而言之，法人不但在数量上有了前所未有的发展，而且逐渐在社会生活中取得了举足轻重的地位。

工业革命的蓬勃发展在提高生产力的同时，促进了铁路、公路、城镇等基础建设，带来了农耕社会所没有的环境污染、土地破坏等工业问题。法人正是在这一过程中逐渐进入了刑法视野中。在 18 世纪末，英国法官因受到大量法人违法行为的困扰而苦恼不堪，因此在判例中指出：鉴于法人已经通过各种方法进入了大部分市民以及其他社会主体的私生活，应该通过判例确认法人应该

[1] 王章辉："欧美大国工业革命对世界历史进程的影响"，载《世界历史》1994 年第 5 期，第 61 页。

[2] 《马克思恩格斯选集》（第 3 卷），第 425 页。转引自庄解忧："世界上第一次工业革命的经济社会影响"，载《厦门大学学报（哲学社会科学版）》1985 年第 4 期，第 55 页。

[3] 庄解忧："世界上第一次工业革命的经济社会影响"，载《厦门大学学报（哲学社会科学版）》1985 年第 4 期，第 55 页。

承担包括不违反刑法相关规定在内的社会责任。[1] 英国 1838 年的雷吉纳诉泰勒案更是直接表明了采纳刑事责任是规制法人行为最有效途径的立场。[2] 随着这一立场逐渐为社会所接受，在将我们带入电气时代的第二次工业革命即将开始的 19 世纪中叶，法人终于成了刑法处罚的对象。英国 1842 年的女王诉伯明翰与罗彻斯特铁路公司案（Queen v. Birminghan & Glouchester Ry.）首次判决认为，可以对违反法定义务的法人予以刑事处罚；1846 年的女王诉北英格兰铁路公司案（Queen v. Great N. OF Eng. Ry.）也引用侵权法中的代理责任以被告法人没有履行法定义务为由对之进行了刑事制裁。[3] 显而易见，法人刑事责任是权力机关为抵制工业革命的负面效果而采纳的控制工具，是工业化负面效应的直接体现。

但是，一直到第二次工业革命结束的 20 世纪初，英美国家都否认法人可以实施以故意或者过失等主观罪过为构成要件的犯罪，原则上将法人刑事责任限定在违反法定义务罪、刑事违法行为以及刑事滋扰罪等严格责任犯罪的范围内。[4] 究其原因，是因为严格责任犯罪不以故意或者过失以及身体活动为构成要件，据之处罚法人与传统刑法理论并无根本性矛盾。在同时期的大陆法系国家，刑法尚无规定法人犯罪者。虽然日本在 20 世纪初期规定了法人处罚，例如，日本 1900 年颁布的《关于法人租税与烟草专卖相关犯罪行为法》第 1 条规定，如果法人

---

〔1〕 Gary Slapper and Steve Tombs, *Corporate Crime*, Essex: Person Education Limited, 1999, p. 27.

〔2〕 173 Eng. Rep. 643 Assizes.

〔3〕 See Osvaldo Vazquez, "The History and Evolution of Corporate Criminality", at http://ssrn. com/abstract = 978883（accessed 6 July 2018）.

〔4〕 See Michael J. Allen, *Textbook on Criminal Law*, 9th ed., New York: University of Oxford Press, 2007, p. 250.

的代表人或者其他雇员在开展业务过程中因为实施违法行为需要承担刑事责任，那么法律条文中的罚则规定同样适用于法人，但由于当时的判例对于法人处罚采取的是"无过失责任"，即在对法人适用罚则之际，不要求故意、过失的存在。[1] 从法人的角度而言，这无疑也是严格责任。严格责任意味着法人处罚的基础是"客观违法"而非"主观罪责"，所以只能说可以根据刑法处罚法人，而非追究法人"刑事责任"。

二、以个人责任为核心的法人刑事责任的形成

随着19世纪70年代开始的第二次工业革命将人类社会带入了电气时代，电力工业、化学工业、石油工业和汽车工业等新兴工业如雨后春笋般涌现，法人的活动空间进一步得到了扩展，其所实施的环境污染、资源浪费、贿赂、医药事故等违法行为，也给社会秩序造成了前所未有的冲击。在这一背景下，扩大法人处罚范围的问题再度被提上了日程。在以原子能、电子计算机、空间技术和生物工程的发明和应用为主要标志的第三次技术革命于20世纪50年代开始之前，美国与英国已经先后通过判例采纳了"将法人成员违反义务的行为视为法人行为"的代理责任（vicarious liability）与"将可以等同为法人的高级管理人员的行为视为法人行为"的等同原则（identification principle），将法人刑事责任的范围扩大到了几乎所有以故意与过失为构成要件的犯罪，包括过失致死罪等传统的自然犯。[2] 1992年修订的

---

〔1〕 参见［日］神山敏雄：《日本的经济犯罪》，日本评论社1996年版，第274页。

〔2〕 例如，在英国，根据判例法的规定，除以下两类犯罪外，可以根据任何犯罪处罚法人：一类是谋杀罪、叛国罪等法定刑仅为监禁刑的犯罪，另一类是强奸罪、重婚罪等以身体活动为必要要件的犯罪。但在后一类犯罪中，法人可以构成从

《法国刑法典》在法人刑事责任方面采纳的"扩张的等同原则"（extended identification principle），虽然扩大了高级管理人员的范围，但是在认定逻辑上并没有实质变化。[1]

代理责任、等同原则以及扩张的等同原则虽然在"谁的行为可以被视为法人行为"这一问题上存在分歧，但是三者在"将个体行为视为法人行为"这一点上是持相同立场的，而且都以个人刑事责任为前提，都是沿着"法益侵害出现—认定个人刑事责任—确定个人与法人之间的联系—处罚法人"的逻辑判断法人责任。在这一逻辑过程中，最为关键的是认定个人刑事责任，如果个人责任不成立，法人处罚就成了镜花水月。显然，这些原则在实质上都是以个人责任为前提的转嫁责任，即以法人成员的身份为媒介，将个人刑事责任转嫁至法人，并对之予以刑事处罚。所以在转嫁责任中，法人的故意与过失是个人的故意与过失，刑事责任的认定原则还是传统的个人刑事责任的认定原则。就此而言，代理责任与等同原则下的法人刑事责任，其实和日本1957年判例所确立的以个人刑事责任为理由启动法人处罚的法人监督、管理过失是相同的，后者也是"根据代理人、使用人或其他雇员的违法行为，可以推定业主没有尽到必要的监督、管理或者防止其他违法行为的责任。只要业主不能证明已经尽到了上述责任，就可以对之予以处罚"[2]。

一言以蔽之，在20世纪中期之前，虽然英美国家已经开始

犯。参见 Smith and Hogan, *Criminal Law Cases and Materials*, 10th ed., New York：University of Oxford Press, 2009, p. 375.

〔1〕　See Leonard Orland and Charles Cachera, "Corporate Crime and Punishment in France：Criminal Responsibility of Legal Entities (Persones Morals) under the New French Criminal Code (Nouveau Code Penal)", *Connecticut Journal of International Law*, 11 (1995).

〔2〕　[日] 山口厚：《刑法总论》（第2版），有斐阁2007年版，第36页。

追究法人刑事责任，但是从这一时期的立法来看，个人责任无疑构成了法人刑事责任的核心，也即这一时期的法人刑事责任在本质上仍然是个人责任。质而言之，虽然立法机关迫于实践需要接受了法人刑事责任，但是仍然未能摆脱传统责任主义如下基本立场的束缚："责任和承担责任的构建基础，是人的能力，即人的可以自由地和正确地在合法和不法行为之间作出决定的能力。……刑法因此就不得不满足于这样一个认识，即道德上成熟和心理上健康的人的答责性原则，是我们的社会存在的一个不可推翻的事实。"[1]

三、法人刑事责任的本质从个人责任向风险责任的转变

20 世纪中期以后，随着人类社会在工业化发展的推动下进入风险社会，如何合理分配风险成了社会正义的核心要素之一，因为"'社会正义'思想包含了这样一种现实，即努力把社会分配的所有形式与正义的原则协调一致"[2]。而"人类社会的分配过程，实际上是对两种不同性质事物的配置：一种是发展成果的分配，如财富分配；另一种是发展成本的分配，如风险分配"[3]。"工业社会的概念假定了'财富逻辑'的主宰地位，并且断言了风险分配同它的相容性，而风险社会的概念则断言了风险分配和财富分配的不相容性以及二者的'逻辑'冲突。"[4] 如

---

〔1〕 [德] 约翰内斯·韦塞尔斯：《德国刑法总论》，李昌珂译，法律出版社 2008 年版，第 213 页。

〔2〕 [英] 戴维·米勒、韦农·波格丹诺主编：《布莱克维尔政治学百科全书》(修订版)，邓正来主编译，中国政法大学出版社 2002 年版，第 283 页。

〔3〕 王道勇："风险分配中的政府责任"，载《学习时报》2010 年 4 月 12 日，第 4 版。

〔4〕 [德] 乌尔里希·贝克：《风险社会》，何博闻译，译林出版社 2004 年版，第 188 页。

上所述，虽然法人是创造风险的主要主体之一，但是以个人责任为核心的法人刑事责任立法却无法实现强制法人公平承担风险的目的。因此，无论是从有效预防社会风险还是从实现社会正义的角度出发，以法人本身为对象的立法都成了必要，正是在这种背景下，集合责任原则等应运而生。

在美国 1974 年的美国诉 T. I. M. E. -D. C. 案（United States v. T. I. M. E. -D. C.）中，被告公司的雇员 A 知晓公司关于评估货车驾驶员健康状况的内部程序存在重大缺陷，对此毫不知情的雇员 B 根据该程序对患病的驾驶员 C 给出了错误的健康评估，并指派该驾驶员进行州际商业运输。因为 A 有明知而无行为，B 有行为而无明知，根据代理责任，二人都不应承担刑事责任，所以被告公司就"故意指派不合格驾驶员"的指控坚持无罪辩解。但是，联邦法院在判决中认为："即使没有具体的公司成员或者代理人实施了犯罪，也可以追究公司的刑事责任。如果多个公司成员分散的意识与行为可以集合于公司一身，则集合后的意识可视为由公司掌控，行为由公司行使，可以据此追究公司的刑事责任。"[1] 法官所提出的这一原则在理论上被称为"集合责任"原则。虽然这一原则在英国受到了"一个无辜的行为加上一个无辜的意识不可能构成犯罪"的批判，并没有得到其他国家的接受。[2] 但是，这一原则提出了与代理责任和等同原则不同的思路：从法人内部结构的复杂化与业务活动的分散化出发，追究其刑事责任不应以个人刑事责任为前提，而应从法人整体出发，进行独立判断。

---

〔1〕　Richard S. Gruner, *Corporate Criminal Liability and Its Prevention*, New York：Law Journal Press, 2009, p. 402.

〔2〕　Gary Slapper and Steve Tombs, *Corporate Crime*, Essex：Person Education Limited, 1999, p. 253.

集合责任原则的这一思路为之后的组织责任原则与法人文化原则奠定了逻辑基础。组织责任原则认为，在追究法人刑事责任之际，无需具体违法行为的存在，只要能够证明法人的组织管理、业务经营活动中的重大缺陷与危害结果之间存在实质的因果关系即可。例如，英国《2007 年企业过失致人死亡罪法》第 1 条规定，如果被告法人业务活动的组织、管理方式严重违反其对被害人所承担的义务，因此导致了死亡结果，应该承担致死罪的刑事责任。英国《2010 年贿赂罪法》第 7 条也规定，如果出现了与法人相关的个人为法人利益而行贿的事实，而且法人在此之前并没有按照司法部的要求，制定并实施预防贿赂行为的适当程序，就应该承担刑事责任。意大利 2001 年通过的《第 231 号法令》也规定，如果法人成员为法人利益实施了犯罪行为，而法人在客观上未履行制定、实施预防犯罪内部程序与措施的义务，应承担刑事责任。俄罗斯联邦 2008 年《联邦第 273 号法案》、西班牙 2015 年《第 1 号组织法》等也已经采纳了类似的立法模式。法人文化原则更进一步，主张认定法人故意与过失的事实依据，既非法人成员的个体意识，亦非法人的具体活动，而是抽象的法人文化，即影响法人成员行为与选择的价值观、信仰与行为规则。例如，1995 年《澳大利亚联邦刑法典》规定，如果在法人内部存在滋生、鼓励、引导或者容忍违法行为的内部文化，或者法人内部未能建立起预防违法文化或者鼓励守法文化的机制，则可以认为法人存在主观犯意。[1]

可以说，组织责任原则与法人文化原则的出现，标志着真正的法人刑事责任的形成：其一，与代理责任和等同原则相比，

---

〔1〕 See Zhenjie Zhou, *Corporate Crime in China: History and Contemporary Debates*, London: Routledge, 2014, pp. 94-100.

三者关注的核心都是"法人"，而非"个人"，都将法人与个人的刑事责任剥离开来，法人真正成了犯罪的主体；其二，都就法人刑事责任规定了独立的判断依据，即法人的组织管理活动与法人内部的守法文化。与此相适应，法人刑事责任的判断逻辑不再是上述从个人到法人的顺序，而是法益侵害出现—判断法人组织管理与业务活动中的整体缺陷—判断侵害与缺陷之间是否存在因果关系—认定法人刑事责任的顺序；在实践中，个人与法人刑事责任在程序上也出现了相对独立的迹象，例如，上述英国《2007 年企业过失致人死亡罪法》第 18 条明确规定，在根据该法追究法人刑事责任的同时，如果个人的行为构成普通法上的致死罪或者其他行政法规定的犯罪，可以另行予以处理。

在集合责任、组织责任与法人文化之下，个人责任已经不再是法人刑事责任的必要条件，在风险分配的导向下，将注意力放在了判断法人的组织活动与经营状况是否符合其组织经营活动中的风险之上，因此，这一阶段的法人刑事责任在本质上其实是一种风险责任。在立法层面体现出了三个明显的特征：

第一，违法与责任判断的一体化与客观化。一方面，违法判断与责任判断的基础是相同的，都是法人违反义务而形成的客观不法状态，包括法人直接违反具体法定义务的行为及其造成的危害；另一方面，因为判断基础是相同的，所以违法变相地成了责任推定的基础，也即只要能够认定客观违法状态的存在，就可以推定法人在主观方面存在故意或者过失，追究其刑事责任，除非法人能够证明自己已经合理履行了法定的预防义务。

第二，针对可能造成风险的行为进行事前规制。在通过刑法预防与制裁法人所制造的风险成了现代社会的公共政策需求，而又不存在将之具体化的标准与原则的情况下，转而对可能造成风险的行为进行事前规制。体现在立法层面，就是自 20 世纪中期以后，难以计数的规定行为犯与义务犯的行政刑法的出现。例如，日本在二战之后相继通过了 1951 年的《兴奋剂取缔法》、1953 年的《麻药与精神药品取缔法》、1952 年的《航空法》、1960 年的《交通管理法》、1964 年的《新干线特例法》、1970 年的《关于处罚强取航空器等行为的法律》等大量包含法人罚则的行政立法，出现了所谓的"行政刑法肥大症"。[1] 行政刑法天然具有形式化的特点，不要求法人的行为产生实质的危险，只要在形式上违反了作为或者不作为义务，就可以认定法人的刑事责任，结果与因果关系几乎难以产生影响。在实质上，刑法成了"管理不安全性的风险控制工具"。[2]

第三，以促进法人提高自身风险预防能力为指导理念。因为组织责任与文化原则的背后存在着自我满足式逻辑：如果法人合理履行了法定义务，就不会出现违法状态；既然出现了违法状态，就说明法人没有合理履行法定义务。与此同时，立法者规定法人刑事责任的初衷是预防法人造成的社会风险，而如上所述，这种风险存在于法人工业活动的每一个环节，过于严苛的责任可能使得法人不遗余力地掩饰风险行为，在风险发生后利用专业与资源优势转移责任，造成二次伤害，所以在预防法人犯罪方面"必须着眼于法人内部的自主预防"。[3]

基于上述考虑，这一阶段的法人刑事责任的立法将促进法人提高自身的风险预防能力作为了指导理念，具体实现的路径，

---

〔1〕 参见［日］内田博文：《日本刑法学的发展与课题》，日本评论社 2008 年版，第 35~38 页。

〔2〕 劳东燕："公共政策与风险社会的刑法"，载《中国社会科学》2007 年第 3 期，第 126 页。

〔3〕 ［日］麻生利胜：《企业犯罪预防的法理》，成文堂 1999 年版，前言。

就是将实施合规计划（compliance programs）作为法人刑事责任的判断基础要素之一。合规计划以法人自律理念为基础，指法人以预防、发现、制裁内部违法行为而制定实施的内部程序与措施，由行为规则、执行官员以及检举制度三个核心要素构成，当然在违法状态形成后，与执法和司法机关充分展开合作，作有罪答辩、主动提供证据、积极制定并实施改正措施，也可以被视为合作计划的一部分。合规计划的有效实施可以成为法人刑事责任的消极要素、减轻处罚的情节以及检察官决定暂缓起诉或者不起诉的影响要素。[1]

从合规计划的功能来看，立法机关意在将法人刑事责任客观化与推定化的同时，通过增加外部压力，促使法人主动实施内部预防措施，规范法人本身及其成员的行为，与权力机关充分合作，共同感知与预防风险。这一理念其实就是风险社会理论的支持者所提出的"协作的集体行动"与"协商的社会参与"在刑法领域的具体体现，[2] 只不过与刑罚是最严厉的不利后果与法律谴责相适应，通过合规计划实现的集体行动与社会参与带有了强制性色彩。

第三节　模式转变及其政策解读

随着对法人刑事责任本质的认识发生了转变，法人刑事责任的立法也逐渐从以个人刑事责任为基础的一元模式向个人与

---

〔1〕 关于合规计划，参见周振杰："企业刑事责任二元模式研究"，载《环球法律评论》2015 年第 6 期；李本灿："企业犯罪预防中合规计划制度的借鉴"，载《中国法学》2015 年第 5 期。

〔2〕 关于"协作的集体行动"与"协商的社会参与"，参见张劲松："论风险社会人造风险的政策防范"，载《天津社会科学》2010 年第 6 期。

组织刑事责任基础相分离的二元模式转变。这一转变已经在政策层面产生了积极的影响，能够而且应该成为中国单位犯罪立法的有益参考对象。

一、从一元模式向二元模式的转变

在宏观层面，从代理责任等以个人刑事责任为媒介的法人刑事责任向企业文化等立足于组织结构本身的法人刑事责任的转变，体现出了法人刑事责任立法从一元模式向二元模式的转变。法人刑事责任立法的一元模式，指以传统刑法理论下的个人刑事责任为基础，以个人与法人之间的联系为媒介，来认定法人刑事责任的模式。一元模式自法人犯罪在20世纪初期从严格责任犯罪阶段发展到普通犯罪阶段就已经存在，并成为20世纪各国追究法人刑事责任的主导模式。

在一元模式下，法人刑事责任的认定逻辑过程是：出现危害结果或者危害行为、认定个人刑事责任、确认个人-法人关系、判断法人刑事责任。因为危害结果与危害行为是客观前提，法人刑事责任是最后结论，所以在这一逻辑过程中发挥决定作用的是认定个人刑事责任与确认个人-法人关系这两个阶段。个人刑事责任是严格根据传统刑法原则来认定的，坚持了传统刑法的立场；个人-法人之间的关系是立法者为了满足规制法人行为的政策需求将个人责任转嫁到法人本身的桥梁，体现的是立法者的政策选择。可见，一元模式在实质上是传统刑法立场与近代规制需求妥协的结果。正因如此，一元模式的实践存在处罚范围过于宽泛和处罚条件过于严苛的缺陷。处罚范围过于宽泛的情况主要出现在代理责任之中，代理责任近似于严格责任，可以根据任何员工的行为追究法人的刑事责任。[1]

显然，代理责任不可避免地带来法人掩盖罪责、阻碍调查的负面效应，从而削弱法人的预防能力。[2] 处罚条件过于严苛主要是基于等同原则，追究法人刑事责任的根据是能够代表法人意志的高层管理人员的行为与心理，而在 20 世纪 90 年代之后，法人的规模越来越大，决策过程越来越复杂，业务程序越来越分散，责任分担者也越来越多，这一条件越来越难以满足。例如，仅几十年来发生在英国的法人重大伤亡事故以及劳动灾害，[3] 引起强烈的社会反响，要求以"过失致人死亡罪"严罚涉事法人的呼声越来越高。[4] 但是，追究法人过失刑事责任必须首先要有引起过失致人死亡且能够代表法人意志的行为人，还须证明行为人对现场危险具有认识。但是，由于法人高层通常不在具体业务活动现场，这种认识存在的可能性非常小。因此，以个人责任为前提追究法人刑事责任的一元模式在遏制法人犯罪、激励法人采取措施预防犯罪等方面效果非常有限。正如论者所言："即使对法人官员的控诉得以成功，也很难对法人的行为方式产生影响。对一个法人而言，其组织结构的缺陷不会因为一个成员被审判而消失。"[5] 另外，如果在发生法人高管为了个人的利益而利用法人管理漏洞或滥用职权做出损害法人利

〔1〕 See J. Arlen and R. Kraakman, "Controlling Corporate Misconduct: An Analysis of Corporate Liability Regimes", *New York University Law Review*, 4（1997）, p. 717.

〔2〕 A. Weissmann and D. Newman, "Rethinking Criminal Corporate Liability", *Indianan Law Journal*, 82（2007）, p. 412.

〔3〕 See Jacqueline Martin & Tony Storey, *Unlocking Criminal Law*, London: Hodder Education, 2007, p. 191.

〔4〕 参见 [日] 川崎友巳：《企业的刑事责任》，成文堂 2004 年版，第 353 页。

〔5〕 See Guy Stessens, "Corporate Criminal Liability: A Comparative Perspective", *International and Comparative Law Quarterly*, 43（1994）, pp. 518-519.

益的情形下，仍然要追究法人的刑事责任，也是不公平的。[1] 基于一元模式的诸多缺陷，自20世纪90年代以来，越来越多的国家开始接受具有法人责任独立化特征的二元模式。

法人刑事责任立法的二元模式，指在法人犯罪的案件中，根据独立的标准与基础对个人刑事责任与法人刑事责任进行独立判断的模式。在这一模式之下，在危害行为或者危害结果出现之后，刑事责任认定呈现两个平行的过程：第一个是根据传统刑法理论认定个人刑事责任的过程；第二个是根据法人文化、经营管理以及营业活动中的缺陷来认定法人刑事责任的过程。二元模式呈现出三个鲜明特征：

第一，刑事责任趋于客观。在二元模式下，司法机关主要根据危害结果或危害行为与被告法人组织管理、经营活动中的缺陷或者负面法人文化的关联来判断法人的刑事责任，其判断的主要根据如下：①被告法人是否合理履行了法定义务；[2] 或者②被告法人是否制定并有效实施了预防犯罪的适当措施或者程序。[3] 因为作为责任前提的危害结果与危害行为，与被告法人组织管理与经营活动是否存在缺陷以及是否存在滋生犯罪的整体环境的判断标准都是客观的，所以，二元模式下追究法人

---

〔1〕 *DPP v. Kent and Sussex Contractors* [1944] KB 146；J. Clough and C. Mulher, *The Prosecution of Corporations*, Melbourne：University of Oxford Press, 2002, p. 115.

〔2〕 例如，英国《2007年企业过失致人死亡罪法》第8条规定，陪审团在判断是否存在重大义务违反及其程度时，应当考虑法人是否违反了卫生安全法规、法人内部是否存在滋生违法行为的政策、制度以及惯例。该法文本以及相关解释，参见英国议会官方网站：http://www. legislation. gov. uk.

〔3〕 例如，澳大利亚的判例明确表明：是否存在有效的适法计划，应该纳入量刑的考虑范围。如果存在有效的适法计划而发生了犯罪，则减轻刑罚可能是适当的。相反，未能实施适法计划则应该成为加重处罚的裁量因素。参见 J. Clough and C. Mulher, *The Prosecution of Corporations*, Melbourne：University of Oxford Press, 2002, p. 188.

刑事责任的根据在整体上都呈现出客观化的特征。

第二，证明责任发生倒置。无罪推定是现代刑事诉讼的基石，因此，现代刑事诉讼坚守"谁主张，谁举证"的原则。但是在二元模式之下，法人是否有罪的证明责任是倒置的，即如果控诉方可以认定危害行为或者危险结果与被告法人的组织管理、经营活动中的缺陷或者负面法人文化之间的因果关联，可以推定被告法人有罪；如果法人提出无罪主张，应该承担证明责任，否则，即可追究其刑事责任。

第三，诉讼程序相对独立。在二元模式下，个人与法人的刑事责任相互独立，即使根据传统刑法原则无法追究任何自然人的刑事责任，法人也未必能够免予追责。在程序上，个人刑事责任与法人刑事责任认定，可以在同一程序中也可以在不同程序中进行。[1]

二、模式转变的政策解读

法人刑事责任立法从一元模式向二元模式转变的原因，在微观层面，是一元模式本身所固有的缺陷，在宏观层面则是法人犯罪的发展给国家带来了预防犯罪方面的压力，以及刑法理论对法人刑事责任本质认识的变化。在上述背景下产生的二元模式当然给法人刑事责任的认定标准、法人处罚的设置、法人刑罚裁量等带来了实质影响，但更重要的是对法人发展产生的深远政策效应。

---

〔1〕　例如，根据英国《2007年企业过失致人死亡罪法》第18条及其立法解释，任何人不构成该法规定罪名的共犯，如果个人的行为构成普通法上的过失致人死亡罪或者卫生安全法规规定的犯罪，可另案处理。

（一）宏观背景

法人刑事责任制度的确立在西方国家经过了百年历程，其间，法人有了跨越式的发展，从而也使得法人内部管理与部门分工日趋精密与复杂，"随着法人决定权的分散化、决定自由度的提高，个人的责任感就会减少，而出现违法行为增加的趋势"[1]。20世纪80年代以后，法人犯罪越来越呈现隐蔽化、长期化与跨国化的特征。这些新的特征给国家在预防犯罪方面带来了越来越大的压力。一方面，从国家的角度而言，发现法人犯罪的途径一是通过偶然的事故，二是通过日常检查。但是，被动地等待事故发生显然不利于预防法人犯罪，减少社会危害。而通过日常检查发现法人犯罪则意味着从潜在的犯罪嫌疑人手中获取证据，其难度之大可想而知。可见，培育并重视法人本身的预防意志与努力应当是遏制法人犯罪的主要方向，诚如论者所言，与单纯的刑法对策相比，法人自我预防犯罪的努力更为有效。[2] 另一方面，执法机关在调查跨国法人犯罪时，面临越来越重的经济与人力负担。同时，跨国法人犯罪往往还会出现多个国家都具有管辖权但都难以进行有效制裁的尴尬局面。

在这种情况下，如果能够通过某种机制鼓励法人自我答责，或者通过内部调查收集并向执法与司法机关提供证据，不仅有利于诉讼活动的顺利进行，对塑造健康的法人文化也不无裨益。法人与法人雇员之间是雇佣关系，对于违反法律或者法人内部行为规范的雇员，法人可以直接对之予以内部制裁，不受刑事诉讼法规定的约束。而且，在法人雇员跨国实施违法行为的情

---

〔1〕　［日］白石贤：《企业犯罪与丑闻的法律政策》，成文堂2007年版，第20页。

〔2〕　参见［日］甲斐克则、田口守一编：《企业活动与刑事规制的国际动向》，信山社2008年版，第428页。

形下，法人总部委派内部调查人员到位于其他国家的分支机构进行调查，不受国家主权、刑事管辖权等限制，因为法人内部调查在本质上属于法人内部的管理行为，只要不违反相应分支机构所在国的法律，该国的权力机关无权进行干涉。[1] 此外，法人在内部调查的基础上，通过提供调查资料、认罪或者主动承担责任与执法机关展开合作，将会大大降低国家的执法成本以及预防犯罪的负担。所以，从有效惩治法人犯罪与降低执法成本的角度出发，寻求法人的充分合作也是必要之举。

那么，怎样才能够取得法人在犯罪预防方面的充分合作呢？这正是二元模式所解决的核心问题，也是其获得越来越多国家立法支持的原因。如上所述，二元模式具有刑事责任趋于客观与举证责任倒置的特征，这意味着一旦发生危害行为或者危害结果，刑事责任将不可避免，对法人而言，刑事处罚成为"悬顶之剑"。另外，二元模式还为法人提供了极具诱惑力的"胡萝卜"。几乎所有采纳二元模式的国家都允许被告法人提出"合理履行了犯罪预防义务"这一辩护理由，而且就何为"合理履行了犯罪预防义务"规定了非常客观的判断标准，即"制定并且有效实施了企业合规计划"[2]，为被告法人留下了脱罪的通道，这是一元模式所没有的。

企业合规计划是指"企业为预防、发现违法行为而主动实施的内部机制。基本的构成要素包括正式的行为规则、负责官员以及举报制度"[3]。如果"制定并且有效实施了企业合规计

---

〔1〕　See Stefano Manacorda, Francesco Centonze and Gabrio Forti ed., *Preventing Corporate Corruption*, New York：Springer, 2014, pp. 69-74.

〔2〕　就企业适法计划及其有效性的判断标准，参见周振杰："企业适法计划与企业犯罪预防"，载《法治研究》2012年第4期。

〔3〕　Philip A. Wellner, "Effective Compliance Programs and Corporate Criminal Prosecutions", *Cardozo Law Review*, 1（2005）, p. 497.

划"这一辩护理由成立，法人被告可以被免除刑事责任。例如，英国《2010年贿赂罪法》在规定追究公司刑事责任的同时，还规定如果公司在犯罪实施之前已经制定并积极地实施了以预防犯罪为目的的合规计划，便可以免除刑事责任。在许多国家，合规计划的有效实施都是从宽处罚的情节。例如，《美国量刑指南》(United States Federal Sentencing Gudelines, USSG)规定，如果被告公司在犯罪实施之前就已经制定并实施了合规计划，并且在犯罪实施之后积极与执法机构合作并承担责任，则其被处罚的罚金数额可能被减免95%。相反，如果公司容忍、放任甚至鼓励违法行为，并拒绝与执法机构展开合作，可能会被处以3倍数额的罚金。[1] 此外，许多国家还将有效的合规计划作为决定是否起诉的参考要素。例如，美国司法部就将制定与实施公司合规计划与犯罪前科、犯罪的性质与危害、自我披露违法信息等要素一样，列为检察官在决定是否提出刑事指控之际需要考虑的要素。[2] 就此而言，二元模式在提高法人承担刑事责任的可能性的同时，将"制定并且有效实施了企业合规计划"作为减免情节，在实质上是通过增加外部压力，提高法人本身自我完善、自我预防与自我控制的动力，将部分预防犯罪的责任从国家向法人分散，在实质上改变了国家独自承担法人犯罪预防责任的局面。

与此同时，为了回答如何在新形势下有效预防法人犯罪的问题，西方国家的刑法理论界也进行了积极探索。目前，在法

---

〔1〕 See P. Fiorelli and A. M. Tracey, "Why Comply? Organizational Guidelines Offer a Safer Harbor in the Storm", *Journal of Corporation Law*, Spring (2007).

〔2〕 L. D. Finder, R. D. McConnell and Scott L. Mitchell, "Betting the Corporation: Compliance or Defiance? Compliance Programs in the Context of Deferred and Non-Prosecution Agreements-Corporate Pre-Trial Agreement Update-2008", at http://papers. ssrn. com/ sol3/papers. cfm? abstract_id=1332033 (accessed 6 November 2013).

人犯罪领域，从法人是具有社会属性的独立存在出发，法人刑事责任在本质上已经不再被视为道义或者心理责任，而是一种社会责任。英美国家自不待言，就连一直以来否定法人犯罪能力的日本刑法理论亦是如此。日本学者明确指出："可以认为或者说应该认为，在法人犯罪的场合，虽然意志形成与犯罪行为都是自然人进行的，但是作为法律评价对象，行为主体与行为结果的归属对象都是法人这一组织体。作为法人存在的法人，通过组成人员的意志与行为实施活动，享用法律权利，履行法律义务，是与承认法律后果的个体成员不同的法律存在。即，与犯罪意思单一的个人犯罪不同，法人中的犯罪意思有着组织性与构成性的特征，作为行为结果的法律后果归属于法人组织。"[1] "如果将责任理解为社会非难可能性，而不是道义的、伦理的非难可能性，通过刑罚对于法人加之以法的、社会的非难是十分可能的，尤其是在违反具有强烈合目的性特征的行政管理法规的犯罪（行政犯、法定犯）场合，肯定法人的犯罪能力具有更大的合理性。"[2] 这里的"社会非难可能性"是指法人应该承担的社会责任，即"法人在保证产品品质安全性、防止事故、保证公平交易、公正竞争、保护个人信息、内部举报人等方面所承担的确立守法体制、环境保护等责任。这一责任包含但不限于经济责任与法律责任"[3] 可见，"社会非难可能性"或者"社会责任"概念本身就包括法人在预防违法行为方面的义务。

对刑事责任本质的不同认识也影响到对法人刑事责任的追

---

〔1〕〔日〕麻生利胜：《企业犯罪预防的法理》，成文堂 2004 年版，第 180 页。

〔2〕〔日〕曾根威彦：《刑法总论》，弘文堂 2006 年版，第 160 页。

〔3〕〔日〕铃木幸毅、百田义治：《企业社会责任研究》，中央经济社 2008 年版，第 13 页。

诉。传统刑法理论一般认为，刑事责任的基础涉及行为人的故意、过失、期待可能性等，[1] 而从法人社会责任这一本质出发，刑事责任的基础被认为是法人是否合理、充分地履行了法定义务，以及是否制定并有效实施了预防违法行为的内部措施。[2] 相应地，责任认定变成了"如果认定行为违法，可推定法人有责"的消极过程。简而言之，刑法理论对于法人刑事责任本质认识的变化，也促进了立法机关、司法机关以及社会公众对二元模式的认同。

(二) 政策效应

从法人刑事责任二元模式近二十年来的实践看，其已经在一定程度上产生了预期的积极效果。

首先，通过推动法人实施内部预防措施，减轻了国家预防犯罪的负担。在英美国家，自20世纪90年代末，尤其是在美国的安然案件与波音公司案件之后，许多批判的观点都认为，"企业合规计划的假设前提是法人的领导人总是抱着慈善的念头开展业务，所以存在根本性的缺陷。"[3] 但是在现实中，法人通过内部审计与调查，监督内部行为的积极性在不断增强。[4] 在其他国家，以自我预防为核心的企业合规计划同样获得了决策机关与法人的认同。例如，意大利内部审计协会2006年4月公开的一项研究结果显示，在接受调查的72家法人中，82%的法

---

〔1〕 参见 [日] 曾根威彦：《刑法总论》，弘文堂2006年版，第70~71页。

〔2〕 See Stefano Manacorda, Francesco Centonze and Gabrio Forti ed., *Preventing Corporate Corruption*, New York: Springer, 2014, pp. 335-341.

〔3〕 Charles Barnes, "Why Compliance Programs Fail: Economics, Ethics and the Role of Leadership", *HEC Forum*, 2 (2007), p. 109.

〔4〕 See David Axelrod, "Corporate Compliance Programs in the Aftermath of Sarbanes-Oxley: The Time has Come, the Walrus Said—", *ABA Business Section Spring Meeting* (Los Angeles, CA, April 4, 2003), p. 2.

人已经制定并正在实施企业合规计划，91%的法人已经或正在制定特殊的行为监督计划。[1] 应当指出的是，虽然国外法人积极进行自我预防部分是因为立法中规定了优惠待遇，但是从长远来看，合规计划也是有利于法人健康发展的，因为其能够"保证法人严格按照法律规则开展业务，规范雇员的个人行为，同时使法人及其雇员受益"。[2]

其次，通过促进法人与执法机关展开合作，降低了法人犯罪的制裁成本。例如，在美国证券委员会所处理的32个法人跨国贿赂案件中，自我披露违法行为的9个（占28%），承认指控的13个（占41%），既不承认也不否认但自愿接受处罚的10个（占31%），后两者加起来高达72%。[3]从执法机关的角度而言，对犯罪法人不但实现了刑事制裁的威慑与预防价值，而且还节省了执法资源。当然，从涉案法人的角度来看，通过内部调查、主动认罪等方式与执法机构展开合作，不但能够获得处罚方面的优惠，甚至被免予起诉，而且可以通过加快制裁程序的进程与诚意悔改的表现，尽量减少名誉损失与重拾投资者的信心。就此而言，认为二元模式是一种双赢的制裁模式选择毫不为过。

最后，通过保证内部举报人的合法权益，促进了法人内部的守法文化。对于预防法人犯罪而言，在个案中进行严厉制裁虽然是必要之举，却并非长远之计，促进法人内部的守法文化更为重要，这也是许多国家将法人内部文化作为刑事责任基础

---

〔1〕　Framcesca Chiara Beviliacqua, "Corporate Compliance Programs under Italian Law", at http://www. ethikosjournal. com（accessed 8 May 2013）.

〔2〕　David Axelrod, "Corporate Compliance Programs in the Aftermath of Sarbanes-Oxley, Program of the Ad Hoc Committee on Corporate Compliance", *ABA Business Section Spring Meeting*（Los Angeles, CA, April 4, 2003）, pp. 2-3.

〔3〕　The Enforcement Division of the U. S. SEC, *Summaries of FCPA Cases*, at https://www. sec. gov/spotlight/fcpa/fcpa-cases. shtml（accessed 5 August 2015）.

的原因。而且，"虽然传统的法人管理理论认为，法人管理层的最大责任是保证所有权人的最佳利益，但是当代法人管理理论的观点则是，法人管理阶层必须以建立起良好的法人守法文化为己任，不能够仅仅保证法人守住底线，而应该关注法人持续发展的最佳利益。"[1] 为了建立并保持良好的守法文化，法人就必须及时发现并制裁违法行为。在实践中，能否发现违法行为在很大程度上依赖于雇员的内部举报。但研究表明，"许许多多组织都陷入了大多数成员都对组织内部的问题心知肚明却不敢向上反映的矛盾之中"[2]，久而久之，这样的法人就会形成一种犯罪亚文化。二元模式将举报制度列为企业合规计划的核心要素，要求法人充分保护举报人的合法权益，这显然有助于法人及时发现内部违法行为，进而促进法人内部守法文化的形成。这也是采纳二元模式的国家通常会制定法律，对举报人的权利、国家对举报人的保护义务等问题进行详细规定的原因所在。

三、二元模式与中国立法

如上所述，我国刑法典是以自然人犯罪为基础而建立的，对于单位刑事责任的认定逻辑以及个人刑事责任与单位刑事责任之间的关系等具体问题，没有清晰的思路。从我国追究单位刑事责任双罚制与单罚制都要求以自然人刑事责任为出发点，可以认为我国仍然属于以个人责任为前提的法人刑事责任一元模式。对于法人刑事责任向二元模式发展的趋势，以及这一模

---

〔1〕 See Thomas Kochan, et al., "The Effects of Diversity on Business Performance: Report of the Diversity Research Network", *Human Resource Management*, 1（2003）.

〔2〕 Elizabeth Wolfe Morrison and Frances J. Milliken, "Organizational Silence: A Barrier to Change and Development in a Pluralistic World", *The Academy of Management Review*, 4（2000）, p. 78.

式所带来的效益，我们不应当视而不见，至少应对二元模式在刑事立法与刑事政策层面可能给予我们的积极价值有所思考。

第一，从法人刑事责任立法本身而言，采纳风险责任的立场并无障碍，因为从立法背景来看，中国与外国的法人刑事责任立法在本质上并无相同。在 20 世纪 80 年代，中国立法机关采纳刑事责任这一概念的主要原因就是迫于当时法人实施的环境污染、偷税漏税、造假售假等违法行为所带来的社会与管理压力。1997 年之后，立法机关历次扩大法人刑事责任的范围也无一不是迫于社会管理的实践需要。例如，1998 年通过的《全国人大常委会关于惩治骗购外汇、逃汇和非法买卖外汇犯罪的决定》是为了应对当时的亚洲金融危机。再如，在增设"雇用童工从事危重劳动罪"之际，立法机关明确指出增设该罪的原因是"近几年有些企业为谋取非法利益，雇用未成年人从事劳动的违法行为比较突出，有的企业甚至雇用童工从事超强度体力的劳动，或者从事高空、井下作业，或者在爆炸性、易燃性、放射性、毒害性等危险环境下从事劳动，严重危害未成年人的身心健康，有的甚至造成未成年人的死亡，社会危害性严重"[1]。在将《刑法》第 312 条规定的掩饰、隐瞒犯罪所得、犯罪所得收益罪纳入单位刑事责任的范围之际，立法机关也表明，是因为"中国人民银行提出，这类犯罪有些是单位实施的，建议增加单位犯本罪的规定，以进一步完善刑法的反洗钱措施。经同有关部门研究，建议在《刑法》这一条中增加单位犯罪的规定"[2]。这说明，中国立法机关规定、扩大法人刑事责任的

---

〔1〕 参见高铭暄、赵秉志编：《中国刑法立法文献资料精选》，法律出版社 2007 年版，第 103、112 页。

〔2〕 赵秉志主编：《刑法修正案最新理解适用》，中国法制出版社 2009 年版，第 316 页。

主要动力之一也在于预防法人的危险行为，这与风险责任的立场是契合的。

第二，风险社会的形成表明采纳风险责任立场成为必然之举。随着工业化进程的发展，中国也已经逐渐进入了风险社会阶段，风险刑法成了当前学界研究的热点之一。[1]虽然从风险刑法可能对权利保障与刑法的基本价值造成的风险出发，主流观点对之持谨慎甚至批判的态度，但是，风险刑法观对中国刑法的影响已经成为事实，"对生产、销售假药罪，重大环境污染事故罪，非法采矿罪，生产、销售不符合食品安全标准的食品罪，生产、销售有毒、有害食品罪的修改，以及增设'食品监管渎职罪'等，都是我国刑法对如何规制'风险社会'中风险作出的回应。"就如有的观点所言："风险刑法是对风险社会的制度性回应，运用刑罚对抗具有典型危险的违法行为这一趋势不可逆转。"[2]在此背景下，在法人刑事责任领域采纳风险责任的立场乃是水到渠成。

第三，越来越多的中国企业走出国门，暗示着采纳风险责任的立场已经成为保障经济发展的必要之举。改革开放政策实施30多年来，中国企业海外投资经历了从无到有、从小到大的快速发展过程。根据全球化智库（CCG）研究编写的《中国企业全球化报告（2017）》蓝皮书的统计，中国企业海外投资连续两年进入资本净输出国行列，2016年直接投资总额高达1830亿美元，位居全球第二。统计显示，中国企业海外投资主要集中

---

〔1〕 例如参见刘仁文、焦旭鹏："风险刑法的社会基础"，载《政法论坛》2014年第3期。

〔2〕 吕英杰："风险刑法下的法益保护"，载《吉林大学社会科学学报》2013年第4期，第26页。

在欧洲、北美与亚太区域，比重分别为 35%、29% 和 25%。[1]随着"一带一路"政策的全面展开，必然会有越来越多的中国企业与资本走出国门。而如上所述，诸多欧美国家的法人刑事责任立法已经采纳了风险责任的立场，因此，采纳风险责任的立场，既有利于让中国企业熟悉欧美国家的法人刑事责人立法，也有利于将有关风险化解于国内，保障中国资本的海外安全，促进经济发展。

最后，跨国公司贿赂问题的严重性说明中国应顺应世界潮流采纳风险责任的立场。近十余年来，跨国公司在华重大贿赂案件频发，影响比较广泛的有：① "沃尔玛案"。2003 年 12 月，昆明沃尔玛管理服务有限公司在报审昆明沃尔玛管理服务有限公司项目时，为云南省对外贸易经济合作厅原党组书记、厅长彭木裕之妻在香港导购，并为其支付了 10 余万元人民币的购物费。② "朗讯案"。2004 年 4 月，朗讯公司被曝光在过去数年间出资超过千万美元，为近千人次的中国政府官员、电信运营商高管出资"访问"美国，并以"参观工厂，接受培训"为由，安排前往夏威夷、拉斯维加斯、大峡谷、迪士尼乐园和纽约等地的行程。③ "德普案"。从 1991 年开始的 11 年间，全球最大的诊断设备生产企业德普公司天津子公司，向中国国有医院医生行贿 162.3 万美元，用来换取这些机构购买德普公司的产品，德普公司从中赚取了 200 万美元。④ "IBM 案"。2002 年到 2003 年之间，IBM 高管通过中间人的安排，多次违反中国金融外事活动的工作原则和程序，与中国建设银行原行长张恩照会

---

[1]　全球化智库（CCG）："2017 中国企业全球化报告：中国稳居第二大对外投资国"，载搜狐网，http://www.sohu.com/a/205511148_556912，最后访问日期：2019 年 5 月 6 日。

面，作为报酬，IBM 将 22.5 万美元以"服务费"的名义汇入中间人在香港汇丰银行的账户，之后转交张恩照。⑤"西门子案"。在 2003 年至 2007 年间，西门子向 5 家中国国有医院行贿 2340 万美元。与此同时，西门子还通过贿赂中国部分官员，获得了价值 10 亿美元的地铁工程和华南地区两个总价值约为 8.38 亿美元的电力高压传输线项目。⑥"大摩案"。2009 年 2 月，摩根士丹利向美国证券交易委员会提交文件，称公司发现 1 名中国区地产雇员"似乎有违反《反海外腐败法》的行为"，随后，2 名中国区地产主管宣告离职。国内民间经济分析机构安邦集团 2006 年公布的一份研究报告显示：跨国企业在华行贿事件一直呈上升趋势，中国在过去 10 年内至少调查了 50 万件腐败事件，其中 64%与国际贸易和外商有关。[1]

尤其应该指出的是，虽然美国证券交易委员会已经公开对上述许多案件中的涉案公司进行了处罚，但是国内执法与司法机构并没有采取任何行动。其中，虽然有着复杂的原因，但是单位刑事责任方面的立法缺陷也难辞其咎。

站在风险责任与二元模式的立场，在对中国法人刑事责任立法进行改革之际，应坚持如下基本立场：

第一，就法人刑事责任的存在范围，虽然近年来立法机关一直在扩张法人刑事责任的范围，但是，在理论上一直存在无限论与限制论的立场。[2] 如上所述，法人可能造成的风险存在于法人组织经营活动的各个环节，既可能对国家、社会也可能对个人造成侵害。因此，从风险责任的立场出发，对于法人刑

---

〔1〕 高斌："如何防范跨国公司在华'贿赂门'"，载《检察日报》2012 年 10 月 9 日，第 5 版。

〔2〕 详见周振杰：《比较法视野中的单位犯罪》，中国人民公安大学出版社 2012 年版，第 42~44 页。

事责任的范围应采取无限论的立场，也即，凡是法人活动风险之所及，就是法人刑事责任之所在。如此，也可以避免因为立法滞后而造成保护不力的情况。

第二，就法人刑事责任的判断基础，在当前的立法框架下，核心基础要素还是故意、过失等个人刑事责任要素。如上所述，从风险责任的角度出发，法人刑事责任应该以法人本身的组织经营活动为基础，唯有如此，才能通过改善法人自身情况，使有效预防社会损害从可能变为现实。因此，在对现有规定进行改革之际，立法机关应跳出传统的以个人主义与道义主义为基础的责任原则，参考国外立法"促进法人提高自我预防风险"的思路，将合规计划及其有效实施规定为法人刑事责任的判断基础。从刑事诉讼的角度出发，这意味着推定原则在法人刑事责任领域的确立，因为不存在或者未有效实施合规计划是追究或者加重法人刑事责任的理由，而合规计划的存在与有效实施是客观事实，如果不存在这一客观事实，就可以推定法人应该承担刑事责任。

第三，就法人犯罪案件的刑事诉讼程序，在当前的司法实践中，法人刑事责任通常与个人刑事责任同案处理。在改变法人刑事责任的判断基础之后，应该将法人案件与个人案件分开处理。一方面，与具体行为人相关的要素不再是法人刑事责任的决定要素，二者触犯的罪名也未必相同，一并处理可能会因为纠缠过多，影响刑罚的及时性；另一方面，法人责任与个人责任有着不同的判断基础与逻辑，一并处理不但可能会增加证明难度，而且不利于就法人刑事责任的有无与大小展开充分辩论。

第四，就法人处罚，根据现行刑法典的规定，能够适用于法人的刑罚只有罚金。罚金自有适用成本低、抵消犯罪收益等优点，但是罚金也存在诸如"溢出效应"[1]以及传递"是否守法可以从纯粹的成本-收益角度予以分析"的错误信息，导致将罚金作为生产成本的危险。因此，应该参考法国、英国等国家相关立法的规定，将法人处罚多样化，在罚金之外，规定禁止参加投标、解散命令、自行公开刑事判决等处罚方法。同时，为了避免在罚金过高的场合造成企业破产，导致失业更多的社会问题，可以考虑将缓刑制度与社区矫正适用于法人犯罪，即在判处法人罚金的同时宣告缓刑，勒令其进行自我改善，并通过提供自身生产的产品、提供的服务等方式对社会与被害人进行补偿，减少、弥补犯罪行为造成的社会损害。

---

[1] "溢出效应"指犯罪法人在被处以罚金之际，通过提高价格等途径，将罚金实际转嫁至社会公众。参见周振杰："企业刑事责任二元模式研究"，载《环球法律评论》2015年第6期。

第四章

单位贿赂犯罪的预防模式研究

从第三章可以看出，在国外尤其是英美国家，随着对法人刑事责任本质认识的变化，对于法人本身在法人犯罪预防政策中的位置与作用的认识也发生了变化，这在二元法人刑事责任立法中一览无余。在这些变化的基础上，法人犯罪的预防模式，尤其是贿赂犯罪的预防模式，开始逐渐从传统的冲突模式向当前的合作模式转变。本章的目的，是对比分析冲突模式与合作模式，在介绍国外实例的基础上，探讨合作模式应否进入中国的问题。

第一节　冲突模式与合作模式

美国的《反海外腐败法》（Foreign Corrupt Practices Act）、英国的《2010年贿赂罪法》以及《联合国反腐败公约》等国外以及国际立法的出台表明，如何有效预防与惩治法人贿赂犯罪不仅是中国的难题，也是世界的难题。从外国的立法与司法实践来看，在惩治法人贿赂犯罪方面，目前存在两种迥然有异的模式：一是传统的以司法机关和法人之间的冲突关系为主线，以个人责任为法人责任基础的冲突模式，其代表性立法是代理责任（vicarious liability）与等同原则（identification principle）；

二是现代的以司法机关与法人之间的对立合作关系为主线，以法人自身的组织管理为责任基础的合作模式，其代表性立法是组织责任原则与法人文化原则。

一、冲突模式与合作模式的内涵

（一）对法人贿赂犯罪本质的认识

在传统刑法理论中，犯罪的本质被认为是个体在故意或者过失支配下所实施的反社会的或者"特别危险的侵害法益的不法行为"。在形式上，"犯罪是一个刑法中规定的违法或者说由刑法加以威慑的与他人权利相违背的行为"，而且只有自然人才能成为犯罪的可能的主体，"法人（moralische person，如公司、大学或者学院等）绝不可能成为犯罪的主体。"从另一个角度而言，犯罪是社会个体所实施的不法行为与刑法规范之间所产生的，能够导致制裁后果的激烈冲突。

冲突模式在对法人贿赂犯罪本质的认识上延续了上述传统立场。冲突模式虽然追究法人的刑事责任，但是无论是代理责任还是等同原则，在本质上都是将之视为个人刑事责任的转嫁。例如，在美国确立代理责任的 1903 年《埃尔金斯法》（Elkins Act）规定：任何代理或者受雇于普通航运人的官员、代理人或者其他人在其职责范围之内实施作为、不作为或者不履行法定义务，都应同时被视为行为人与航运人的作为、不作为或者不履行法定义务；英国 1957 年的 H. L. 博尔顿工程公司诉 T. J. 格拉汉姆父子公司案 ［H. L. Bolton, (Engineering) Co. Ltd. v. T. J. Graham & Sons Ltd.］ 也明确指出：法人中代表法人的精神与意志、支配法人行为的高级职员的心理状态，就是法人的心理状态。显而易见，冲突模式不过是将个体行为与刑法规范之间的冲突关系转移到了法人的身上，仍然认为法人贿赂犯罪是自然人行为，法人处罚不过是对自然人处罚的延续。

与冲突模式不同，合作模式实现了个人责任与法人责任的分离。首先确认法人文化原则的 1995 年《澳大利亚联邦刑法典》规定，如果法人内部存在着引导、鼓励、容忍或者导致违反法律规范的法人文化，或者法人未能建立并保持要求遵守法律的法人文化，就可以认定法人具有犯罪的故意或者过失。与此类似，英国《2010 年贿赂罪法》第 7 条以组织责任原则为基础，明确规定在商业组织未制定并实施预防贿赂犯罪的内部措施，履行犯罪预防义务，从而导致贿赂行为发生的情况下，就可以追究其刑事责任。可见，在合作模式之下，法人贿赂犯罪不再被认为是个人行为与刑法规范之间的冲突，而被认为是未能履行"建立守法文化，预防法人犯罪"这一刑法义务的后果。

（二）对法人贿赂行为的违法性判断

对法人贿赂犯罪本质的不同认识，必然会导致对具体行为违法性判断上的分歧。无论是在大陆法系国家还是英美法系国家，在冲突模式下，法人贿赂行为的违法性判断都可以分为三个阶段：①根据传统刑法原则认定个人行为的违法性；②判断具体行为是否是行为人职权范围内的行为与行为人是否具有为法人谋利的主观目的；以及③是否存在违法阻却事由（辩护理由）。在合作模式下，法人贿赂行为的违法性判断则分为四个阶段：①判断刑法禁止的贿赂行为是否存在；②判断法人内部文化或者组织管理中是否存在缺陷，或者违反法定义务；③上述结果或者状态与法人罪过之间是否存在因果关系；以及④是否存在违法阻却事由（辩护理由）。

从上述可以看出，冲突模式与合作模式在法人贿赂行为的违法性判断方面，存在诸多不同之处：

首先，依据的基础不同。在冲突模式之下，个人行为的违法性，构成了法人行为违法性的基础。在英美法系刑法理论中，判断具体行为违法性的基础，当然包括行为、结果以及故意、过失等主客观要素；在大陆法系刑法理论中，行为与结果也是必备要素，有的观点甚至认为构成要件包括构成要件的故意与过失。但是，无论如何，都可以说真正构成法人行为违法性基础的，还是传统意义上的构成要件要素。而在合作模式之下，虽然在某些国家的立法之中，个人违法行为仍然构成法人追责的前提，例如，根据上述英国《2010 年贿赂罪法》第 7 条，追究法人贿赂犯罪的刑事责任必须存在个人贿赂行为，但是在这一前提出现之后，法人行为的违法性判断是以法人本身的组织管理、经营活动、内部制裁措施等客观事实为依据的，并不依赖个人的行为及其结果。就此而言，如果说冲突模式下的法人刑事责任是主客观相一致的责任形式，那么合作模式下的法人刑事责任则是几近于客观责任的责任形式。

其次，对行为本质的认识不同。冲突模式中的"行为"仍然是个人的实行行为，即"相对于外部世界的任意举止，……这一举止能够改变外部世界，不论是造成这种改变的作为，还是造成某种改变的不作为"。对于不作为犯，即使是对于不真正的不作为犯而言，无论追究行为人的责任是以法律义务、契约义务还是先行行为引起的义务为前提，作为义务的对象、内容、实现方式都是非常具体的。而在合作模式中，行为首先并非是"能够改变外部世界的任意举止"，而是未能改变法人内部的作为或者不作为，即容忍违法文化、未建立起守法的文化或者未能阻止违法文化的滋生，从而导致了危害社会的结果或者状态。作为不作为犯成立前提的义务，不再是具体义务，而是一种抽象的普遍义务，即预防法人中违法行为发生的义务。

最后，违法阻却事由不同。在冲突模式中，刑事立法对法人贿赂犯罪通常并不规定特殊的违法阻却事由，所以在司法实践中，只能适用针对个人规定的正当防卫、紧急避险等。而在合作模式中，刑事立法为法人规定了特殊的违法阻却事由，即合规计划（compliance programs）及其有效实施。例如，上述英国《2010 年贿赂罪法》第 7 条第 2 款规定，如果被追诉的法人已经制定并有效实施了预防贿赂行为的适当程序，构成辩护理由，这里的适当程序就是合规计划。意大利于 2001 年颁布的《第 231 号法令》在规定法人刑事责任的同时，明确指出，如果被追诉的法人在犯罪实施之前已经制定并积极地实施了合规计划，可以对之不予追诉。

（三）对法人刑事责任本质的认识

责任主义是近现代刑法的根本原则之一。在冲突模式下，由于法人责任以个人责任为基础，所以在本质上，其仍然是一种道义责任或者强调非难可能性的规范责任。在代理责任的场合，法人责任甚至可被视为严格责任，"因为即使法人毫不知情，只要某一雇员为了其利益在职权范围内实施了违法行为，都可以追究其刑事责任。"而在合作模式下，法人责任在本质上既非道义责任也非规范责任，而是"法人在保证产品品质安全性、防止事故、保证公平交易、公正竞争、保护个人信息、内部举报人等方面所承担的确立守法体制、环境保护等社会责任"。就如日本刑法学者所言："如果将责任理解为社会非难可能性，而不是道义的、伦理的非难可能性，对于法人，通过刑罚加之以法的、社会的非难是十分可能的，尤其是在违反具有强烈的合目的性特征的行政管理法规的犯罪（行政犯、法定犯）的场合，肯定法人的犯罪能力具有更大的合理性。"与此相适应，冲突模式中的责任认定是积极的过程，即使行为违法也不能就此认定行为人有责任；而在合作模式中，责任认定是消极的过程，如果认定法人行为违法，则推定法人是有责任的，除非法人能够证明合规计划的有效存在。另言之，合作模式的法人刑事责任是一种推定责任，法人承担证明无责或者责轻的证明责任。

基于对责任本质的不同认识，在故意与过失的认定方面，冲突模式与合作模式也有着实质的区别。冲突模式基于传统刑法"明知而故犯是为故意，不知而犯是为过失"的立场，认为无论是认定法人故意还是认定法人过失，都应以个人对法益侵害的"具体预见可能性"为前提条件。在合作模式之下，这一前提条件被"抽象预见可能性"取而代之，如果法人已经意识到或者应该意识到在当前的组织结果、经营管理或者文化氛围之下，存在发生某种违法事实的可能性，而且在客观上实际发生了一定的违法事实，就可以肯定法人存在故意或者过失。这与板仓宏、藤木英雄等日本学者提出的"危惧感说"非常接近，因为后者也主张只要"就可能对不特定多的人招致灾害的危害业务，存在不能完全无视的不安感，就应该肯定结果回避义务"，认定法人存在过失。

（四）对于刑罚目的及其实现方式的认识

冲突模式与合作模式都认为刑罚的目的在于报应与预防，所以费尔巴哈"所有市民刑罚存在的一般的法律根据，在于避免法律状态受到危险。因此，危险的大小是刑罚大小的根据"的论断也同样适用于法人贿赂犯罪。但是，因为冲突模式与合作模式对犯罪与刑事责任本质的认识有着实质区别，二者对"报应与预防"解析有明显不同。

在冲突模式下，因为法人贿赂犯罪在本质上仍然被认为是个人行为，法人责任仍然是个人责任，所以"报应"更侧重于道义报应，即基于犯罪人是道义存在，犯罪在终极意义上违反道德秩序的认识，主张刑罚是对犯罪人的道义谴责。与此相对，在合作模式下，法人贿赂犯罪是法人自身行为对刑法义务的违反，法人责任是法人所承担的社会非难，所以合作模式下的"报应"更准确地说是一种对法人本身的"社会报应"。对报应对象的认识不同，进而导致了对预防对象的认识差异。在冲突模式下，无论是根据代理责任还是等同原则，预防的对象仍然是实施具体贿赂行为的个人，但是"仅仅起诉个人不仅是不公正的，也是无效的。即使对法人官员的控诉得以成功，也很难对法人的行为方式产生影响。对一个法人而言，其组织结构的缺陷不会因为一个成员被审判而消失"。从这一认识出发，强调法人内部组织管理的合作模式将法人作为了预防对象。

上述不同的具体体现之一就是：在冲突模式下，许多旨在矫正犯罪人的刑罚措施，如社区劳动、缓刑、暂缓起诉、不起诉等，通常仅适用于自然人而不适用于法人；而在合作模式下，不但可以将适用于自然人的矫正措施适用于法人，而且立法针对法人制定了特殊的矫正措施。例如，根据美国司法部网站公布的数据，在1993年至2018年根据《反海外腐败法》处理的贿赂犯罪案件中，美国司法部与法人达成了100余份不起诉或暂缓起诉协议。[1] 该法还特别规定，美国证券交易委员会可以要求实施贿赂行为的法人在一定的期间内向其报告合规计划的实施情况，或者任命独立的合规计划顾问或者监督员审查后者提交的合规计划实施报告。

（五）法人贿赂犯罪预防责任的分配

在冲突模式下，因为法人贿赂犯罪在本质上仍然被视为个人行为与刑法规范之间的直接冲突，犯罪预防的对象仍然是实

---

〔1〕　具体参见 https://www.sec.gov/news/pressreleases.

施具体贿赂行为的个人，所以在预防贿赂犯罪方面，立法与执法机关对法人并无特殊要求，对于法人在预防犯罪方面的努力也并无积极回应，针对自然人所规定的自首、立功、胁迫等从宽量刑情节通常也并不适用于法人。所以，至少在法律层面，可以说国家承担起了主要的甚至是所有的预防责任，法人本身并无承担预防贿赂犯罪的责任与动机，司法机关与法人之间主要是一种冲突关系。

合作模式则从法人贿赂犯罪即是法人对其社会责任的违反这一认识前提出发，将法人本身视为预防对象，所以通常在立法中明确规定了法人预防犯罪的义务，并相应地将法人是否以及在多大程度上履行了预防义务作为认定法人刑事责任有无以及大小的依据。例如，《美国量刑指南》第八章第 C2.5 条明确规定，在犯罪发生之时，如果法人内部存在合规计划，可以根据法人的规模、合规计划的实施情况以及犯罪情节，减免罚金，以为组织"实质性地改变行为提供动力，实现'预防与威慑犯罪'这一量刑改革目的"。澳大利亚的判例也明确表明："是否存在有效的合规计划，原则上应该纳入量刑的考虑范围。如果存在有效的合规计划而发生了犯罪，则减轻刑罚可能是适当的。与此相反，未能实施合规计划则应该成为加重处罚的裁量因素。"

在司法实践中，采取冲突模式的权力机关主要是通过严罚来预防法人贿赂犯罪，在对法人处罚之后，通常不会关注法人的后续改善工作。而采取合作模式的权力机关虽然也认同严罚的必要性，但是在加强外部制裁的同时，注重提高法人的内部控制。例如，美国《反海外腐败法》被誉为史上最严厉的反腐立法之一，但是，执法实践表明，该法既有严厉的一面，也有宽容的一面，即对于通力合作的法人，执法机关原则上会网开一面，不会对之处以高额罚金，而是强制或者监督被制裁对象根据法律要求，提高内部控制，严防再度贿赂行为。这表明，就宏观的犯罪预防而言，合作模式同时把法人视为预防对象与合作对象，将法人贿赂犯罪预防的部分责任转移给了法人。也即，司法机关与法人之间在宏观上是合作的关系，在具体案件中则既存在冲突关系，也存在合作关系。

二、合作模式的产生与发展

合作模式产生的标志是合规计划成为认定法人刑事责任的核心要素。合规计划作为注重法人自律的理念，可以追溯至 20 世纪 30 年代美国对证券进行规制之时，但是直到 20 世纪 80 年代才真正引起决策者关注。当时，美国公众对于国防工业中频发的欺诈、滥权等丑闻口诛笔伐，引发了严重的信任危机。有鉴于此，美国的国防工业法人联合签署了国防工业计划书，以培养与促进相关法人中的道德准则、适法文化以及自我管理，该计划书通常被认为是正式的企业合规计划的开端。其后，"对电力产业的数项控诉促使许多法人开始制定实施合规计划。贸易管理单位与反托拉斯联合会也开始建议法人致力于实施合规计划。"为了提高法人的积极性，并规范合规计划的制定与实施，美国的执法机构开始在调查与起诉过程中考虑合规计划。例如，当时的美国司法部反诈骗部门明确要求检察官在决定是否提出控诉之际，要考虑国防法人在实施合规计划方面做出的努力。美国联邦量刑委员会 1991 年颁布的《组织量刑指南》是合规计划发展过程中的里程碑，因为该指南正式赋予了合规计划法律地位。之后，"有效实施的合规计划就成了减轻法人刑事责任的情节"。《组织量刑指南》也标志着合作模式的正式产生。

其后二十余年，随着文化原则、组织责任、集合原则等新的责任原则在法人贿赂犯罪领域的确立，以及合规计划被规定为定罪量刑情节并进入国际公约，合作模式得到了越来越多国家的认同，在上述英国的《2010年贿赂罪法》与意大利《2010年第231号法令》外，美国1988年修改后的《反海外腐败法》、加拿大2004年《C-45号法》、1995年的《澳大利亚联邦刑法典》、俄罗斯联邦2012年修订后的《联邦第273号法案》、西班牙2015年《第1号组织法》等都已经采纳了合作模式，日本虽然迄今没有在立法上承认法人的犯罪能力，但是早自20世纪80年代开始，日本政府就开始推动日本法人制定实施合规计划，司法判例也早已经肯定了合规计划的影响。东京高等法院1996年在某串通招投标案件中，在认定被告人的行为构成犯罪的同时，指出"在犯罪行为被发现后，9名法人被告人深刻反思了事件的重大性，对法人组织进行了改进，对人事进行了调整，并制定了反垄断法合规手册，对雇员进行了教育，可以期望其能够贯彻再犯预防"，据此减轻了对被告人的量刑。琦玉县地方法院在2002年与东京地方法院也做出了相似的判决。既然在犯罪发生之后，积极地制定、实施合规计划能够减轻法人的刑事责任，不言而喻，在犯罪发生之前，有效地实施合规计划当然也能减轻法人的刑事责任。

在国际层面，经济合作与发展组织（以下简称"经合组织"）理事会于2009年11月26日通过了《关于进一步打击国际商业交易中贿赂外国公职人员行为的建议》，要求各成员国的"公司制定和实施适当的内部管控、道德操守和自觉履约方案或措施，以预防和查明海外贿赂行为"，这里的"内部管控、道德操守和自觉履约方案或措施"其实就是合规计划，OECD的专家组进一步就如何制定与实施有效的合规计划也提出了详细的建议。同时，就如何认定《关于打击国际商业交易中行贿外国公职人员行为的公约》第2条规定的"法人的责任"，理事会公布的《执行〈禁止在国际商业交易中贿赂外国公职人员公约〉具体条款的良好做法指南》特别指出，成员国有关国际商业交易中贿赂外国公职人员的法人应负责任制度，不应将责任限于犯有此类罪行的自然人被起诉或被定罪的情况，并应将"疏于监督或者没有充分实施内部管控、道德操守和自觉履约方案或措施"规定为法人应该为贿赂外国公职人员行为承担责任的基础之一。显而易见，《关于打击国际商业交易中行贿外国公职人员行为的公约》也是采纳了合作模式。

合作模式能够得到快速发展的原因主要在于以下几点：

首先，随着法人数量的快速增加，执法机关对法人贿赂行为的监管与预防负担日益加重，从监管的有效性而言，需要对执法机关进行减负，并分散监管责任。例如，根据美国调查局的统计，2013年全美国有5 775 055家公司，员工人数超过500人的就有18 636家，仅仅依靠执法机关对如此多的公司进行有效监管显然是不可能的。而且，由于贿赂行为本身具有隐蔽性与多样性，兼之法人内部结构与管理活动日趋复杂，调查取证都面临更大的难题，这进一步加大了对法人定罪的难度。而合作模式通过将违法性判断客观化、转移证明责任以及预防责任，能够减轻执法与司法负担，提高定罪量刑的可能性。

其次，通讯与交通技术的发展促进了法人的国际化：荷兰的壳牌公司在50余个国家有油井，在30个国家有炼油厂，在100多个国家有销售网络，英国化工巨头ICI公司的生产遍布40余个国家、销售遍及150余个国家，美国亨氏食品的下属法人更是遍布六大洲。法人的国际化进而促进了贿赂行为的国际化，贿赂支付的行为过程可能发生在不同国家，贿赂犯罪的行为人也可能分处世界两端。例如，在美国证券交易委员会公布的

2011 年至 2015 年 6 月处理完毕的 32 个案件中，贿赂行为的实施地遍布世界各地，包括英国、法国、意大利、德国等发达国家，也包括尼日利亚、泰国、印度尼西亚、中国等发展中国家，在其 2008 年处理的西门子公司贿赂案中，西门子公司在 2001 年 3 月到 2007 年 12 月间实施的 4283 项贿赂行为几乎覆盖所有主要的发达和发展中国家。如此，一方面，查处跨国贿赂行为面临更多的管辖权障碍；另一方面，跨国调查取证意味着更大的执法与司法成本。

而在合作模式下，法人承担证明无罪或者罪轻的责任，而且违法判断的客观化给法人带来了更大的外部压力。为此，法人需要通过内部调查收集并向执法与司法机关提供证据。与公权力机关相比，作为私权利主体的法人要便利得多。一方面，法人与法人雇员之间是雇佣关系，对于违反法律或者法人内部行为规范的雇员，法人可以直接对之予以内部制裁，不受诉讼法尤其是刑事诉讼法规定的权利保障以及程序正义等要求的约束。就此而言，法人内部制裁对于法人雇员而言具有更大的威慑力；另一方面，如果法人雇员跨国实施违法行为，法人总部委派的内部调查人员到位于其他国家的分法人或者子法人进行调查，不受国家主权以及刑事管辖权等因素的限制，因为法人内部调查在本质上属于法人内部的管理行为，只要不违反相应分法人或者子法人所在国的法律，该国的权力机关就无权进行干涉。

最后，以有效预防与查处跨国贿赂行为为目的的国际公约，推动了合作模式在各国立法与司法实践中的发展，其中以上述经合组织《关于打击国际商业交易中行贿外国公职人员行为的公约》的影响最为明显，该公约第 4 条强制要求：缔约方应采取必要措施，对全部或部分在其领土内发生的行贿外国公职人员的犯罪行为确立管辖权。而且每一缔约方应审查其现行管辖权的依据在反对行贿外国公职人员方面是否有效，如无效，则应采取补救措施。一方面，如上述，该公约明确要求各缔约国将怠于履行内部监管责任而导致贿赂行为的情况规定为追究法人刑事责任的基础之一，直接体现出了合作模式的核心要求，所以各缔约国有义务采纳合作模式的核心要素。更重要的是，由于美国、英国、澳大利亚等采纳合作模式，以合规行为为法人刑事责任基础的欧美经济强国都是经合组织的成员国，而以美国《反海外腐败法》与英国《2010 年贿赂罪法》为代表的许多现代法人刑事立法，都已经将本国立法的管辖范围拓展到了海外。在美国司法部与证券交易委员会根据美国《反海外腐败法》制裁的法人中，大部分都并非在美国注册，贿赂行为也是在美国境外实施。正因如此，巴西学者才会指出：巴西的法人与在巴西开展业务的其他国家的法人都需要接受英国《2010 年贿赂罪法》的域外管辖权。该法适用于任何在英国开展业务的法人，其管辖权覆盖范围比美国《反海外腐败法》更大。在英国开展业务的巴西公司可能因为未能预防雇员在墨西哥实施的与该业务相关的贿赂行为而被追究刑事责任，即使该行为与英国毫不相关。另言之，即使法人的贿赂行为发生在没有采纳合规模式的缔约国，仍然会直接受到该模式的影响，因为"缔约方应采取必要措施，对全部或部分在其领土内发生的行贿外国公职人员的犯罪行为确立管辖权"，而追究履行预防贿赂失职的法人的刑事责任，就是必要措施之一。

第二节　合作模式的立法实践

一、英国《2010 年贿赂罪法》

在上文提及的各国法人贿赂犯罪二元模式立法中，2011 年 7 月 1 日开始实施的英国《2010 年贿赂罪法》可以说是典型代表。在英国的法律之中，关于处罚贿赂犯罪的规定古已有之。但是，由于这些规定与现实严重脱节，而且相互之间存在冲突，所以英国司法机构在惩处贿赂犯罪方面，受到了国际社会，尤其是经合组织《关于打击国际商业交易中行贿外国公职人员行为的公约》实施监督机构的批评。[1] 为履行根据《联合国反腐败公约》等相关国际文件所承担的义务与提高打击贿赂犯罪的有效性，英国执法与立法机构自 2008 年起开始酝酿制定新的立法。

《2010 年贿赂罪法》共 20 条，分为 6 个部分：普通贿赂犯罪、贿赂外国公职人员罪、商业组织不履行预防贿赂义务罪、公诉与处罚、其他相关条款、补充与最后条款。此外，在附表中，列出了对相关法律进行修正以及被相应废除的立法或立法中的条款。该法在废除此前普通法与成文法规定的相关贿赂犯罪的同时，规定了行贿、受贿等四项新的犯罪行为，并且对于法人刑事责任规定了新的责任判断原则。尤其应当指出的是，由于该法对于司法管辖权的规定非常宽泛，"如果你在世界的任何地方实施了任何形式的贿赂或者腐败犯罪，即使你只有部分业务在英国，该法都能够追究你的刑事责任。……法人可以因

---

〔1〕　See James Maton, "The UK Bribery Act 2010", *Employee Relations Law Journal*, 3（2010），p. 37.

未能预防贿赂或者腐败被追究责任，即使对之一无所知"[1]，所以被称为迄今为止处罚最为严厉的贿赂犯罪立法，引起了国内外立法界、实务界的极大关注。

（一）具体罪名

《2010 年贿赂罪法》在废除了英格兰、威尔士与北爱尔兰普通法上的行贿罪与笼络罪、苏格兰普通法上的贿赂与收受贿赂罪以及《1906 年预防腐败法》《1889 年公共机构腐败行为法》等成文法中规定的相关犯罪行为的同时，在第 1、2、6、7 条，分别规定了行贿罪、受贿罪、向外国公职人员行贿罪、商业组织不履行预防贿赂义务罪四项新的贿赂犯罪。

1. 行贿罪

该法第 1 条规定，具有如下情形之一，行为人应承担行贿罪的刑事责任：①提供、承诺给予或给予他人金钱或者其他利益，意图利用该利益诱使后者不恰当地履行相关职责或者实施相关活动，或者作为对上述不恰当地履行职责或者实施活动的回报；②提供、承诺给予或给予他人金钱或者其他利益，且明知或者相信接受此利益本身就构成不恰当地履行相关职责或者实施相关活动。同时，根据该条的规定，在上述第 1 种情形中，被提供、被承诺给予或被给予利益者，是否与将要或者已经不恰当地履行相关职责或者实施活动者为同一人，并不重要；上述规定中的利益是由犯罪人直接还是通过第三人提供、承诺给予或者给予亦不重要。

2. 受贿罪

根据该法第 2 条之规定，具有下述情形之一，行为人应该

---

〔1〕 Hawser Anita, "Businesses Brace for Bribery Crackdown", *Global Finance*, 1 (2011), p. 4.

承担受贿罪的刑事责任：①行为人要求、同意收取或接受金钱或者其他利益，以作为结果，使得某一相关职能或活动被不正当实施（无论是由行为人或另一人）；②行为人要求、同意收取或接受金钱或者其他利益，而且该要求、同意收取或接受行为本身，构成行为人对某一相关职能或活动的不正当实施；③行为人要求、同意收取或接受金钱或者其他利益，以作为（无论是行为人或另一人）不正当实施某一相关职能或活动的报酬；④作为对行为人要求、同意收取或接受金钱或者其他利益的预期或结果，行为人或另一人在行为人的要求、同意或者默许下不正当地履行了相关职能或实施了相关活动。

在上述各种情形中，无论行为人是直接还是通过第三方要求、同意收取或接受特定利益，该利益是为行为人还是他人的利益，不影响构成犯罪；在第 2~4 项情形中，行为人是否明知或者相信对某一相关职能或行为的实施是不正当的，不影响构成犯罪；在第 4 项情形中，如果行为人之外的另一人正在履行相关职能或实施相关活动，该人是否明知或者相信对该职能的履行或者行为的实施是不正当的，不影响构成犯罪。

根据该法第 3 条之规定，此处的"相关职能或活动"包括：①具有公共性质的职能。②与商务（包括贸易与职业）相关的活动。③在某人被雇佣期间实施的活动。④由团体或者以其名义（无论是否具有法人资格）实施的活动，或者符合下述一项或多项条件的"职能或活动"：一是实施特定职能或活动者被期待诚实地履行特定职能或实施特定活动；二是实施特定职能或活动者被期待公正地履行特定职能或实施特定活动；三是实施特定职能或活动者处于被信托的地位。同时，该条规定，即使某一职能或活动与英国无任何联系，并且实施于英国之外的国家或司法区，仍然是该法规定的"相关职能或活动"。

3. 贿赂外国公职人员罪

根据该法第 6 条，贿赂外国公职人员罪是指行为人具有下述目的之一，意图影响外国公职人员行使其职权而提供贿赂的行为：①为获得或保持业务，或②为获得或保持业务活动中的优势。根据该条的规定，构成贿赂外国公职人员罪，还应符合以下条件，即行为人直接或者通过第三方间接向①外国公职人员，或者②根据外国公职人员的请求、同意或者默许向第三人提供、承诺给予或给予金钱或者其他利益。

此处的"外国公职人员"，根据该条规定是指：①在英国之外的国家或者地区（或其内部领域）居于任何立法、行政或者司法位置者，无论是经选举还是经任命；②为英国之外的国家或者地区（或其内部领域）或以其名义行使职能，或为上述国家或地区（或内部领域）的公共机构、公共企业行使职能者；③公共国际组织的官员或者代理人。此处的"公共国际组织"指其成员由下述之一构成的组织：国家或者地区、国家或者地区的政府、其他公共国际组织、上述的混合组织。

4. 商业组织不履行预防贿赂义务罪

根据该法第 7 条之规定，商业组织不履行预防贿赂义务罪是指商业组织不制定、实施符合《2010 年贿赂罪法》第 7 条第 2 款规定的适当程序（adequate procedures），而致使与商业组织相关的个人，出于特定目的实施了符合上述行贿罪与贿赂外国公职人员罪的行为。从这一定义可以看出，商业组织不履行预防贿赂义务罪由积极要件与消极要件构成。

积极要件是，与商业组织相关的个人，出于特定目的实施了行贿罪与贿赂外国公职人员罪。根据第 7 条第 5 款之规定，此处的"商业组织"是指：①根据英国任何一处的法律获得法人资格，并开展业务的团体（业务地点勿论）；②在英国任何一处开展全部或者部分业务的其他企业组织（是否具有法人资格勿论）；③根据英国任何一处的法律成立，并开展业务的合伙（业务地点勿论）；④在英国任何一处开展全部或者部分业务的其他企业组织（成立地点勿论）。此处的"合伙"是指英国《1890 年合伙法》规制范围内的合伙，或者根据《1907 年有限合伙法》登记的有限合伙，或者根据英国之外的任何一国或地区法律成立的具有类似性质的公司或者实体。

就"相关的个人"，该法第 8 条规定，如果某人（无论所涉的贿赂行为如何）为该商业组织或以其名义提供服务，该人就是与该商业组织相关的个人，该人为该商业组织或以其名义提供服务的职能范围，不影响定性。该人可能是该商业组织的员工、代理人或者附属人员。如果该人是该商业组织的员工，除非有相反证明，可推定该人是为该商业组织或以其名义提供服务者。同时，该条第 4 款规定，在判断某人是否为某商业组织或以其名义提供服务之际，应该根据所有相关情节进行综合判断，不应仅仅根据该人与该商业组织之间关系的性质进行判断。根据第 7 条第 1 款之规定，"特定目的"是指：①为商业组织获得或保持业务，或②为商业组织获得或保持业务活动中的优势。

消极要件指预防贿赂犯罪的适当程序。根据该法第 7 条第 2 款的规定，如果商业组织能够证明本身存在防止与之相关的个人实施贿赂行为的适当程序，则构成辩护理由，免于承担刑事责任。根据英国司法部于 2011 年 3 月 30 日颁布的指导规则，[1]"适当程序"应符合比例程序原则、高层参与原则、风险评估原则、适当关注原则以及监控与审订原则。[2]

---

〔1〕 相关文本，参见英国司法部官方网站：http://www.justice.gov.uk/consul-tations/briberyactconsultation.htm.

〔2〕 关于这六项原则的具体含义，参见第六章第二节的介绍。

最后，应该指出的是，虽然在追究商业组织的刑事责任之际，相关个人所实施的贿赂行为应符合上述第 1 条规定的行贿罪与第 6 条规定的贿赂外国公职人员罪的规定，但并不以特定行为人已经根据相应的行为被起诉为前提。

（二）辩护理由

该法第 13 条对上述贿赂犯罪的特殊辩护理由进行了具体规定，即如果被告人能够证明某一特定贿赂行为是①正确履行情报机构的职能，或②正确履行正在执行任务的武装力量的职能所必需的，可以构成辩护理由。同时，该条第 2、3 款分别规定，情报机构的主管必须保证该机构存在相应的布置，以保证贿赂行为是为了实现相应目的；国防委员会必须保证武装力量有相应的布置，以保证武装部队的成员，或者为武装部队的成员提供支持并受纪律约束的其他人员的贿赂行为，是为了实现相应目的。而且，上述所谓的"布置"，必须是国务卿认为满意的布置。

在上述针对情报机构与武装力量的特殊辩护理由之外，英国刑法中的一般辩护理由，也可能适用于本法所规定的犯罪。英国司法部《2010 年贿赂罪法适用指南》已经明确指出："在许多情况下，个人为了保护生命、身体或者自由，别无选择，只能予以给付。普通法上的强制这一辩护理由，在这些情况下是非常可能适用的。"[1]

就上述犯罪的司法管辖，该法第 12 条第 1 款规定，如果构成第 1 条或第 6 条规定之罪一部分的任何作为或者不作为实施于英格兰、威尔士、苏格兰或者北爱尔兰，则视为该罪在英国范围内实施。该条第 2、3 款继而规定，如果构成第 1、2 条或第

---

〔1〕 See Ministry of Justice, "Guidance to Bribery Act 2010", p. 19, at http://www. justice. gov. uk/consultations/briberyactconsultation. htm（accessed 8 September 2018）.

6 条规定之罪一部分的任何作为或者不作为都不是在英国范围内实施，但如果是在英国范围内实施，所涉在英国之外实施的作为或者不作为将构成相应犯罪的一部分，而且行为人与英国具有紧密关联，则该作为或者不作为构成上述相应犯罪的一部分，而且针对该罪的追诉程序可在英国的任何一处启动。

就此处的"与英国具有紧密关联"，根据该条第 4 款的规定，指具有下述情形之一：是英国公民、是英国海外属地的公民、具有英国国籍（海外）、是英国海外公民、根据《1981 年大不列颠国籍法》属于英国管辖或者根据上述立法受到英国保护者、通常居住于英国者、根据英国任何一处立法取得法人资格的团体以及苏格兰的合伙。

就该法第 7 条规定的商业组织不履行预防贿赂义务罪，该条特别规定：①无论构成该罪的相关作为或者不作为是实施于英国还是其他国家，都可以根据该条规定追究刑事责任；②如果构成该罪的作为或不作为都未实施于英国境内，则在英国的任何地方都可以启动追诉程序。

（三）处罚原则

根据《2010 年贿赂罪法》第 10 条之规定，针对上述犯罪控诉，应由公诉机构或者法律规定的其他机构提起，或者经过其同意，例如，在英格兰与威尔士，应由公诉主任、打击严重诈骗办公室或者税收与海关公诉主任提起控诉或经过其同意提起控诉。在被定罪之后，根据第 11 条之规定，对于根据第 1、2 条或第 6 条承担刑事责任的个人，如果是经简易程序被定罪，可处以不超过 12 个月的监禁，或者不超过法定限额的罚金，或者并处；如果是经公诉程序被定罪，可处以不超过 10 年的监禁，或者罚金，或者并处。对于其他根据第 1、2 条或第 6 条承担刑事责任者，如果是经简易程序被定罪，可处以不超过法定限额的罚金；如果是经公诉程序被定罪，处以罚金。对于应根据第7条承担刑事责任者，经公诉程序定罪，处以罚金；商业组织一旦被认定有罪，可能被处以无限额的罚金。

此外，主管机构还可以根据《公司法》等立法，对违法行为进行处罚，根据反洗钱立法，剥夺犯罪人的犯罪收益。[1] 如果商业组织被认定有罪，还可能被剥夺在欧盟范围内参与公共采购等方面的资格。[2]

《2010年贿赂罪法》明显体现出了二元模式立法的色彩。例如，责任前提非常灵活。这主要体现在如下两个方面：

第一，贿赂犯罪的行为对象涵盖广泛。《2010年贿赂罪法》规定的各项贿赂行为的对象，都是"金钱或者其他利益"（financial or other advantage）。就这里的"利益"，该法并没有进行界定，而是留给法庭斟酌。负责根据该法提出控诉的严重欺诈办公室主任和公诉主任联合制定的控诉指南已经指出："检察官应该以通常、日常的意义理解'利益'一词，并以之为基础，根据该法提出控诉。"[3] 根据这一原则，"利益"一词的含义可能会非常广泛，因为在提交给欧洲理事会的关于《反腐败刑法公约》的解释报告中，利益被认为由"金钱、假日、贷款、食物与饮品、更快的处理速度、更好的职业前景等构成"[4]。

---

〔1〕 The Director of the Serious Fraud Office and the Director and Public Prosecutions, "Bribery Act 2010: Joint Prosecution Guidance", at http://www. sfo. gov. uk/media/167348/bribery%20act%20joint%20prosecution%20guidance. pdf（accessed 8 July 2018）.

〔2〕 See Funahashi Hirokazu, "UK Bribery Act", *AZ Insight*, 46（2011）, p. 1.

〔3〕 The Director of the Serious Fraud Office and the Director and Public Prosecutions, "Bribery Act 2010: Joint Prosecution Guidance", at http://www. sfo. gov. uk/media/167348/bribery%20act%20joint%20prosecution%20guidance. pdf（accessed 8 July 2018）.

〔4〕 Council of European, "Explanatory Report of Criminal Law Convention on Corruption", at http://conventions. coe. int/treaty/en/Reports/Html/173. htm（accessed 12 July 2018）.

第二，商业组织不履行预防贿赂义务罪中的"相关个人"涵盖广泛，可以是任何为商业组织或以其名义提供服务者，而且在判断某人是否为特定商业组织或以其名义提供服务之际，是根据所有相关情节进行综合判断，而且组织刑事责任不以个人刑事责任为前提。此外，在行为人是特定商业组织的雇员的场合，采纳了证明责任倒置的原则，即除非能够提出有效的相反证明，可推定该人是为特定商业组织或以其名义提供服务者。最后，在追究商业组织的刑事责任之际，不需要相关个人已经被实际起诉，只要其应该根据立法承担行贿罪或者对外国公职人员行贿罪的刑事责任即可。

此外，责任判断趋向于客观，这主要体现在商业组织不履行预防贿赂义务罪之中。如上所述，如果能够认定相关个人应该承担相应犯罪的刑事责任，除非特定商业组织能够证明"本身存在防止与之相关的个人实施上述行为的适当程序"，就可以追究其刑事责任。这里对是否存在"适当程序"的判断，一方面其证明责任在于商业组织本身；另一方面从上述英国司法部指导规则所规定的 6 项原则来看，这一证明是站在第三者立场进行的事后判断，而且完全是根据客观情况所进行的判断。因此，在实践中可能会产生一个自我循环的逻辑过程：如果预防程序是适当的，就不会产生贿赂行为；既然产生了贿赂行为，就说明预防程序是不适当的。这使得商业组织在该罪中的刑事责任实质上成了客观责任与严格责任。[1] 这也是《2010 年贿赂罪法》被认为比美国 1977 年的《反海外腐败法》更为严厉的主

---

[1] See James Maton, "The UK Bribery Act 2010", *Employee Relations Law Journal*, 3 (2010), p. 37.

要原因之一。[1]

最后，处罚态度非常严厉。个人一旦被认定有罪，可能面临最高 10 年的有期监禁，商业组织一旦被认定有罪，可能被处以无限制的罚金，而且还可能被剥夺在欧盟范围内参与公共事业的资格，其严厉性不言而喻。

二、美国《反海外腐败法》

（一）立法背景

制定于 1977 年的《反海外腐败法》(Foreign Corrupt Practices Act, FCPA) 的目的主要在于限制美国公司利用个人贿赂国外政府官员的行为，并对在美国上市公司的财会制度做出了相关规定。在 FCPA 制定之前，对于美国公司的对外行贿行为，国内也有相关法律规定，最典型的有：美国《1934 年证券交易法》(Securities Exchange Act of 1934)，规定上市公司要对投资者负责，不能利用贿赂政府官员的行为，提高业绩，误导投资者；《邮政电信反欺诈法》(Mail and Wire Fraud Acts) 规定禁止使用邮政、州际、国际长途电讯等手段进行行贿等不法行为；《国内税收法》(Internal revenue Code) 禁止公司报税时从会计账目中扣减对于外国官方的非法支付；《虚假陈述法》(False Statements Act) 对于向美国官方或官方代理人作出虚假陈述的任何自然人和公司处以刑事处罚。

1977 年，震惊中外的"水门事件"发生后，美国高官和大企业主管这些传统上受人尊重的上层阶层的诚信度开始遭到社会质疑。社会要求加强对政府官员和大企业行为的监督。传媒界借机掀起"揭开黑幕运动"。各种官方调查也随之展开。根据

---

[1] 就美国《反海外腐败法》的相关情况，参见周振杰："美国反商业贿赂的经验与启示"，载《中国党政干部论坛》2006 年第 6 期，第 47~49 页。

证券交易委员会 1977 年的报告，400 多家公司在海外存在非法的或有问题的交易。这些公司承认，自己曾经向外国政府官员、政客和政治团体支付了高达 30 亿美元的巨款。款项用途从行贿高官以达到非法目的到支付以保证基本办公的所谓"方便费用"不一。这种严重情况引起了美国民众的担心。同年，美国国会以绝对优势通过 FCPA，旨在遏止对外国官僚行贿，重建公众对于美国商业系统的信心。

正是在这样的历史背景下，FCPA 作为第一部完全针对美国本国公司向海外政府机构的贿赂行为的法律得以颁布。迄今为止，FCPA 已经历经 1988 年、1994 年、1998 年 3 次重要修改，其中，1988 年修正案为修改幅度最大的一次。当时，因为美国实施 FCPA 后，美国公司难以继续贿赂海外政府官员。这种情况的一个必然结果就是，美国公司在海外市场上处于竞争劣势，尤其是对于那些可以把行贿计入商业成本取得税收利益的公司而言，后果更甚。针对这种情况，美国一方面寻求国际支持，希望将 FCPA 国际化；另一方面也在立法上进行了一些调整，以令法律更加适应国际市场的情况。

1988 年的修正案正体现了这些要求。该修正案正式要求美国总统采取行动，促成其他国家出台与 FCPA 类似的法律，并扩大该法的适用对象。同时，该修正案排除了一些所谓的"润滑费"的非法性。[1] 除此之外，该修正案还规定，如果行贿行为在行贿地被认为合法，那么这一点可以构成对违反 FCPA 指控的积极抗辩。所谓积极抗辩，是指具有实质内容的抗辩理由，而不是仅仅反驳指控。1988 年后，美国继续致力于将 FCPA 的范

---

〔1〕 所谓"润滑费"，就是用以促进外国政府机构加快履行日常政府活动的小额支出。

围扩大化，加强国际影响。虽然 1994 年修正案只调整了法律的个别词语，但 1998 年修正案却将 FCPA 的管辖范围进一步扩大，将外国企业或自然人在美国境内实施的违反 FCPA 的行为，也列入了该法的管辖范围。

（二）构成要件

《反海外腐败法》主要包括两部分内容：处罚贿赂行为的规定与处罚违反会计准则的规定。根据该法的规定，向外国政府官员行贿以取得或者保留某种业务的行为属违法，构成这一违法行为的积极要件包括：

1. 主体要件

《反海外腐败法》可能适用于任何个人、公司、官员、董事、雇员、企业代理人或者任何代表公司行事的股东。如果个人或公司命令、授权或协助他人违反相关贿赂条款，该个人或公司将受到惩罚。美国在界定对向外国官员行贿行为的司法管辖权时，取决于该违法者是发行人（是一个在美国注册或者需定期向 SEC 提交报告的法人）、国内利益相关者、外国自然人还是外国公司。其中，国内利益相关者，指美国公民、美国国民或者定居在美国的自然人，或者任何依美国法律成立，主营地设在美国的总公司、合伙制公司、协会、联合股份公司、信托、未合并组织或独资企业。

发行人和国内利益相关者依照属地管辖或者属人管辖原则，可由《反海外腐败法》追究责任。对于发生在美国境内的行为，如果发行人和国内利益相关者以美国邮件或者其他方式邮寄、转移向外国官员支付的贿赂，该发行人或国内利益相关者要对此行为负责。转移手段或方式包括电话、传真、有线支付或者州际、国际旅行支付。此外，发行人和国内利益相关者也可能对在美国境外发生的行贿受贿行为负责。因此，美国公司或自然人可能对经授权在海外的员工或代理人用国外银行账户进行的行贿受贿行为负责，哪怕并没有在美国境内的人员参与该行为。

最后，如果海外子公司被授权、指示或者控制的活动引起争议，美国的母公司可能承担法律责任。同样，如果他们被海外子公司雇佣或者代表海外子公司行事，美国的公民、居民、国内利益相关者也可能承担法律责任。

2. 主观要件

即行为人在支付或者授权支付贿赂之际在主观上存在行贿故意，该支付必须企图导致受贿人为行贿人或其他任何人滥用职权，谋取利益。但是，《反海外腐败法》并不要求行贿行为的目的得逞，提供或者承诺行贿即构成违法行为。《反海外腐败法》禁止任何行贿企图，无论是打算利用外国官员的官方身份影响行为或决定、促使官员做或不做任何违反其法定义务的行为、获取不正当利益，还是诱导外国官员利用其影响力来影响任何行为或决定。同时，行为人在主观上应存在为帮助企业获取或者保留、指导某项业务的目的。"获取或保留业务"是司法部的广义概括，不仅仅指奖励、获得或者延长某项合约。应当指出的是，这一业务本身并不需要得到外国政府或外国政府部门的许可才能获得或保留。

3. 客观要件

即实施了支付、提供、承诺支付或授权第三方支付或提供金钱或任何有价值的事物的行为。应该指出的是，《反海外腐败法》禁止通过中介机构行贿。在知道全部或部分款项将直接或间接地支付给外国官员的情况下，付款给第三方的行为非法。"知道"包括故意无视或者蓄意漠视。

构成《反海外腐败法》规定的贿赂行为的消极要件包括：①该行为在外国是由成文法律规定为合法的；②该行为的产生，

是为了宣传展示产品或者为了履行与该外国政府之间的合同；③为加速"日常政府行为"而支付的"方便费用"的行为包括：取得许可、执照或其他官方证件；处理政府文件，如签证和工作通知单；提供警察保护；邮件接送；与履行合同有关的列表检查、电信服务；水电服务；装卸货物；保鲜；越境运输等。

虽然《反海外腐败法》并没有将合规计划规定为消极要件，但是有效的合规计划是《美国量刑指南》明确列出并强调的从宽处罚情节，美国司法部在决定是否对公司企业提出指控以及法官在量刑之际都将之作为重要考虑事项。[1] 如果以之为基础做出不起诉决定，那么有效合规计划其实在实践中也起到了辩护理由的作用。尤其应该指出的是，因为《反海外腐败法》的处罚原则非常严厉，因此，被告人经常会进行认罪与执法机关达成不起诉协议，尤其是公司企业等。为了更好地发挥合规计划的作用，为公司企业提供指导意见，2012 年，美国司法部与SEC 共同颁布了指导规则。在此基础上，美国司法部于 2016 年宣布开展一年期的实验计划（2017 年 3 月宣布延期），规定了更优惠的待遇，以鼓励公司企业自愿披露违反《反海外腐败法》的行为，与执法机关进行充分合作。根据该项目，截至 2017 年6 月，美国司法部已经公开宣布对 7 个案件不予起诉。[2]

（三）处罚原则

《反海外腐败法》对于贿赂行为不但规定了刑事处罚，而且

---

〔1〕　Avv. Federica Assumma and Suzanne Eomkies, "Corporate Compliance Programs in the United States and in Italy：Are They the Same?", at http://www. americanbar. org/content/dam/aba/publications/criminaljustice/wcc2014_Tomkies. pdf（accessed 8 July 2018）.

〔2〕　Acting Assistant Attorney General Kenneth A. Blanco Speaks at the American Bar Association National Institute on White Collar Crime, at https://www. justice. gov/opa/speech/acting-assistant-attorney-general-kenneth-blanco-speaks-american-bar-association-national（accessed 18 July 2018）.

规定了民事处罚；不但规定了财产刑，而且规定了资格刑。根据该法的规定，对于实施贿赂行为者，可处以最高 200 万美元的刑事罚金；自然人则会被处以最高 10 万美元刑事罚金和 5 年以下监禁。而且，根据《选择性罚款法》的规定，刑事罚金的数额可能会高出更多。实际罚金可能会是通过行贿所获得利益的 2 倍。虽然只有司法部可以对涉事企业与个人提出刑事追诉，但是司法部与美国证券交易委员会都有权进行民事制裁。对于实施贿赂行为的公司、商业组织以及个人，每一项违法行为的最高罚金为 1.6 万美元。

此外，受损害的个人也可以根据《不正当敛财及不正当犯罪组织法》，或者其他联邦和州的法律，对违法者提起民事诉讼。因为违法者的非法行为而丧失了交易机会的竞争对手，可以提起民事诉讼。而且，违法者可能面临禁止参与联邦的交易活动、剥夺出口权、禁止进行股票交易等处罚。

三、意大利 2001 年《第 231 号法令》

（一）立法概况

作为大陆法系的代表性国家之一，意大利刑法在犯罪论领域一直坚持个人主义与道义责任，在刑罚论领域强调刑罚的矫治目的，强调社团不能犯罪。但是，鉴于本国的法人犯罪形势严峻，而且欧盟的一系列法律文件以及经合组织的公约都要求对法人违法行为采取妥当的法律措施。例如，经合组织于 1997 年通过的《禁止在国际商业交易活动中贿赂外国公职人员公约》要求各成员国依照其法律原则，采取必要措施，确立法人对外国公职人员进行贿赂的责任。因此，在进入 21 世纪伊始，意大利就通过了 2001 年《第 231 号法令》，首次明确了法人刑事责任。[1]

在《第231号法令》颁布之初，考虑到法人刑事责任与传统刑法原则差别甚大，意大利将法人刑事责任限制在了有限的数种犯罪范围内，如腐败、盗窃以及诈骗国家财产。其后，随着越来越多的公司在建立法定监督管理机制方面积累了经验，意大利逐步扩大了法人刑事责任的范围，已经将之延展至：违反公共管理秩序的犯罪（如不当领取公共资金、诈骗国家或者公共机构、腐败犯罪）、计算机犯罪、公司犯罪、滥用市场、针对人身权利的犯罪（包括违反工作场所卫生与安全规定而导致的过失致死与严重伤害）、洗钱、危害贸易与工业的犯罪以及与知识产权相关的犯罪。[2]

（二）构成要件

1. 法人范围

根据《第231号法令》的规定，该法中"法人"的范围涵盖公司以及其他组织实体，无论该组织是否具有"法律上的人格"。但是，该法不适用于公共机构或者非营利性公司。因此，依赖公共资金运营的公立学校、公立大学和公立医院，以及意大利的政府组织，如政府部门、议会、地方和市政机关，不属于该法处罚的范围。需要指出的是，根据《第231号法令》的规定，意大利的公司对于在意大利和海外实施的犯罪都需要承担刑事责任，当然在后者的场合，以犯罪实施地的海外国家没

---

〔1〕　Serena Quattrocole, "The Role of Compliance Progrms in Italian Counter-Corruption Policiews", *Journal of Civil and Legal Sciences*, 3（2012）；范红旗："意大利法人犯罪制度及评析"，载《刑法论丛》2008年第3期。

〔2〕　Bruno Cova, Francesca Petronio, et al., "Protecting Companies in a Chanllenging Environment：Compliance Programs under Italian Law - the First Nine Years", at https://www.paulhastings.com/docs/default-source/PDFs/1521.pdf（accessed 19 July 2019）.

有提出指控为前提。就外国公司，《第231号法令》没有具体规定，但是已经有案例表明，如果外国公司的代表人在意大利管辖权范围内实施了该法规定的犯罪，或者在海外实施犯罪但是结果发生在意大利，《第231号法令》同样可以适用。此外，就集团公司，根据法院判例，如果控股公司是唯一的受益者，则其是唯一的处罚对象；如果犯罪行为是为了子公司实施，控股公司在理论上也可以被追究责任，因为其可以因为犯罪行为直接或者间接受益。在董事为了子公司的利益而行贿的案件中，米兰法院就认定控股公司也应承担刑事责任。[1]

2. 归责形式

《第231号法令》规定了两种法人归责形式。第一种其实是英国刑法中的等同原则（identification principle），即在法人的"首脑"（directing minds），包括董事、经理或者受到董事、经理指派或者监督的人，实施了法定的犯罪行为之际，如果能够认定该行为是为了公司利益，则可以追究法人的刑事责任；第二种其实是组织责任，是以组织的过错行为为基础的，例如，没有针对已然发生的犯罪制定有效措施，预防未然犯罪等。这两种责任形式都可以通过证明已尽到合理的审慎而进行抗辩，但是如何确定合理审慎则根据具体的责任形式而有所不同。

3. 关于免于追责

根据《第231号法令》的规定，法人在两种情况下可以被免于追责：其一，实施犯罪的自然人纯粹是为了其本人或者第三者的利益而非法人利益实施犯罪；其二，已经实施了有效而

---

[1] Bruno Cova, Francesca Petronio, et. al., "Protecting Companies in a Chanllenging Environment: Compliance Programs under Italian Law—the First Nine Years", at https://www.paulhastings.com/docs/default-source/PDFs/1521.pdf（accessed 19 July 2019）.

具体的内部合规措施。在第二种情况下，法人必须证明在犯罪实施之前，已经制定并实施了有效的内部控制制度以预防《第231号法令》所规定的犯罪，包括根据自身特点实施适当的合规计划、设立具有独立计划和调查权的监察机构等。需要指出的是，在其董事或者高级经理实施犯罪之际，公司证明本身无罪尤其困难，不但需要证明在犯罪实施之际存在适当的合规计划，而且需要证明实施犯罪的自然人通过欺诈手段规避了内部控制制度。在《第231号法令》的推动下，意大利的企业纷纷开始制定、实施企业合规计划。[1]

需要指出的是，如上所述，《第231号法令》规定应该根据法人自身特点制定合规计划，但是并没有就如何制定与实施具体合规计划作出具体规定，在具体司法实践中，能够成为免责事由的合规计划必须：①确定经理或者雇员最可能实施犯罪的领域（风险分析）；②就存在风险的公司活动（如公司的业务活动、合资公司的决策程序、代理与顾问合同、政治或者慈善捐助）制定适当的程序以供遵守；③由完全独立的监察机构制定内部控制与监督制度，以保证上述程序的事实；④建立制度，对合规计划进行持续更新；⑤确定管理财物资源的最安全方式，避免相关犯罪的出现；⑥将遵守《第231号法令》规定的合规计划确定为所有经理与职员必须承担的义务，并为在风险领域从事业务者提供培训；⑦规定举报义务，以遵守监察机构的要求；以及⑧制定纪律措施，惩罚违规行为。

（三）处罚原则

根据《第231号法令》的规定，对被定罪的法人可以单处

---

〔1〕 Framcesca Chiara Beviliacqua, "Corporate Compliance Programs under Italian Law", at http://www.ethikosjournal.com（accessed 28 July 2018）.

或者并处如下刑罚：①罚金，最高额为 150 万欧元，在数罪的情况下，可达 450 万欧元。②剥夺犯罪收益。③公开法院判决。④资格刑（所谓的黑名单），包括暂停或者撤回授权、许可或者用于实施犯罪的减让文据；禁止与公共行政部门订立除履行公共服务外的协议；拒绝给予便利、资助、捐献和补助，包括已经授予的部分；禁止发布广告等。如果上述措施仍不足以惩罚法人，还可以禁止其从事商业活动。

四、加拿大 2004 年《C-45 号法》

2004 年 3 月 31 日生效的《C-45 号法》（C-45 Bill, or Westray Bill）对《加拿大刑法典》中的法人刑事责任原则进行了实质性的修改，是加拿大法人刑事责任立法发展中的分水岭。在该法生效之前，加拿大仅仅是根据等同原则追究法人刑事责任，即在董事与高级经理等法人的"首脑"被认定有罪之际，可以追究法人本身的刑事责任。在《C-45 号法》生效之后，加拿大的法人刑事责任原则发生了重大变化。

自 2004 年 3 月 31 日开始，《加拿大刑法典》中根据法定代表人的行为追究法人刑事责任的一般性原则被分为了两类：过失犯罪的原则与适用于要求更高心态的原则。在过失犯罪的场合，《加拿大刑法典》同时采纳了代理责任［Sect. 22.1（a）］与等同原则［Sect. 22.1（b）］。就以过失之外的其他主观心态为构成要素的犯罪，该法典适用的是等同原则，规定符合如下条件之一可以根据法人的雇员或者代理人实施的犯罪（包括腐败犯罪）追究法人的刑事责任（Sect. 22.2）：法人的高级官员（senior officer）以至少部分为法人谋利之目的：①在其授权范围之内行为，成为特定犯罪的共犯；②具有成为共犯所必需的主观心态，在其授权范围内行为，指挥法人的其他代表人让之实施特定犯罪要求的作为或者不作为；或者③明知法人的代表人将要或者可能成为特定犯罪的共犯，而不采取所有合理措施阻止其（雇员、代表人等）成为特定犯罪的共犯。这里的高级官员，是指在制定法人政策中发挥重要作用或者负责管理重要法人活动的代表人，在公司的场合，包括董事、首席执行官员以及首席财务官员。

上述定义催生了一系列的后果，首先，如果法人的高级官员没有至少部分为法人谋利的目的，法人不会因其行为承担责任。因此，即使高级官员无意之间为法人带来了利益，只要其主观上并无为法人谋利之目的，也不存在法人刑事责任问题。其次，与等同原则的要求不同，这里的"高级官员"涵盖范围更广，包括在授权范围内行为的首脑和非首脑，如业务层面的官员。最后，《C-45号法》扩展了犯罪主体的范围，这里的"法人"包括公共组织、公司、社团、合伙、工会、市政府，以及为共同目的而创立、具有操作规程并以联合形式出现在公众前的人的组织。

上述第三种情形，即在高级官员明知法人的代表人将要或者可能成为特定犯罪的共犯，而不采取所有合理措施阻止其（雇员、代表人等）成为特定犯罪的共犯的情况下，可以追究法人本身的刑事责任，其实也是二元模式的立法，因为其是上述英国《2010年贿赂罪法》规定的商业组织不履行预防贿赂义务罪的缩小版。根据该项的规定，如果任一高级官员知道任何代表人将要或者可能成为某一犯罪的共犯，那么法人就有可能承担刑事责任，当然法人可以提出"尽职调查"（due diligence）的辩护理由。质而言之，在该高级官员知道该代表人将要或者可能成为某一犯罪的共犯，但是其并没有采取所有合理措施阻止其成为共犯时，法人就需要承担刑事责任。例如，如果某一高级官员知道某一雇员可能会因为让公司从盗贼处收购赃物而获得回扣，而不有所作为去阻止交易，法人就可能被追究刑事责任，因为法人从较低的价格中获利了。如何判断哪些措施构成"合理措施"，取决于具体犯罪的性质、所涉的产业、风险管理的技术以及个人情况。[1] 因此，此处的"合理措施"就是"尽职调查"的辩护理由，在法人被指控犯有以主观要素为构成要件的严重刑事犯罪之际，可以成为否定法人刑事责任的关键要素。与此同时，经《C-45号法》修改后的《加拿大刑法典》也规定了在对法人量刑之际需要考虑的从严与从宽情节（Sect. 718. 21），从二元模式的角度来看，如下从严情节值得重视：……②实施犯罪过程中的谋划程度、犯罪的持续时间与复杂程度；……⑦法人或者参与实施犯罪的代表人之前是否因相似的行为被定罪，或者被监管机构制裁过。有关从宽情节，该法规定（Sect. 718. 21）：……⑧法人对参与实施犯罪的代表人进行了处罚；……⑩法人已经采取了措施，以降低未来犯罪的可能性。

尽管《C-45号法》并没有明确提及合规计划，但是上述第三种情形中的构成要件以及量刑情节尤其是从宽量刑情节，无疑提出了合规计划的基本要求。例如，上述两个从宽量刑情节关注的都是在犯罪被实施之后法人所采取的适当反应。第八个从宽情节指的其实是合规计划中的"实施适当的惩处程序处理违法行为"这一核心要素。质而言之，如果在犯罪被实施之后，制定并实施内部控制措施，对犯罪人予以惩处，便可以减轻处罚。第十个量刑情节从其范围而言相对宽泛，包括在发现违规行为之后所采取的救济行动，其理论根据就在于"对于提高风

---

〔1〕 See Marta Munoz de Morales, "Coporate Responsibility and Compliance Programs in Canada", in Stefano Manacorda, Francesco Centonze and Gabrio Forti ed. , *Preventing Corporate Corruption*, New York：Springer, 2014, pp. 441-445.

险管理技术而言，巨大而复杂的组织处于最有利的位置"〔1〕。因此，重点审计、调整人事等新的政策与做法都可能被视为法人已经深受其教的标志。

具体到贿赂犯罪，对于贿赂加拿大公共官员的行为，可以根据《加拿大刑法典》（Sects. 119, 120）予以处罚；对于贿赂外国公职人员的行为，可以根据《外国公职人员腐败法》（Corruption of Foreign Public Officials Act，CFPOA）予以处罚。法人也可以成为相关贿赂犯罪的犯罪主体。尤其需要指出的是，CFPOA明确规定，贿赂外国公职人员不仅可以由自然人实施，而且可以由"公共机构、公司、合伙、工会、市政府以及其他人的联合"实施。尽管该法没有明确规定主观要素，但是通常认为，根据加拿大刑法的规定，必须证明行为人具有故意或者明知。〔2〕

与此同时，加拿大刑法规定，对于法人可以宣告缓刑，但是法人应该采取措施补偿其行为造成的伤害，并保证曾经的伤害不会再度发生。根据《加拿大刑法典》第732.1（3.1）条的规定，法院可以对组织宣告缓刑，并附加如下一项或者数项条件：补偿被害人因犯罪行为遭受的损失，制定政策、标准与程序预防之后的犯罪，向法庭报告上述政策、标准与程序的执行情况，向公众公开定罪、量刑以及犯罪预防措施。

从上述可见，虽然加拿大的刑法并没有明确将制定与有效实施合规计划规定为有效辩护理由，但是在实质上，在特定的情形下，合规计划既可以否定法人的主观要素，也可以减轻法

---

〔1〕　Todd Archibald, Ken Jull and Kent Roach, "The Changed Face of Corporate Criminal Liability", *Criminal Law Quaterly*, 48（2008），p. 391.

〔2〕　Glen Jennings, "Anti-Curruption and Bribery Compliance in US, UK and Canada: How Does It All Fit Together?", at https://gowlingwlg.com/en/（accessed 10 May 2019）.

人的刑事责任。与此同时，需要指出的是，加拿大的行政立法以及判例已经规定了合规计划的核心要素。例如，在竞争法领域，加拿大竞争局（Competition Bureau of Canada）在竞争专员的指挥下负责执行《竞争法》（Competition Act），而竞争专员有责任调查不正当竞争行为与促进守法行为。根据《竞争法》的规定，在刑事案件中，竞争局与负责起诉法人与自然人违法行为的公诉局长（Director of Public Prosecutors）合作，处罚严重违法行为。

2010年9月，加拿大竞争局重订了其之前发布的《企业合规计划信息公告》，就企业如何制定与实施合规计划，遵守《竞争法》《消费者包装与标识法》《纺织品标签法》等提供了详细的指导性意见。需要指出的是，虽然实施合规计划是自愿性的，但是在如下三种情况下是强制性的：竞争专员发出了禁止令、法庭签发了缓刑令以及企业与执法机构之间达成了协议。就适当的合规计划的内容，上述公告明确列出了五点基本要素：高级管理层的参与与支持，合规政策与程序，培训与教育，监督、审计与举报机制以及定期审订机制。在司法实践中，竞争法庭（Competition Tribunal）通常也会在同意协议中要求公司制定并实施合规计划，在大部分案件中，同意协议中的合规计划都包括如下要素：①任命合规官员；②制定书面的合规政策，无论法律是否要求，合规政策都应该包括高级管理层强调公司致力于实施这些政策与程序的声明，说明法律的目的并对和本公司最有关系的条款进行描述，举例说明被禁止的行为以便各层人员都能够理解各自活动之中潜在的风险、行为规则、处罚措施、培训计划等；③将合规政策分发至职工；④将合规政策纳入到所有的销售政策手册、零售手册或者公司的内部网络；⑤制订培训计划，对职工进行强制性合规培训；⑥要求职工每年都签署书面文件，表明明白并理解合规计划和政策；⑦对合规计划与政策进行年度修订。

第三节 合作模式的执法实践

如上所述，加拿大 2004 年的《C-45 号法》、英国的《2010 年贿赂罪法》、意大利 2010 年《第 231 号法令》、美国 1988 年修改后的《反海外腐败法》、西班牙 2015 年《第 1 号组织法》等都采纳了合作模式。因为法律的生命在于实施，所以我们不能仅从静态的规定，而应该从动态的过程，来判断相关法律是否严厉，是否能够对法人形成有力的威慑。英国以及西班牙等国的立法因为实施时间较短或者适用案例较少，难以对其实施效果与特点进行评估。但是，《反海外腐败法》已经实施 30 余年，累积起了大量的案例。因此，本节将从总体概况与典型案例两个角度，介绍美国证券监督管理委员会（U. S. Securities and Exchange Commission，SEC）和司法部（Department of Justice，DOJ）执行《反海外腐败法》的相关情况，并尝试总结其经验教训。

一、总体情况

（一）SEC 执法情况

自 1977 年《反海外腐败法》生效以来，SEC 已经处理了数以百计的案件，为了总结《反海外腐败法》近年来的实施特点与效果，这里选取 SEC 公布的 2011 年至 2018 年 10 月近 8 年内处理完毕（包括达成处理协议、决定不起诉或者缓起诉等各种情形）的 76 个案件进行分析（详情参见本章附录一）。[1]

---

〔1〕 The Enforcement Division of the U. S. SEC, "Summaries of FCPA Cases", at ht-tps://www. sec. gov/spotlight/fcpa/fcpa-cases. shtml（accessed 25 October 2015）.

在 SEC 处理完毕的这 76 个案件中，共涉及 79 名违法行为人，包括 68 个商业组织与 13 名自然人。案件所涉的贿赂行为实施地，既包括英国、法国、意大利、德国、日本等西方发达国家，也包括尼日利亚、泰国、印度尼西亚、乌兹别克斯坦、尼日尔等发展中国家。尤其应当指出的是，在这 77 个案件中，有 26 个案件（约 33.8%）的实施地包括中国。贿赂行为的持续时间，在 1 年以上 5 年以下的案件有 21 个，在 5 年以上的案件有 12 个，有的公司更是在数十年内持续全球行贿。

在这 76 个案件中，行为人自主向 SEC 披露违法行为的有 17 个（22.1%），承认指控的有 29 个（37.7%），既不承认也不否认但自愿接受 SEC 处罚的有 33 个（42.9%）。在处理完毕的这 77 个案件中，所有的违法行为人当然都被命令交出非法所得，并支付审判前非法所得产生的利息。但是，违法行为人被处以民事罚金的案件只有 55 个。也即，在 22 个案件中，违法行为因为自我预防措施良好、自我披露违法行为或者积极配合 SEC 的调查，并没有被判处罚金。值得指出的是，在有的案件中，虽然违法行为人涉案数额巨大，也并没有被判处罚金，例如，在 2018 年处理的松下公司行贿案中，松下公司在多个亚洲与中东国家通过提供有偿职位、虚假申报等手段行贿，非法所得高达 1.43 亿美元，但是并没有被判处任何罚金。在被判处罚金的案件中，被判处 1 亿美元以上罚金的案件有 4 个，数额最高的为 2018 年的巴西石油公司（Petroleo Brasileiro S. A.）误导、欺骗投资者案，该公司被命令交出 9.33 亿非法所得与利益，支付 8.83 亿罚金。

尤其应该指出的是，在这 77 个案件中，几乎所有的组织行为人都被要求与 SEC 就合规计划（FCPA Compliance Programs）进行合作，在一定的期间内向 SEC 报告合规计划的实施情况，甚至被要求任命独立的合规计划顾问或者监督员审查其向 SEC

提交的合规计划实施报告。

从SEC处理的案件来看，《反海外腐败法》至少在如下几个方面是成功的：

第一，剥夺犯罪收益。在SEC所处理的案件中，所有的违法行为人不但交出了非法所得，而且必须要支付从取得日期到审理日期之间的利息。在缺乏内部预防措施、与SEC合作不充分等场合，大多还被处以民事罚金。这些损失加起来，远远超过非法所得。例如，在2015年处理的纽约梅隆银行案（BNY Mellon）中，该公司于2010—2011年间在中东国家通过向高官家属提供有偿职位行贿，总共获得830万美元的非法所得，但是最终不但这部分非法所得要上缴，而且还要缴纳150万美元利息和500万罚金。

第二，降低执法成本。如上所述，在SEC近年所处理的77个案件中，行为人自主向SEC披露违法行为的有17个（22.1%），承认指控的有29个（37.7%），既不承认也不否认但自愿接受SEC处罚的有33个（42.9%）。质而言之，在绝大部分案件中，违法行为人都自觉接受了处罚。由于SEC所调查的案件都是在国外发生的违法行为，违法范围广，时间跨度长，在调查之际，不但面临着管辖权冲突与程序障碍，而且要投入大量的人力、物力。违法行为人自愿披露案件，或者通过内部调查之后，向SEC汇报事实、提供内部资料，这使得SEC的调查投入与难度都大大下降。同时，违法行为人承认指控，或者自愿接受SEC的处罚，在法院审查阶段，由于不存在争议，也减少了司法成本。

第三，矫正违法行为。如上所述，几乎所有的企业行为人都被要求与SEC就合规计划进行合作，在一定的期间内向SEC报告合规计划的实施情况，这其实是一种持续性的矫正行为，并且在内部控制缺失或者严重不充分的场合，要求当事企业任命独立的顾问或者监督人审查其向 SEC 提交的报告，这在实质上是对违法企业的持续矫正。从近十年来的案例来看，被 SEC 重复处罚的违法企业虽然存在，但是比例非常少。

（二）DOJ 执法情况

根据美国司法部官方网站公布的数据，[1] 自《反海外腐败法》生效的 1977 年至 2018 年 10 月，美国司法部总共处理了 379 个刑事案件。其中，以不起诉（Non Prosecution Agreement）结案的案件共有 33 个，占总数的 8.7%；司法机关做出缓起诉（Deferred Prosecution Agreement）决定的案件共有 61 个，占总数的 16.1%；达成某种程度的辩诉交易（Plea Agreement, Guilty Plea, Consent Undertaking）的案件共有 133 个，占总数的 35.1%；最终起诉的案件共有 132 个，占总数的 35%（详见本章附录二）。质而言之，在美国司法部近 20 年来处理的 FCPA 刑事案件中，有近 1/4 的案件并没有进入审判程序；而在将近 60% 的案件中，都存在被告人认罪的情况。

同时，统计表明，进入 21 世纪之后，美国司法部加大了《反海外腐败法》的执法力度。在 1977 年至 2000 年的 23 年间，仅处理了 39 个刑事案件，约占总数的 10.2%，平均每年仅约为 1.7 个案件。与此同时，在 2000 年之前，并无一起不起诉或者缓起诉案件（详见本章附录二）。而如图 1 所示，在 2001 年至 2018 年 10 月的约 17 年间，美国司法部共处理了 340 个案件，平均每年 20 个案件，最高为 2009 年的 44 个案件。在此期间，每年约有 2 个案件以不起诉结案，约占 10%。在 2007 年处理的 19 个案件中，各有 5 个案件是以不起诉和缓起诉结案，各约 26%。

----

〔1〕 参见美国司法部官方网站，https://www.sec.gov/news/pressreleases.

在 2008 年处理的 26 个案件中，有 8 个案件的被告人为缓起诉，约占 31%。

同时，从图 1 可以看出，虽然随着每年刑事案件数量的起伏，缓起诉案件数量的变化相对较大，但是不起诉案件数量的变化相对较小，或许可以这样认为：一方面，司法机关希望能够通过弹性处理与怀柔政策，鼓励企业与司法机关展开合作、积极自我改善与加强内部预防措施，所以缓起诉案件随着案件总量的变化而变化；另一方面，司法机关也希望能够在坚持原则的前提下，灵活处理违反《反海外腐败法》的案件，因此，不起诉案件的数量保持相对稳定。此外，从图 2 可以看出，在 1977 年至 2018 年的 40 多年间，虽然不起诉案件的数量保持相对稳定，但是达成辩诉交易的案件的变化趋势与案件总量的变化趋势是一致的，在比例上相对保持稳定。这说明，在坚持原则的情况下，通过缓起诉的灵活处理，能够保持企业与司法机关展开合作以及自我预防与制裁的积极性。

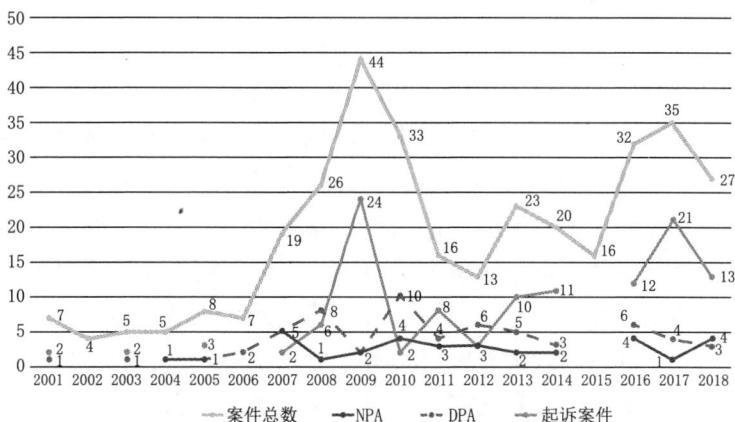

图 1 美国司法部处理的 FCPA 案件情况（2001—2018. 10）

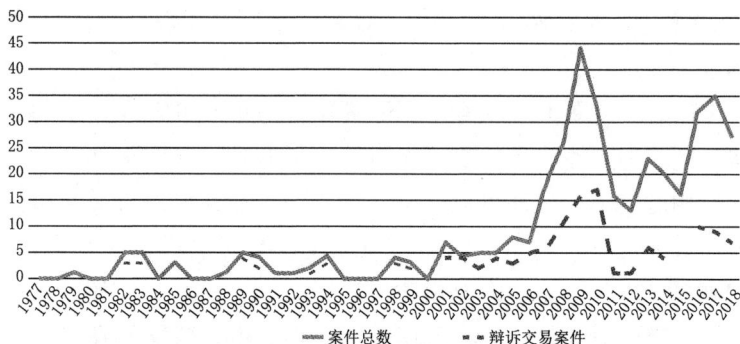

图2　美国司法部处理的违反 FCPA 案件与
达成辩诉交易案件数量变化（1977—2018）

二、典型案例

在分析完《反海外腐败法》的总体适用情况之后，此处选取如下六个案例予以详细介绍，以更具体地说明《反海外腐败法》的适用原则与参考要素等问题。

（一）高通公司行贿案

高通公司（Qualcomm Incorporated）创立于 1985 年，总部位于美国加利福尼亚州圣迭戈市。高通公司在全球有 3 万余名员工，向全球制造商提供技术使用授权，涉及世界上所有电信设备和消费电子设备的品牌，其客户及合作伙伴既包括全世界知名的手机、平板电脑、路由器和系统制造厂商，也涵盖全球领先的无线运营商。2016 年 3 月 1 日，SEC 宣布高通公司同意接受处罚，以了结其被指控在提高其在国际通讯市场竞争力的过程中，违反《反海外腐败法》雇佣中国政府官员亲属的案件。

SEC 通过调查发现高通公司实施了如下违法行为：①为获得或者保持在中国的业务，高通公司向中国官员的亲属提供全职工作或者有偿实习职位，而且将相关职位标注为"必须提供"

与"特定职位"。②曾经有中国官员要求高通公司为其在美国学习的女儿提供实习职位，高通公司的内部通讯显示，该官员为高通公司开拓新业务提供了巨大帮助。③在某中国机构总经理的要求下，高通公司为之提供了一个实习职位，高通公司人力资源部门在邮件中标注为"必须提供"，并认为"从消费者的角度而言非常重要"。④高通公司以某官员儿子 X 的名义，向美国某大学提供了 75 000 美元的研究资助，以帮助 X 获得博士生资格与延长学生签证。之后，高通公司为 X 提供了实习职位与正式职位，并出资让其回国与父母团聚。⑤在最初对 X 进行正式职位面试之际，因为 X 无足够的资质，不符合最低任职要求，面试人员对 X 的决定是"不招录"。但是，高通公司人力资源部的经理仍然录用了他，并在邮件中写道："我知道这是痛苦的，但是环境不由人，我们不想浪费时间或者精力，在拒绝了电信公司提出的帮助请求之后，然后再向我们拒绝的人请求帮助。"⑥除给予上述特殊就业待遇之外，高通的某董事私人借给了 X 7000 美元购买房屋。⑦为影响中国官员的业务决定，高通公司经常在没有任何商务需求的情况下，为中国官员提供餐饮、礼物与娱乐等，甚至为他们的子女、配偶提供机票、观光以及奢侈品。

SEC 的调查报告指出，根据上述情况可以认为，高通公司缺乏有效的内部预防措施以发现不正当支付行为。更有甚者，高通公司在账簿中虚假记录，将提供给中国官员的贿赂记载为合法的业务支出。就此，SEC 洛杉矶地区办公室主任莱恩（Michele Wein Layne）认为，公司必须设计并实施内部控制措施，严格预防业务活动违反《反海外腐败法》，而高通公司恰恰走向了反面，为了获得比竞争对手更多的优势，十余年来不遗余力地对外国官员进行公关。

最终，SEC 认定高通违反了《1934 年证券法》中有关反贿赂、内部控制以及提供财物记录的规定。高通公司既没有承认也没有否认 SEC 的指控，同意支付 750 万美元的罚金，并同意在接下来的 2 年中主动向 SEC 提交《反海外腐败法》合规报告与证明。[1]

（二）金沙公司行贿案

拉斯维加斯圣金沙集团股份有限公司（Las Vegas Sands Corp.，以下简称"金沙公司"）总部设于美国内华达州的拉斯维加斯，经营范围涵盖酒店、娱乐场、度假村及会展业务，在中国的澳门特别行政区分别拥有威尼斯人度假村、酒店、娱乐场以及澳门金沙娱乐场。2016 年 4 月 7 日，SEC 宣布金沙公司同意接受处罚，以了结 SEC 的如下指控：违反《反海外腐败法》，在缺乏授权文件与财务凭证的情况下，为促进在中国大陆和澳门的商业活动，向一名亚洲顾问支付数百万美元款项。[2]

SEC 的调查显示：①金沙公司为购买一只中国男篮球队，向一名在公司内部被称为"络腮胡子"的顾问转账了 600 万美元，而中国并不允许博彩公司拥有球队。同时，金沙公司又向该顾问转账 800 万美元以进行球队运营，但是并无任何球队运营支出的凭证。②金沙公司以同一人为顾问，从一家中国国有单位处购买了北京的一座大厦，计划将之建为商业中心，出租给希望在中国展开商业活动的美国公司。尽管有人担心这一购买活动主要是出于政治目的，但是在没有任何研究、分析或者授权批准的情况下，金沙公司向该顾问转账约 4300 万美元。

---

〔1〕 参见美国证券交易委员会官方网站，https://www.sec.gov/news/pressrelease/2016-36.html.

〔2〕 参见美国证券交易委员会官方网站，https://www.sec.gov/news/pressrelease/2016-64.html.

③金沙公司向该顾问控制的实体转账 90 万美元，在记账凭证中将这笔款项记载为"财产管理费"，而实际上并未发生任何管理活动；金沙公司在记账凭证中将另外 140 万美元记载为"艺术品与古董"，但实际上金山公司并没有为该建筑购买任何艺术品。④金沙公司未能采取有效措施，预防员工规避相关销售、付款给外聘顾问等方面的政策与措施。例如，一名雇员在没有适当授权的情况下预先收取了 28 000 美元，然后又支付了 86 000美元。一名外聘顾问要求补偿 25 000 美元的商务支出，但是没有提供任何文件，之后其承认是给朋友要钱。在其位于澳门的赌场，金山公司的员工并不记录哪些顾客获得了积分，以保证不向政府官员提供不恰当的礼品。

针对上述情况，SEC 执法部主任塞莱斯尼（Andrew J. Cere-sney）指出，从事公开交易的公司必须制定并实施适当的财务控制措施，以保证支出用于可信之处。而现有调查足以表明，金沙公司未能实施有效控制，数以百万计的美元在缺少适当记录或者授权的情况下被用于可疑之处。

SEC 指控金沙公司违反《1934 年证券法》中有关反贿赂、内部控制以及提供财物记录的规定。金沙公司对此既未否认也未承认，但是同意支付 900 万美元的罚款，同时同意在 2 年之内接受独立顾问，审查其与《反海外腐败法》有关的内部控制措施、财务记录与报告政策以及其合规程序与行为规则实施情况。

（三）如新集团行贿案

美国如新集团（Nu Skin Enterprises, Inc., 以下简称"如新美国"）于 1984 年在美国犹他州成立，是全球最大且发展最迅速的直销公司之一，业务遍及亚洲、美洲、欧洲、非洲及太平洋地区等 53 个市场。2003 年，如新美国开始进入中国大陆市场，之后，成立了如新中国日用健康用品公司（以下简称"如新中国"）。2006 年，如新集团第一批获发中国直销经营许可证，自 2007 年开始，如新中国获准在上海、北京开展直销业务。[1] 2016 年 9 月 20 日，SEC 宣布与如新美国达成协议，后者接受 SEC 的处罚条件，以了结被指控违反《反海外腐败法》中有关内部控制与保存账簿凭证规定的指控。

SEC 经调查发现，2013 年，中国某省级工商局就如新中国是否遵守在中国进行直销的规定进行了调查。在初步调查之后，该工商局告知如新中国其已经收集了充分证据，足以证明如新中国违反规定，可能对其处以 280 万人民币的罚款（当时约为431 088 美元）。在获知上述信息后，如新中国的职员决定请求某高官介入上述调查，作为回报，如新中国向该官员指定的慈善组织捐资 100 万人民币。事实表明，该官员与负责成立该慈善组织的机构存在关联。在捐赠仪式完成之后，如新中国的职员与该官员联系，要求工商局不要指控、处罚如新中国。如新中国的内部邮件显示，其相信如此为之对于"和平……解决至关重要"。两天之后，如新中国收到了工商局的最终决定，该公司既没有被指控也没有被罚款。

SEC 认为，如新美国没有采取有效措施，控制其在中国子公司的贿赂行为，违反了《1934 年证券法》。但是，考虑到如新美国积极配合 SEC 的调查并采取了补救措施，可以予以从宽处罚。如新美国既未否认也未承认 SEC 的指控，同意支付765 688 美元，其中包括罚金 30 万美元、贿赂款项的利息 34 600美元。

---

〔1〕 参见如新中国官方网站，http://china.nuskin.com/html/content/chinabignotes.html.

（四）北狄公司行贿案

北狄工业集团（Nortek Inc.，以下简称"北狄公司"）成立于1967年，总部设在美国罗得岛，主营范围是提供创新、品牌化住宅及商业建筑产品，在中国设有全资子公司"北狄（上海）贸易有限公司"，负责北狄集团下属子公司在中国的工程、采购和销售等相关业务。2016年6月7日，SEC宣布与北狄公司达成不起诉协议，向后者追缴291 403美元的非法所得及其利息30 655美元。不起诉协议显示，北狄公司的子公司以礼品卡、提供旅行食宿以及娱乐等方式，向中国官员支付了将近29万美元，以获得优惠待遇、放宽监管或者减免税费等好处。

不起诉协议还显示，因为及时自行检举了上述贿赂行为，并且在SEC进行调查之际给予了全面协助，北狄公司不会被指控违反《反海外腐败法》，也不会被处以罚金。北狄公司提供的协助行为包括：①在进行内部调查的早期，就向SEC汇报了相关情况；②分享内部调查的详细发现，并及时向执法人员提供新的信息；③主动提供对证人的调查报告，并让包括在中国的证人接受询问；④主动将中文文件翻译成英文；⑤终止对不当行为负责的雇员的职务；⑥加强内部反腐措施，在全球范围内进行强制性培训，重点强调强化内部审计程序与考察。

SEC执法部主任塞莱斯尼认为，如果公司自我检举，并且全面公开信息，不起诉协议不但可以追回赃款、为政府节省大量时间与资源的有效途径，而且可以推动被调查方全面合作。SEC执法部FCPA处处长布洛克梅尔（Kara Brockmeyer）也指出，北狄公司在发现贿赂行为之后及时强化了内部控制措施，并采取补救措施消除业已发现的问题，他们的处理方式非常正确，也为他们带来了有利的处理结果。

同日，SEC基于相似的理由，与总部位于马萨诸塞的互联网服务商阿克迈技术公司（Akamai Technologies）达成不起诉协议。协议表明，为引诱中国国有单位购买超出需要范围的服务，阿克迈公司行贿将近 40 000 万美元。同时，子公司雇员违反公司的书面规定，给中国国有单位提供礼品卡、宴请以及娱乐。最终，阿克迈公司被追缴 652 452 美元，并同意支付 19 433 美元利息。[1]

（五）拉尔夫·劳伦行贿案

拉尔夫·劳伦公司（Ralph Lauren）是全球知名的生活方式产品设计、销售与经销公司，产品包括服饰、家居、配饰以及香水。自 1967 年以来，拉尔夫·劳伦公司通过日益增多的产品、渠道、价格区间和市场建立起了出众的品牌形象。2013 年 4 月 22 日，SEC 宣布与拉尔夫·劳伦公司达成不起诉协议，该公司上缴因其子公司向阿根廷政府官员行贿而获取的 70 万美元的非法所得与利息。

不起诉协议显示，2005 年至 2009 年，拉尔夫·劳伦公司的阿根廷子公司通过海关代理向政府与海关官员行贿，以保证拉尔夫·劳伦产品能够顺利进入阿根廷，例如，可以在不提交书面文件的情况下清关、避免违禁品检查以及海关检查。在 4 年之间，阿根廷子公司共支付了价值 59.3 万美元的贿赂。其后，在针对贿赂犯罪在全球范围内采取措施改善内部控制与合规计划，尤其是在阿根廷实施《反海外腐败法》合规计划之际，拉尔夫·劳伦公司发现了上述贿赂行为。

与拉尔夫·劳伦公司达成不起诉协议，对于 SEC 而言也是首次。根据该协议，SEC 仅仅要求拉尔夫·劳伦公司上缴 59.3

---

[1] 参见美国证券交易委员会官方网站，https://www.sec.gov/news/pressrelease/2016-109.html.

万美元和 14. 184 579 万美元的审前利息，并没有给与其他处罚。
SEC 做出如此宽缓处理的理由如下：其一，拉尔夫·劳伦公司
在通过内部调查发现相关违法行为之后，主动而迅捷地报告违
法行为、提供完整信息，对 SEC 的调查予以全面、深入、及时
的合作，例如，在发现非法支付行为 2 周之内，就将内部调查
的初步结果报告给 SEC；自愿而且详尽地提供文件；向 SEC 提
供文件的英文翻译；提交公司调查人员在海外对证人调查的摘
要；提供海外证人并将至提交至 SEC。拉尔夫·劳伦公司的合
作为调查机构节省了大量的时间与资源。其二，在发现违法行
为之后，拉尔夫·劳伦公司采取了实质性补救措施，包括制定
并实施新的综合性合规计划、合规培训、中止与贿赂行为有关
的雇佣合同与商业合作、加强内部控制以及对交易对象的谨慎
注意。其三，拉尔夫·劳伦公司同时对全球范围内的主要业务
进行了风险评估以发现合规问题，并已经停止了在阿根廷的
业务。

因此，SEC 执法部执行主任坎尼罗斯（George S. Canellos）
指出："在发现问题之后，拉尔夫·劳伦公司采取了正确的行
动，立即向 SEC 报告，并给我们的调查提供了全面协助。本案
中的不起诉决定表明，我们会给予适当处理违法行为并与 SEC
充分合作的公司实质而可见的利益。"SEC 执法部 FCPA 处处长
布洛克梅尔（Kara Brockmeyer）也认为："这一不起诉协议表明
了有效实施合规计划的好处。拉尔夫·劳伦公司在实施合规计
划之际发现了问题，并开始培训自己的员工。高度的自律、自
我披露以及全面合作催生了这一协议。"[1]

---

[1] 参见美国证券交易委员会官方网站，https：//www. sec. gov/news/press - re-lease/2013-2013-65htm.

在同一天，美国司法部也与该公司达成不起诉协议，拉尔夫·劳伦公司同意缴纳 88.2 万美元的罚金。与此同时，拉尔夫·劳伦公司同意与司法部合作，定期报告合规计划实施情况、改善合规计划与内部控制以预防和发现违反《反海外腐败法》的行为。如果拉尔夫·劳伦公司遵守了协议，司法部将不就该行为起诉。[1]

（六）威福德公司行贿案

威福德国际有限公司（Weatherford International Limited，以下简称"威福德公司"）是一家瑞士国际石油和天然气服务公司，为石油和天然气井的钻井、评估、完井、生产和干预以及管道建设和调试提供设备、产品和服务。2013 年 11 月 26 日，SEC 和美国司法部宣布与威福德公司及其子公司威福德服务有限公司（Weatherford Services Limited，以下简称"威福德服务公司"）达成协议。威福德公司的违法行为包括两个部分：一是2000 年至 2011 年间在非洲、中东和欧洲实施违反《反海外腐败法》的贿赂行为，就此，威福德公司在同意支付 1 亿 5250 万美元的罚金的同时，同意接受 18 个月的监督以及之后 18 个的自我报告义务；二是违反禁止性规定，与古巴、伊朗、叙利亚和苏丹进行交易，就此，威福德公司同意支付约 1 亿美元的罚金。

2009 年之前，威福德公司的总部设在德克萨斯州的休斯敦，并在此处有着大量的业务。威福德服务公司是威福德公司的全资子公司，在百慕大注册，营业地包括安哥拉和刚果。作为协议的一部分，威福德公司与司法部达成了 3 年期的缓起诉协议，威福德公司承认违反《反海外腐败法》关于内部控制的规定。

---

〔1〕 https://www.justice.gov/opa/pr/ralph-lauren-corporation-resolves-foreign-corrupt-practices-act-investigation-and-agrees-pay.

同时，威福德公司与 SEC 就民事部分达成协议。威福德服务公司也就违反《反海外腐败法》反贿赂条款向司法部认罪。

SEC 与司法部所指控的不正当支付，发生在威福德服务公司和安哥拉的贸易过程之中，以及威福德公司在中东的子公司和一个未指明的中东国家的贸易过程之中及其参加伊拉克石油换食品计划之际。在安哥拉，威福德服务公司通过与一家瑞士货运中介签订掩饰合同，向安哥拉国家石油公司的官员行贿 25万美元。同样是在安哥拉，威福德服务公司与安哥拉国家石油公司官员亲属所有的两家公司成立了一家合资企业。该合资企业使得威福德服务公司能够主导安哥拉的井筛市场、获得竞争者投标的相关信息、收取更高的价格并取消竞争对手的合同。合资公司的伙伴在 2008 年获得了 80 万美元的分红。威福德公司的高级行政人员以及公司法律顾问都涉足了合资公司的成立，公司法律顾问还误导了询问《反海外腐败法》风险的外聘律师。

2005 年至 2011 年间，威福德公司在中东的子公司向某未指明的中东国家的经销商多次不正当支付了 1100 多万美元的"折扣"。该经销商在 2001 年经由该国的国家石油公司引介，使得中东子公司的雇员相信该折扣是被用于支付给国家石油公司的官员。在 2002 年至 2003 年之间，同一子公司在石油换食品计划中，向伊拉克官员支付了约 1500 万美元。

威福德公司的缓起诉协议也包括了对违反《反海外腐败法》内部控制规定的暂缓起诉。司法部和 SEC 的文件都详细解释了威福德公司内部控制的失败之处，并异常详细地阐释了执法机关所期待的内部控制措施以及公司应该特别警惕的"红旗"，包括：

第一，专职的合规官与合规人员，至少在大型的综合性、风险程度较高的公司内部。尽管在小型公司内部，法律部门与合规部门的功能可以是合二为一的，但是威福德公司案表明，在高风险市场开展业务的大公司，应该区分这两种功能。

第二，对第三方的所有权、业务的正当性等等进行有效的尽职调查（due diligence）。司法部的协议文件列出了有关尽职调查方面的失败之处，指出需要根据危险评估进行尽职调查。有关"红旗"，协议文件也列举了一个在某中东国家的例子。对该中东国家的经销商并未进行调查，尽管①该经销商将威福德公司的货物直接供给外国政府；②外国政府官员具体指示威福德公司的子公司与该经销商签订合同；③子公司的行政人员知道该国的王室成员在该经销商处具有所有权收益。与此相似，对安哥拉和刚果的货运中介，也没有任何尽职调查，尽管该货运中介直接拒绝签署包括"禁止直接或者间接给予外国政府官员和雇员任何财物"这一《反海外腐败法》条款在内的合同，而这明显是一面"红旗"。

第三，对合资伙伴的有效尽职调查。在其安哥拉的合资公司，威福德公司与政府官员亲属所有的公司结成伙伴，后者并没有给合资公司提供专业知识、资金或者设备。威福德公司的行政人员两次婉拒了公司法律顾问需要进行尽职调查的建议；还有一名顾问故意误导外聘律师，认为对合资伙伴展开尽职调查是必要的，但是从未进行。这些都被司法部列为严重的内部控制缺陷。

第四，对授权进行有效限制。支付给某中东国家经销商的折扣，使得某些交易违反了威福德公司有关交易授权中美元限额的规定，但是威福德公司仍然允许支付，并且很明显没有进行进一步的调查。

第五，有效的内部举报制度。威福德公司的子公司员工两次举报了上述不正当行为，但是在没有进行任何调查的情况下，相关人员被辞退或者被转岗到其他地方。[1]

三、经验分析

从 SEC 和 DOJ 处理案件的情况来看，《反海外腐败法》的立法与实践在如下几方面有着比较好的经验。

第一，民事制裁与刑事处罚共存。即对于同一违法行为，民事制裁与刑事处罚并不互相排斥，不同的执法机关可以同时采取行动。这也是我们在许多案件中看到，违法行为人就同一违法行为，同时要向数个执法机关缴纳罚金的原因所在。例如，在 2013 年的威德福国际公司行贿案中，该公司与 SEC 达成协议，向 SEC 缴纳包括近 200 万罚金在内的 6561.2 万美元，向美国司法部支付 8700 万美元刑事罚金，并且向其他三个部门支付 1 亿美元的罚金。这样做的可取之处在于：提高处罚概率、增加违法成本、扩大知情范围、加强执法监督。

第二，法人处罚与个人责任独立。传统上，刑法都是针对自然人规定的。直到 18 世纪，随着工业革命的展开，法人才被纳入了处罚的范围。在 20 世纪 90 年代之前，无论是英美法系国家还是大陆法系国家，都是以自然人刑事责任为基础，来追究法人的刑事责任。在 20 世纪 90 年代之后，随着澳大利亚、英国等国家在刑法中规定了组织责任论，个人责任与法人责任开始逐步分离。这种分离不但体现在法人责任不再以个人责任为基础，而且体现在二者的判断基础是不同的，可以通过独立的程

---

〔1〕　Debevoise & Plimpton LLP, "Weatherford International Enters the FCPA Top Ten List with ＄152.5 Million in Fines and Penalties", at https://www.lexology.com/library/detail.aspx? g=39948872-130c-4cb1-a56b-b32bc576bfdd（accessed 14 July 2018）.

序追究。在 SEC 处理的案件中我们也可以看到这种情况。例如，在 2012 年的杰克逊、鲁艾伦与洛克案（Mark A. Jackson，Noble，James J. Ruehlen，Noble，Thomas F. O'Rourke，Noble）中，三名被告人所在的石油公司已经与 SEC 达成协议，以 800 万美元的代价结束刑事与民事调查。

第三，外部制裁与内部控制并重。如上所述，《反海外腐败法》被标为史上最严厉的反腐立法之一，但该法也有宽容的一面，体现在其加强外部制裁的同时，注重提高企业的内部控制。一方面，在上述 32 个案件中，违法行为人被处以民事罚金的案件只有 14 个，而其他案件，都是因为自我披露违法事实、在 SEC 调查之际积极合作，而没有被处以民事罚金；另一方面，我们也看到，在几乎所有的案件中，SEC 都会指出内部控制的重要性，通过要求当事企业在一定的期间内向 SEC 报告合规计划的实施情况，或者任命独立的合规计划顾问或者监督员审查其向 SEC 提交的合规计划实施报告，督促当事企业加强内部控制。

与此同时，从法学理论与我国惩治法人腐败犯罪的实践来看，SEC 处理的案件给我们提出了如下几个问题：

首先，是否违反"禁止双重危险"的原则？在上述 SEC 与 DOJ 处理的案件中，不但民事制裁与刑事处罚共存，而且不同的行政机关也可以对同一行为进行处罚，所以在这里可能提出的一个问题是：是否存在违反禁止双重危险的原则？"禁止双重危险"的基本含义是一个人不能因同一行为或同一罪名受到两次或多次审判或处罚。"禁止双重危险"的原则主要适用于刑事诉讼，就对同一行为同时进行民事、行政以及刑事制裁是否违反该原则的问题，从国家权力行使的统一性而言，确实有不妥当之处。但是，从违法多元性而言，同一行为施以多种不同性质的制裁不应为法律所禁止。其实，在中国也存在这种现象，例如，司法机关在对违法企业进行刑事制裁的同时，行政机关吊销其营业执照或者生产经营许可证。因此，同时处以民事罚金与刑事罚金并不违反"禁止双重危险"的原则。

其次，二元体系是否可行？如上所述，在 SEC 处理的案件中，体现出了法人责任-个人责任二元体系的趋势。那么，这种体系是否可行？从责任主义的角度出发，仅仅根据企业自身预防违法行为、内部控制的努力，以及企业的经营活动与组织管理是否符合法律规定来认定企业的责任，当然是存在问题的，因为责任主义强调的就是行为人的主观认识，但是从刑事政策的角度出发，二元体系是可行的。一方面，对个人责任的追究依然遵循传统刑法原则，以个人的故意、过失，以及客观行为为基础；另一方面，以企业本身预防违法行为的努力以及经营组织活动为基础追究其责任，能够降低证明的难度、提高认定的概率，从政策的角度而言是完全有益的。将二者分开处理，恰恰能够减少法人处罚与传统法学理论的冲突。

再次，企业意愿应否考虑？如前所述，从国家的角度而言，发现企业犯罪的途径主要有两个：一是通过偶然的事故；二是通过日常检查。但是，被动地等待事故发生显然不是明智之举，因为国家惩罚企业犯罪的目的并不在于处罚，而在于通过处罚预防企业犯罪，减少社会危害，而事故的发生就意味着危害已经实际产生；通过日常检查发现企业犯罪意味着从潜在的犯罪嫌疑人手中获取证据，而且日常检查通常是在与企业进行必要的联系之后才进行，通过其发现企业犯罪的难度之大可想而知。所以，对于预防企业犯罪、减少社会危害而言，企业本身的预防意志必不可少。而且如上所述，企业合作也是减少执法成本、降低执法难度的重要途径。

最后，企业意愿是否现实？从 SEC 与 DOJ 处理的案件来看，企业意愿是现实的：在 32 个案件中，自我披露违法行为的有 9 个案件，占 28%，承认指控的有 13 个案件，占 41%，这两个比例都是比较高的。企业愿意自我防范的原因也比较实际。从企业的角度而言，犯罪行为不但给社会带来危害，同样也给企业本身带来危害。例如，在 2001 年发生在美国的安然财务造假案中，不但众多投资者的利益受到损害，举世闻名的安然公司也成了历史；在 2008 年发生在我国的三鹿案中，在众多消费者的生命、健康权利受到侵害的同时，一个具有数十年历史的大型企业也步入了末路。因此，对于国家和企业而言，主动预防违法行为无疑是双赢的选择。此外，在现代社会，企业一旦被发现实施了违法行为，就可能面临严重的处罚，而企业合规计划，在能够保证企业严格按照法律规则开展业务的同时，能够让雇员相信依法行为，对于企业以及所有雇员而言，都是有利的选择。而且如上所述，在许多国家，企业合规计划的有效实施，能够减轻甚至免除企业的刑罚。

四、问题思考

腐败犯罪是我国近年来刑事法治领域的重点问题之一，对于单位贿赂犯罪也是加大了处罚的力度。但是，从立法来看，我们主要是在扩大单位犯罪的范围与提高处罚的力度，在宏观理论上并没有做出实质性的改变。从《反海外腐败法》的立法与执法实践来看，在打击单位贿赂犯罪的问题上，我们在如下几方面需要进行反思：

第一，单位犯罪与传统理论。我们的传统刑法理论是不认同单位犯罪的，这也是为什么在 1987 年《海关法》将单位规定为走私罪的犯罪主体之际，反对单位犯罪的观点还是占据主流的原因。的确，从严格的责任主义的立场出发，单位刑事责任是难以成立的，这或许也是德国尚未在其刑法典中承认法人是犯罪主体，并不通过刑事诉讼程序追究法人责任的原因。从产生背景来看，组织责任主要是刑事政策选择与实证主义哲学的产物。[1] 因此，是否应该根据传统刑法理论来解释单位犯罪及其刑事责任，是我们现在应该思考的问题。

第二，单位责任与个人责任。关于单位责任与个人责任的关系，现在尚没有明确的立法或者司法文件说明。但是，司法实践基本上都将单位刑事责任的判断基础归结于个人刑事责任，以确定具体行为人的责任为追究单位刑事责任的前提，无论是双罚制还是单罚制中，都要处罚单位犯罪直接负责的主管人员或者其他直接责任人员。这里，有两个问题需要我们予以回答：其一，找不到具体负责的个人怎么办？其二，处罚个人能够改变整个单位状况吗？或许，将法人责任与个人责任分开，建立一个法人-个人的二元理论体系，是一种明智的选择。当然，将法人责任与个人责任分开，也就意味着要改变二者的判断基础与认定过程。

第三，预防腐败贿赂犯罪是谁的责任？如上所述，SEC 在加强制裁涉事法人的同时，还会督促它们完善、提高自己的合规计划，并定期报告实施情况。这在一定意义上，是将预防腐败贿赂犯罪的责任向法人分散。与此同时，SEC 与相关司法机关采取相应的措施，以确保这种责任分散是有意义的。例如，将法人自身的预防措施及其有效实施作为违法与责任判断的基础要素、规定并保证举报人的合法权益等。所以，这里我们也要问自己一个问题：预防腐败贿赂犯罪是谁的责任？国家机关当然不能置身事外，但是在社会情况日趋复杂、社会管理日渐

---

〔1〕　See Zhenjie Zhou, *Corporate Crime in China: History and Contemporary Debates*, London: Routledge Press, 2014, pp. 91-100.

困难的情况下，公众参与也是必不可少的。[1]

第四，在许多国家都扩大处罚范围的情况下，我们是否也应该有所回应？现在包括英国、美国、意大利、俄罗斯、澳大利亚在内许多国家都在通过将法人责任客观化，加大对法人的处罚力度，并且逐步扩大管辖范围。[2] 例如，根据《反海外腐败法》的规定，如果外国企业在美国上市，即使违法行为不是在美国境内实施的，SEC 也有管辖权。在上述 32 个案件中，有些公司并非在美国注册，贿赂行为也是由其分公司在美国境外实施的，但是依然受到了 SEC 的调查与制裁。目前，走出国门的中国企业与走进国门的外国企业都越来越多。在这种情况下，我们是否也需要对国家的立法趋势有所回应？

总而言之，以美国的《反海外腐败法》为代表的许多国外立法，在惩治法人贿赂犯罪方面，体现出了法人责任客观化的倾向，即将对法人责任的判断建立在法人是否尽职地采取了预防贿赂行为的措施、是否合理地履行了法律规定的相关义务等基础上；在预防贿赂犯罪方面，体现出分散预防责任的趋势，加重法人自我预防的责任；在管辖权方面，呈现出扩大化的趋势，将处罚的触角尽量延伸。[3] 在这些表层现象的背后，是从刑事政策上而非从传统刑法理论上来解释法人责任，以及将法人责任与个人责任分开处理的尝试。

虽然我国刑法典在总则中规定了单位刑事责任，但是从宏观

---

〔1〕 S. Manacorda and G. F. Centonze, *Preventing Corporate Corruption*, New York：Springer, 2014.

〔2〕 See Zhenjie Zhou, *Corporate Crime in China：History and Contemporary Debates*, London：Routledge Press, 2014, pp. 154-162；R. S. Gruner, *Corporate Criminal Liability and Its Prevention*, New York：Law Journal Press, 2013, pp. 1-32.

〔3〕 参见周振杰：《比较法视野中的单位犯罪》，中国人民公安大学出版社 2012 年版，第 13 页以下。

上看，我们对如何预防法人贿赂犯罪尚无整体的思路，对于法人贿赂犯罪的跨国化、隐蔽性、长期化等特点并没有做出有针对性的回应，在法人贿赂犯罪处罚方面的规定也比较单一，对于国外已经长期采用，而且被证明是预防法人贿赂犯罪、提高法人经营能力的有效措施的法人缓刑制度、社区矫正、合规计划等具体实践并没有给予充分的注意。这些应该成为我们以后研究的重点。

第四节　合作模式与中国立法

中国立法是否需要采纳被越来越多的国外立法采纳的合作模式？就此问题，应该在两个层面考虑：其一，合作模式本身是否有其合理性，在实践中是否有效？其二，在现行立法框架下有无可能采纳合作模式，以及中国是否需要采纳合作模式？下文将围绕这两方面的问题展开论述。

一、合作模式的合理性与有效性

（一）合理性

责任原则是近代刑法的基本原则，其核心内容是从非难可能的角度，评价对符合构成要件的违法行为是否需要处罚。而非难可能性判断包含两层意思：其一，判断行为人是否能够根据规范要求作出意志决定，判断对象是否能够认识到"当为"的意志决定自由；其二，如果行为人能够自由作出意志决定，那么能够在多大程度上期待其实施合法行为，判断对象是根据"当为"认识实施行为的可能性有无暨大小。非难可能性判断以"自由意志"为基础，要求行为主体的故意与过失，就如德国学者所言："责任和承担责任的构建基础，是人的能力，即人的可以自由地和正确地在合法和不法行为之间作出决定的能力。只有当这个决定自由存在时，对行为人提起谴责才有意义……刑法因此就不得不满足于这样一个认识，即道德上成熟和心理上健康的人的答责性原则，是我们的社会存在的一个不可推翻的事实。"[1]而企业作为团体组织，在实质上不具有自由意志。正因如此，日本学者才认为："责任主义以个人责任原则为前提。也即，责任主义排除连坐制与缘坐制等主张以属于特定团体为理由划定设定处罚对象的团体责任。"[2]显而易见，从责任原则的角度出发，企业刑事责任，更勿言客观责任是应该予以否定的。但是，在回答企业刑事责任是否符合责任主义的要求之前，首先要问的应该是：是否应该从责任原则出发，来认识企业刑事责任的合理性？从责任原则与企业刑事责任的产生的背景及二者的本质来看，答案都是否定的。

一方面，责任原则是在 18 世纪随着启蒙运动的兴起，天赋人权、无罪推定、刑罚理性等现代法治观念的传播，以及对封建刑法的连带责任、结果责任等缺陷的批判中产生的。就如我国刑法学者所言，资产阶级启蒙学者以及后来的刑法学者认为，人是具有自由意志的，而人的自由意志是平等的。基于自由意志选择犯罪的过程，其实就是形成犯意的过程。没有犯意，犯罪人是不可能选择犯罪的。因此犯罪是在犯意的支配下实施的，犯意就成为犯罪人对自己的犯罪行为负刑事责任的主观基础。犯意责任论是资产阶级启蒙学者以及以后的刑法学者在批判封建社会的社会结果责任论的基础上，以意志自由论为理论基础形成的。[3]

---

〔1〕 ［德］约翰内斯·韦塞尔斯：《德国刑法总论》，李昌珂译，法律出版社2008 年版，第 213 页

〔2〕 ［日］山中敬一：《刑法总论》，成文堂 2008 年版，第 579 页。

〔3〕 宁汉林、魏克家：《大陆法系刑法学说的形成与发展》，中国政法大学出版社 2001 年版，第 54 页。

从产生的时间来看，责任原则显然早于企业刑事责任，因为法国、意大利、比利时等欧洲大陆国家在 18 世纪纷纷基于个人主义与道义责任的原因，坚持"法人不能犯罪"的罗马法格，通过判例甚至宪法否定了企业的犯罪能力；在英美法系国家，也一直到 19 世纪初期，为了遏制工业革命导致的大量违法行为，企业才被勉强纳入了刑事规制的范围，而根据以故意为构成要件的贿赂犯罪追究企业刑事责任的最早判例，是 1909 年的纽约中央火车站与哈德逊铁路公司诉美国案（New York Central & Hudson River Railroad Co. v. United States）。

　　另一方面，责任主义原则的提出为了保护个体权利免受国家权力的不当侵犯，其根基在于个人理性、自由意志与道德要求，就如德意志联邦法院在判决中所言："刑罚以罪责为前提。罪责是非难可能性。……责任非难的内在理由是，人类天生能够自由和有责任地作出符合道德的自主决定，就有能力选择法，反对不法。"〔1〕而企业刑事责任的提出，是为了保护社会免受企业违法行为的侵扰，其根据在于规制需求与政策选择，就如英国法官在 1838 年的雷吉纳诉泰勒案中所明确指出的：采纳刑事责任是规制企业行为的最有效的途径。美国学者在进行历史研究后也认为，在 18 世纪，美国法院与立法机关一直在不断地修改企业的法律地位，以适应社会与司法需求。在 19 世纪初期，这些需求促使法院赋予了企业以自由，后来又促使法院拿起刑法武器将之纳入控制之中。〔2〕

　　上述表明，从二者的起源来看，责任原则远远早于企业刑

---

　　〔1〕 转引自〔德〕冈特·施特拉腾韦特、洛塔尔·库伦：《刑法总论 I——犯罪论》，杨萌译，法律出版社 2006 年版，第 204 页。

　　〔2〕 See Gary Slapper and Steve Tombs, *Corporate Crime*, Essex：Person Education Limited, 1999, p. 4.

事责任，是针对具有自由意志的个人提出来的，而企业刑事责任是针对造成社会困扰的企业违法行为提出来的；从二者的目的来看，责任原则的提出是为了保护个体权利，而企业刑事责任的提出是为了保护整体利益。因此，对于企业刑事责任的合理性，不能从以犯意为基础的责任原则出发去阐释，而应该从社会责任与政策需求出发去理解，而越来越多的国家甚至国际公约采纳合作模式这一事实，已经充分证明了其合理性。

与此类似，虽然无罪推定是刑事诉讼的基本原则之一，但是在立法与司法实践中出于政策需求而做出调整的情况可信手拈来。例如，英美刑法在早期就是根据严格责任来追究企业的刑事责任，而严格责任就是要求被告人承担证明责任；1971 年 7 月 1 日开始实施的日本《公害犯罪法》关于推定的第 5 条明确规定：如果伴随工厂或车间的事业活动，有人排出损害人身健康的物质，而且由于其排出即达到使公众生命、身体发生危险的程度，在因该排出活动而产生上述危险的区域内，由于同类物质使公众生命、身体发生危险时，这一危险推定为由于此人所排出的物质产生。这一规定其实也是在法益侵害发生的前提下，要求企业自行承担证明无罪或者罪轻的责任。因此，合作模式从刑事政策的角度出发，要求作为被告人一方的企业承担无罪或者罪轻，也并不违反无罪推定的刑事诉讼原则。

（二）有效性

虽然从社会责任的角度而言，合作模式具有合理性。但是，合理的未必就是有效的。在 2000 年以后，尤其是在安伦公司案件与波音公司案件之后，许多学者对于合作模式的有效性提出了质疑。例如，有的学者指出，作为合作模式核心要素的合规计划的假设前提是企业的领导人总是抱着慈善的念头开展业务，而这一假设存在根本性缺陷。有的学者进一步主张减少对规定合规计划的法律原则的重视，更有助于实现起诉企业的目的。还有的学者认为，要求企业实施合规计划其实是置企业于两难之地：一方面，根据法律的精神与要求有效实施合规计划能够免责或者减轻责任；另一方面，这一举措使得其受到处罚的可能性更大。而且制定和实施合规计划需要付出经济成本，这对于中小型企业而言无疑是沉重负担。所以，许多企业都不过是在做门面功夫而已。[1]

从目前的情况来看，对于合作模式有效性的质疑，主要是从企业的角度提出来的。但是如上所述，合作模式与合规计划是被作为整体政策的一部分提出来的，所以对其有效性不能仅仅从企业的角度，而应该从多个角度进行分析。从企业的角度来看，的确存在合规计划依赖领导者与增加企业负担的可能性。但是，从长远来看，从管理层的角度而言，"虽然传统的企业管理理论认为，企业管理层的最大责任是保证所有权人的最佳利益，但是当代企业管理理论的观点是，企业管理阶层必须以建立起良好的企业守法文化为己任；不能够仅仅保证企业守住底线，而应该关注企业持续发展的最佳利益。"[2] 实证研究已经证明，企业文化对于提高企业的组织效率与改善企业行为具有重要价值。例如，针对1986年至2000年15年间日本大型企业的企业政策所进行的研究表明，与其他企业相比较，具有鲜明企业文化的企业，更能够保留现有员工、改善内部协作、提高企业经营能力。[3] 为了建立并保持良好的企业文化，企业就必

---

〔1〕　参见周振杰："企业刑事责任二元模式研究"，载《环球法律评论》2015年第6期。

〔2〕　See Thomas Kochan, et al., "The Effects of Diversity on Business Performance", *Human Resource Management*, 1 (2003).

〔3〕　See Shinichi Hirota, Katsuyuki Kubo and Hideaki Miyajima, "Does Corporate Culture Matter? Evidence from Japan", at http://www. waseda. jp/wias/event/dp/2008. html (accessed 8 July 2010).

须及时发现并制裁违法行为，在实践中，能否发现违法行为在很大程度上依赖于雇员的内部举报。虽然在理论上，企业雇员作为最重要的利益攸关者有着举报违法行为的动机与利益，但是研究表明，在许多组织中，都存在着显而易见的大多数成员都对组织内部的问题心知肚明却不敢向上反映的矛盾。[1] 如果在一个企业内部，所有人对于企业的违法行为都不闻不问，听之任之，久而久之就会形成一种犯罪亚文化，而合规计划有助于鼓励职工向权力机关说出真相，即报告他们认为可能已经过界的行为。

同时，在合作模式下，犯罪企业面临非常严厉的处罚。例如，根据英国《2010 年贿赂罪法》第 10 条之规定，如果企业根据该法第 7 条之规定被认定有罪，可对之处以无限额罚金，还可能被剥夺在欧盟范围内参与公共采购等方面的资格。当然，主管机构还可以根据《公司法》等立法，对违法行为进行处罚；根据反洗钱立法，剥夺犯罪人的犯罪收益。而如上所述，合规计划的有效实施可以减免企业的刑事责任，在有些国家还可以成为对企业免于起诉或者暂缓起诉的基础。如此看来，企业在制定与实施合规计划之际付出的经济成本，在本质上是值得付出的机会成本。而且，企业不但能够在刑事制裁方面获得收益，在民事制裁方面也能够获得收益。例如，虽然《反海外腐败法》被誉为史上最严厉的反腐立法之一，但是在上述美国证券交易委员会处理的 32 个案件中，违法行为人被处以民事罚金的案件只有 14 个，而其他案件，都是因为存在积极实施的合规计划、自我披露违法事实、在美国证券交易委员会调查之际积极合作，而没有被处以民事罚金。

---

〔1〕 Elizabeth Wolfe Morrison and Frances J. Milliken, "Organizational Silence: A Barrier to Change and Development in a Pluralistic World", *The Academy of Management Review*, 4 (2000).

最后，合作模式要求企业在被调查或者被起诉之际，必须与执法机关或者司法机关通力合作，包括进行内部调查收集、提供证据、自我认罪、主动赔偿等，这毫无疑问能够降低执法与司法成本。例如，如上所述，在美国证券交易委员会处理的32个案件中，自我披露违法行为的有9个案件，占28%；承认指控的有13个案件，占41%；既不承认也不否认但自愿接受处罚（其实是变相承认指控）的有10个，占31%；后两者加起来高达72%。鉴于这些案件中的违法行为都发生在国外，违法范围广，时间跨度长，调查机关不但面临着管辖权冲突与程序障碍，而且要投入大量的人力物力，所以违法企业自愿披露案件，或者自愿承认指控、提供违法证据，从执法机构的角度而言，不但对犯罪企业进行了严厉处罚，实现了刑事制裁的威慑与预防价值，而且尽可能地节省了执法资源。当然，从涉案企业的角度而言，其通过内部调查、主动认罪等方式与执法机构展开合作，不但能够获得处罚方面的优惠，甚至被免予起诉，而且可以借助制裁程序的快速结束与表现出的悔改诚意，尽量减少名誉损失，重拾投资者的信心。

所以，虽然合规计划存在一定的缺陷，但是其有效性还是可以肯定的，正如日本学者所言："与单纯的刑法对策相比，合规计划可能更为有效的结论，因为合规计划在照顾到企业利益的同时，承认企业具有制定与实施的自由。"[1]这也是在采取合作模式的国家，自愿制定并实施合规计划的企业不断增加的原因所在。如第三章所述，在意大利2001年《第231号法令》颁布之后，意大利大部分企业已经或正在根据《第231号法令》

---

〔1〕　甲斐克则、田口守一编：《企业活动与刑事规制的国际动向》，信山社2008年版，第428页。

制定具体行为监督计划。在早于 20 世纪 80 年代就开始实施合规计划的日本，情况也是如此。早稻田大学企业法制与法创造研究所于 2004 年针对日本 3100 家上市企业进行的调查问卷表明：在企业内部规定了企业社会责任的企业占 68%，在企业内部建立起雇员违法行为预防制度的企业占 67.3%，通知股东本企业存在合规计划的企业占 31.5%，对消费者公开的有 20%。[1]

二、采纳合作模式的可能性与必要性

我国虽然早在 20 世纪 80 年代末就规定了企业犯罪，近年来针对企业贿赂犯罪增加了许多新的罪名并加大了处罚力度。例如，《刑法修正案（九）》针对《刑法》第 391 条规定的对单位行贿罪与第 393 条规定的单位行贿罪中的自然人犯罪人都增加了罚金刑的规定，但是对于追究企业贿赂犯罪刑事责任的基础并没有明确的立法或者司法解释。在实践中，双罚制与单罚制都以自然人刑事责任为前提，而且对于企业犯罪人的适用刑罚单一，并无强制性的矫正性措施。所以，可以说我国企业贿赂犯罪的预防与惩治采取的是冲突模式。那么，在目前国内企业贿赂犯罪多发，甚至成为潜规则的情况下，我们应否引入合作模式？回答这一问题需要明确：其一，中国预防企业贿赂犯罪的实践是否需要合作模式？其二，中国的刑事立法与刑法理论能否接纳合作模式？

就第一个问题，答案是肯定的。近 30 年来，中国经济的快速发展造就了数量庞大的企业群体：国家统计局 2015 年的统计年鉴表明，截至 2014 年，我国共有企业法人单位数为 10 617 154

---

〔1〕 参见周振杰："惩治企业贿赂犯罪的冲突模式与合作模式研究"，载《刑法论丛》2016 年第 2 期。

个。显然，仅仅依靠权力机关是无法有效监督与预防企业违法行为的，就是查处暴露出来的违法事实也存在很大难度。根据公安部的统计，在 2000 年至 2006 年 6 月之间，全国公安机关共调查了 2500 余件非国家工作人员收受贿赂的刑事案件，而同时期调查的行贿案件仅有 500 余件。另言之，受到公安机关处罚的行贿者仅占实际行贿人数的 1/5，司法机关为了获取嫌疑人的合作，收集证据而不得不网开一面。[1] 但是这一做法无异于是在放纵企业贿赂行为，因为最终的利益获得者逃脱了刑事处罚。

与此同时，中国的资本与企业正快速跨出国门，走向世界。根据商务部公布的数据，中国企业对外投资在 2007—2014 年以年均 30% 的速度大幅增长，预计到 2025 年将达到 3000 亿美元以上的对外投资规模。中国工商银行西班牙马德里分行和中国银行意大利米兰分行涉嫌洗钱被调查的实例表明，从事涉外业务的中国企业必然会受到合作模式的影响，而最好的选择就是去适应这一模式。尤其需要指出的是，即使中国企业不出国门，仍然会受到这一模式的影响。例如，根据英国《2010 年贿赂罪法》的规定，从事石油业务的中国公司，如果在英国境内有办事机构，而位于中国的总公司为了拓展该办事机构的业务，在南非向当地公司行贿，即使犯罪的行为地与结果地都不在英国境内，英国的司法机关仍然可以以该贿赂行为与在英国的业务有关为理由，强行行使管辖权。所以，在国内立法中采纳合作模式，可以帮助中国企业熟悉国外的相关法律制度，提高规避刑事风险的能力，减少损失。[2]

---

〔1〕 参见周振杰："惩治企业贿赂犯罪的冲突模式与合作模式研究"，载《刑法论丛》2016 年第 2 期。

〔2〕 参见周振杰："企业刑事责任二元模式研究"，载《环球法律评论》2015 年第 6 期。

此外，随着改革开放的深入，中国境内的外商投资、控股企业越来越多。根据国家统计局的统计，截至 2014 年，我国共有外商（不包括港澳台企业，下同）投资企业法人 119 878 家，外商控股企业法人 97 793 家，来华投资的外商来自逾 190 个国家和地区，全球最大的 500 家跨国公司有近 480 家在华投资。在这些外资企业中，有很大一部分都是和经合组织国家进行贸易。根据国家统计局的统计，中国 2014 年的进出口总额是 43 015 亿美元，其中，和欧洲各国、日本、韩国、美国、加拿大、澳大利亚的进出口总额就是 21 247 亿零 9570 万美元，占近 50%。而如上述，在经合组织国家注册或者开展业务的企业，都不可避免地会受到美国的《反海外腐败法》、英国的《2010 年贿赂罪法》的管辖，而且意大利、西班牙等越来越多的国家也正在逐步采纳合作模式来预防贿赂犯罪。

与此同时，如上所述，许多在中国境内开展业务的外资企业，往往充分利用其本身的跨国优势，以召开国际会议、提供国外上学、定居、旅游等非常隐蔽的形式跨国实施贿赂行为。例如，根据 SEC 朗讯公司贿赂案的调查报告，在 2000 年到 2003 年间，朗讯耗资千万美元，邀请约 1000 名中国政府"官员"赴美国旅行 315 起，以参观工厂、接受培训为由安排前往夏威夷、拉斯维加斯、大峡谷、迪士尼乐园和纽约等地的行程。[1] 与国内企业实施的贿赂行为相比，外资企业的贿赂行为往往更具有隐蔽性、组织性与复杂化的特点。[2] 因此，我国司法机关同样

---

〔1〕 参见顾建兵："朗讯中国'行贿事件'中国业务受重创"，载网易，http://money.163.com/economy2003/editor_2003/040413/040413_195340.html，最后访问日期：2019 年 6 月 3 日。

〔2〕 参见张远煌、操宏均："跨国企业在华行贿现象透视"，载《青少年犯罪问题》2014 年第 2 期。

面临着司法资源不足、管辖权冲突、难以跨境取证等困扰，而合作模式有助于解决这些问题。

就第二个问题，从刑事立法的角度而言，我国直接采纳合作模式显然是行不通的，因为合作模式的核心是以组织原则认定企业责任，通过推定转移证明责任，而现行刑法就企业贿赂犯罪仍然以个人责任为追究企业责任的基础，并没有规定推定原则。但是从刑法理论的角度而言，企业刑事责任在中国的产生和实质，与国外的情况基本相同。一方面，责任主义在中国的确立也要早于企业刑事责任，因为在新中国成立初期的 20 世纪 50 年代至 70 年代，我国的刑法理论几乎是全盘照搬了苏联的刑法理论。尤其是在犯罪论领域，苏联的理论深受以个人责任与道义责任为基础的德国刑法理论的影响，[1] 而企业刑事责任一直到 20 世纪 80 年代末才进入我国刑事立法。另一方面，20 世纪 80 年代以前，我国刑事立法没有规定企业刑事责任，刑法理论也鲜有提及，并非仅仅是受责任主义的影响。在客观上，当时实行的是严格的计划经济体制，企业既没有实施犯罪的客观环境，也没有追求经济利益的犯罪动机。但是，20 世纪 80 年代初开始实施的以"权力下放，利益下放"为中心的体制改革，使得国有企业、集体企业逐渐成了可以追求自身利润的独立经济实体，而且合资企业、合伙企业等各种形式的经济组织走上了历史舞台。在利益的驱动下，企业违法行为开始出现并很快呈蔓延之势。正是在这种宏观背景下，1987 年修订的《海关法》面对理论界的强烈质疑，规定了企业刑事责任；1997 年修订的《刑法》在总则中肯定了企业的犯罪能力。显而易见，企业刑事责任在本质上也是一种政策选择，与刑法理论的自我演

---

〔1〕 侯国云："犯罪构成理论的产生与发展"，载《南都学坛》2004 年第 4 期。

绎与发展无关。

综上所述，从国内与国际形势出发，在企业贿赂犯罪的预防与制裁领域，我国需要采纳合作模式；从刑事政策的角度而言，这一模式在我国同样具有合理性。所以，现在的问题是：为了确立与实施合作模式，我们应该如何进行相应的立法改革？

总而言之，仅仅依靠刑法，不足以完成企业贿赂犯罪预防的任务，必须采取措施促进企业在这方面的积极性。英国学者早已经通过实证研究证明："在管理阶层因自身所有权要承担更大风险的企业，犯罪发生的概率就比较低。"因此，虽然从传统刑法理论角度而言，合作模式的基本立场与归责原则的合理性值得质疑，但是从企业刑事责任的本质与社会责任的角度而言，合作模式应该是既经济又合理的选择。同时，在通过将合规计划规定为企业刑事责任的减免情节之外，刑法应该采取措施促进合规计划的有效实施。例如，对违法举报人提供切实保护，这也是采纳合作模式的国家的普遍性实践，例如，美国的《1989年举报人保护法》（Whistleblower Protection Act of 1989）、澳大利亚联邦的《2013年公益举报法》（Public Interest Disclosure Act 2013）、英国的《1998年公益举报法》（Public Interest Disclosure Act 1998）。

最后，需要指出的是，权力机关与企业之外的第三方监督（或言社会监督）的作用同样重要。一方面，企业贿赂犯罪间接也侵犯了个体权利，以市民权利为基础的第三者监督不言而喻是正当而且必要的；另一方面，如上所述，权力机关无法对数量庞大的企业进行有效监督，必须依靠其他力量的参与，而第三方监督正是可以依赖的力量。因此，权力机关应该通过保障言论自由、集会与结社自由等基本宪法权利，充分发挥作为第三方监督主体的非政府组织与媒体在监督企业贿赂行为方面的作用。

附录一

美国证券监理委员会历年处理的 FCPA 案件情况

（2010—2018）

（货币单位：美元）

序号	年度	违法行为人	犯罪行为与时间	犯罪行为地	是否自我披露	是否认罪	处理结果	其他
1	2018	United Technologies Corporation	以金钱、礼品、安排旅游等形式提供贿赂	阿塞拜疆、中国、科威特、韩国、巴基斯坦、泰国、印尼	否	不承认不否认	交出 906 万非法所得、92 万利息，支付 400 万罚金	
2		Sociedad Quimica Minera de Chile, S. A.	向政客以及相关人员提供不当支付	智利	否	不承认不否认	支付罚金 12.5 万	
3		Petroleo Brasileiro S. A.	2010，误导、欺骗投资者	巴西、美国	否		交出 9.33 亿非法所得与利益，支付 8.83 亿罚金	
4		Stryker Corp.	违反会计准则	印度、中国、科威特	否	不承认不否认	交出 750 万非法所得、220 万利息，支付 350 万罚金	雇佣独立的合规顾问，严格执行合规政策
5		Joohyun Bahn Collier Real Estate Agent	通过第三方向政府官员行贿	中东国家	否	承认	交出 22.5 万非法所得	

序号	年度	违法行为人	犯罪行为与时间	犯罪行为地	是否自我披露	是否认罪	处理结果	其他
6		Credit Suisse Group AG	在6年期间，有组织地通过提供给100余人有偿职位向政府官员行贿	亚太国家	否	承认	交出2490万非法所得与480万利息	
7		Panasonic Corp.	在数年间通过提供有偿职位、虚假申报等手段多次行贿	中东与亚洲国家	否	承认	交出1.43亿非法所得与利息	
8		Dun & Bradsteet Corporation	通过第三方向中国官员行贿	中国	否	不承认不否认	交出607万非法所得、114万利息，支付200万罚金	
9		Kinross Gold	2010，违反会计准则，未对子公司尽职监督	非洲	否	不承认不否认	接受监督令，支付95万罚金	在1年内向S-EC汇报矫正情况
10		Elbit Imagine Ltd.	通过第三方向政府官员行贿	罗马尼亚与美国	是	不承认不否认	接受监督令，支付50万美元罚金	
11		Telia Company AB	通过空壳公司与虚假劳务行贿	乌兹别克斯坦	否	承认	支付4.57亿罚金	
12	2017	Halliburton Company	通过第三方公司向政府官员行贿	安哥拉	否	不承认不否认	接受监督令，交出1400万非法所得、1200万利息，支付1400万罚金	在18个月内接受独立合规顾问的审查

续表

序号	年度	违法行为人	犯罪行为与时间	犯罪行为地	是否自我披露	是否认罪	处理结果	其他
13		Och-Ziff Executives	违反 FCPA 与证券法，通过行贿获取利益	乍得、尼日尔、几内亚与刚果	否	否认	起诉	
14		Oxthofix International	2011—2013，向国有医疗机构医生行贿	巴西	否	承认	支付 600 万的非法所得与罚金	在 1 年内接受独立合规官的审查
15		Sociedad Quimina Minera de Chile S. A.	在 7 年内多次向政府官员及其关系人行贿	智利	否	承认	支付 1500 万罚金	在 2 年内接受独立合规监督并向 SEC 报告
16		Biomet Company	通过第三方公司向政府官员行贿	巴西	否	承认	交出 582 万非法所得、70 万利息，支付 650 万罚金	在 3 年内接受独立合规审查
17		Cadbury Limited and Mondeleze International	2010，违反会计准则，通过虚假交易行贿获得政府许可	印度	否	不承认不否认	接受监督令，支付 1300 万罚金	
18	2016	General Cable Corporation	数十年来在多个国家向政府官员行贿	安哥拉、孟加拉国、中国、埃及、印尼和泰国	是	承认	交出 5500 万非法所得与利息并支付 2050 万罚金	在 3 年内报告合规情况

续表

序号	年度	违法行为人	犯罪行为与时间	犯罪行为地	是否自我披露	是否认罪	处理结果	其他
19		Teva Pharmaceutical Industries Limited	向政府官员行贿以获得管制部门的许可以及获得医药合同	俄罗斯、墨西哥、乌克兰	否	承认	交出 2.36 亿非法所得与利息	至少在 3 年内接受独立合规监督
20		Braskem S. A.	通过第三方公司向政府官员行贿	巴西	否	否认	支付 3.25 亿非法所得与罚金	至少在 3 年内接受独立合规监督
21		JPMorgan Chase & Co.	通过提供有偿职位向政府官员及其关系人行贿	亚太地区国家	否	承认	交出 1.6 亿非法所得、2500 万利息	
22		Embraer S. A.	通过第三方行贿政府官员	多米尼加、沙特、莫桑比克	否	否认	交出 9800 万非法所得与利息	至少在 3 年内接受独立合规监督
23		GSK	在 5 年内多次向政府官员行贿以获得医药合同	中国	否	不承认不否认	支付 2000 万罚金	在 2 年内报告反复合规情况
24		OCH-Ziff Capital Management Group, Daniel S. Och（CEO）	通过行贿获得投资合同	利比亚、乍得、尼日尔、几内亚、刚果	否	不承认不否认	公司交出 1.7 亿非法所得、2586 万利息，CEO 交出 190 万非法所得、27 万利息	

序号	年度	违法行为人	犯罪行为与时间	犯罪行为地	是否自我披露	是否认罪	处理结果	其他
25		Anheuser-Busch Inev	通过第三方向政府官员行贿获取合同	印度	否	否认	交出271万非法所得、29.2万利息，支付300万罚金	在2年内与SEC合作，提高合规水平
26		Nu Skin Enterprise Inc.	向政府高官行贿免受调查	中国	否	不承认不否认	接受监督令，交出43万非法所得、3.5万利息，支付30万罚金	
27		Harris Corporation Jun Ping Zhang	向国有医院官员行贿获取合同	中国	是	承认	不指控公司，个人接受监督令、支付4.6万罚金	
28		AstraZeneca PLS	向官员行贿逃脱处罚	中国、俄罗斯	否	不承认不否认	交出432.5万非法所得、82.2万利息，支付37.5万罚金	
29		Key Energy Services	2010—2013，向政府官员行贿获得石油合同	墨西哥	否	不承认不否认	接受监督令、交出非法所得	
30		Lan Airlines	通过行贿处理公司与公会之间的争执	阿根廷	否	承认	交出940万非法所得与利息	至少在27个月内接受独立合规审查

续表

序号	年度	违法行为人	犯罪行为与时间	犯罪行为地	是否自我披露	是否认罪	处理结果	其他
31		Johnson Controls	向船舶管理人员行贿获得业务	中国	是	承认	交出 1180 万非法所得、138.25 万利息，支付 118 万罚金	在 1 年内向 SEC 报告合规措施
32		Analogic Corp. Lars Frost（CFO）	2001—2011，通过经销商行贿获取医药合同	俄罗斯、伯利兹、维珍群岛、塞浦路斯、塞舌尔	是	承认	交出 767 万非法所得、380 万利息，个人支付 2 万罚金	
33		Akamai Technologies	以礼品卡、娱乐等形式向国有单位、政府官员行贿获得服务合同	中国	是	承认	交出 65.25 万非法所得、1.9 万利息，不起诉	
34		Nortek Inc.	通过行贿政府官员获得监管优势、减税等	中国	是	承认	交出 29.1 万非法所得、3.1 万利息，不起诉	
35		Las Vegas Sands	通过行贿促进业务	中国大陆与澳门特区	否	不承认不否认	支付 900 万罚金	在 2 年内接受独立合规审查
36		Norartis AG	向医疗机构人员行贿扩大业务	中国	否	不承认不否认	交出 215 万非法所得、150 万利息，支付 200 万罚金	在 2 年内向 SEC 汇报合规情况

续表

序号	年度	违法行为人	犯罪行为与时间	犯罪行为地	是否自我披露	是否认罪	处理结果	其他
37		Mikhail Gourevitch, Fomer Engeer of Nordion	批准行贿	俄罗斯	公司自我披露	不承认不否认	起诉	
38		Qualcomm Incorporation	以提供有偿职位、现金等形式行贿政府官员	中国	否	不承认不否认	支付750万罚金	在2年内向SEC报告合规情况
39		VimpelCom Ltd.	以慈善捐赠等形式向政府官员行贿	乌兹别克斯坦	否	否认	支付1.675亿罚金等	至少在3年内接受独立合规监督
40		SciClone	至少在5年内向政府官员行贿获取业务	中国	否	不承认不否认	交出942.6万非法所得、90万利息，支付250万罚金	在3年内向SEC报告合规情况
41		Ignacio Cueto Plaza, CEO of LAN Airlines	批准行贿	阿根廷	否	不承认不否认	支付7.5万罚金	通过参加合规培训等保证遵法守纪
42		SAP SE	向政府官员行贿获取业务	巴拿马	否	不承认不否认	接受监督令、交出370万非法所得、18.89万利息	

续表

序号	年度	违法行为人	犯罪行为与时间	犯罪行为地	是否自我披露	是否认罪	处理结果	其他
43		Hitachi Ltd.	2013，间接向南非国会提供贿赂	南非	否	不承认不否认	1900万罚金	
44		Bristl-Myers Squibb	2009—2014，以现金、珠宝、安排旅游等形式向国有医疗机构成员行贿	中国	否	不承认不否认	交出1140万非法所得、50万利息，支付275万罚金	在2年内向SEC汇报矫正情况与实施FCPA的合规情况
45	2015	BNY Mellon	2010—2011，向高官家属提供有偿职位	中东国家	否	否认	交出830万非法非法所得，支付150万审前利息与500万罚金	被要求与SEC合作进行调查
46		Garcia	2009—2013，接受回扣	美国	否	承认	交出8.5965万回扣，支付0.643万利息，被剥夺从业资格	
47		Mead Johnson Nutrition Company	5年间持续行贿	中国	否	不承认不否认	交出777万非法所得，支付126万审前利息与300万罚金	

续表

序号	年度	违法行为人	犯罪行为与时间	犯罪行为地	是否自我披露	是否认罪	处理结果	其他
48		BHP Billition	2008 年，支付 60 位政府官员及其家属北京奥运会费用	中国	否	不承认不否认	总共支付 2500 万元	在 1 年内向 SEC 报告反腐合规计划情况
49		FLIR System Inc.	支付环球旅游费用	中东国家	否	不承认不否认	交出 753.5 万非法所得，支付 97.0584 万审前利息，与 100 万罚金	在 2 年内向 SEC 报告合规计划实施情况
50		Goodyear Tire and Rubber Company	4 年间在非洲国家大肆行贿	非洲	否	不承认不否认	交出 1412 万非法所得，支付 210 万审前利息	在 3 年内向 SEC 汇报整改情况
51		PBSJ	行贿	卡塔尔	是	承认	交出 303 万非法所得，支付 37.5 万罚金	达成缓起诉协议，在 2 年内整改
52	2014	Avon	2004—2008，以履行、礼品以及娱乐等方式行贿	中国	是	承认	交出非法所得 5285 万，支付 1451 万审前利息；缴纳 6764.8 万刑事罚金	在 18 个月内接受独立合规审查，并在其后 18 个月报告合规计划情况

续表

序号	年度	违法行为人	犯罪行为与时间	犯罪行为地	是否自我披露	是否认罪	处理结果	其他
53		Bruker	行贿	中国、捷克、美国、挪威、瑞典、法国、意大利、德国、瑞士	是	不承认不否认	交出171万非法所得，支付31万审前利息，37.5万罚金	
54		Two FLIR Employees	行贿	中东国家	否	不承认不否认	分别支付5万与2万罚金	
55		Biorad Labs	5年间持续行贿	俄罗斯、越南、泰国	否	否认	支付4070万非法所得与审前利息，1435万刑事罚金	在2年内向SEC报告合规计划实施情况
56		Layne Christiensen Company	2005—2010，行贿	非洲国家	是	承认	交出389万非法所得，支付85.9万审前利息	在2年内向SEC汇报合规计划实施情况
57		Smith and Wesson	2007—2010，行贿	巴基斯塔、印尼、土耳其、尼泊尔等国家	否	不承认不否认	交出10万非法所得，支付2.1万审前利息，缴纳190万罚金	在2年内向SEC汇报合规计划实施情况

续表

序号	年度	违法行为人	犯罪行为与时间	犯罪行为地	是否自我披露	是否认罪	处理结果	其他
58		Hewlett-Pachard	2000—2010,行贿	波兰、俄罗斯、墨西哥	否	否认	交出2900万非法所得,支付500万审前利息、742万刑事罚金	
59		Alcoa	1989—2009,行贿	巴林	否	否认	交出1.75亿非法所得,支付2.09亿刑事罚金	
60		ADM	2002—2008	德国、乌克兰	否	承认	交出3334万非法所得,支付312.5万审前利息	在3年内向SEC报告合规计划实施情况
61	2013	Weatherford International	2002—2011,行贿	中东与非洲	否	承认	向SEC交出6561.2万钱款,包括187.5万的罚金,向美国司法部支付8700万刑事罚金,向其他三个部门支付1亿罚金	在18个月内接受合规监督,并在其后18个月内向SEC汇报合规计划实施情况

续表

序号	年度	违法行为人	犯罪行为与时间	犯罪行为地	是否自我披露	是否认罪	处理结果	其他
62		Stryker Corporation	2006—2007	墨西哥、希腊、波兰	否	不承认不否认	交出 750 万非法所得，支付 228 万审前利息与 350 万罚金	
63		Diebold	2005—2010	中国、俄罗斯、印尼等国家	否	否认	交出 2290 万非法所得以及利息，缴纳 2520 万刑事罚金	任命独立的合规监督员
64		Total S. A.	1995	伊朗	否	否认	交出 1.53 亿非法所得，缴纳 2.452 亿罚金（缓起诉）	任命独立的合规顾问审查合规报告
65		Ralph Lauren	2005—2009	阿根廷	是	承认	交出 70 万非法所得与利息，缴纳 88.2 万（不起诉）	
66		Parker Drilling Company	2004	尼日利亚	否	否认	交出 305 万非法所得，支付 104 万利息，缴纳 1176 万刑事罚金（缓起诉）	
67		PHILIPS	1999—2007	波兰	是	承认	交出 312 万非法所得，支付 139 万利息	

续表

序号	年度	违法行为人	犯罪行为与时间	犯罪行为地	是否自我披露	是否认罪	处理结果	其他
68		Eli Lilly	5 年间持续行贿	俄罗斯、中国、巴西、波兰	否	不承认不否认	交出 1395 万非法所得，支付 674 万利息及 870 万罚金	任命独立的合规官员审查合规报告
69		ALLIAN SE	2001—2008	印尼等	否	不承认不否认	交出 531 万非法所得，支付 176 万利息与 531 万罚金	承诺不再犯罪
70	2012	Tyco	2006—2009	德国、中国、土耳其等地	是	承认	交出 1056 万非法所得，支付 256 万利息；缴纳 1368 万刑事罚金（不起诉）	承诺不再违反 FCPA
71		Oracle	2005—2007	印度	是	承认	支付 200 万罚金	承诺不再违反 FCPA
72		PFIZER	2001—2009	巴伐利亚、中国、克罗地亚、捷克、意大利、俄罗斯等国家	是	承认	交出 1603 万非法所得，支付 1030 万利息	在 2 年内向 F-CPA 报告合规计划实施情况，并承诺不再违反 FCPA

续表

序号	年度	违法行为人	犯罪行为与时间	犯罪行为地	是否自我披露	是否认罪	处理结果	其他
73		Orthofix International	2003—2010	墨西哥	否	否认	交出498万非法所得，支付24.2万利息，缴纳222万刑事罚金	承诺不再违反FCPA，在2年内向SEC报告合规计划实施情况
74		Biolet	2000—2008	中国	否	否认	交出443万非法所得，支付114万利息，缴纳1728万刑事罚金	任命独立的合规顾问审查合规报告，永不违反FCPA
75	2012	Garth R. Peterson	2004—2007	中国	否	承认	交出25万非法所得以及当时价值340万的上海地产，禁止从事证券行业；司法部门继续刑事指控	
76		Mark A. Jackson, Noble		尼日利亚	否	承认	个人罚金	
		James J. Ruehlen, Noble		尼日利亚	否	否认		
		Thomas F. O'Rourke Noble		尼日利亚	否	不承认不否认		

附录二

美国司法部历年处理的 FCPA 案件统计

（1977—2018.10）

年度	案件数量	NPA 案件	DPA 案件	PA 案件	起诉案件
1977	0				
1978	0				
1979	1			1	
1980	0				
1981	0				
1982	5			3	
1983	5			3	2
1984	0				
1985	3			1	2
1986	0				
1987	0				
1988	1				1
1989	5			4	1
1990	4			2	2
1991	1				1
1992	1				1
1993	2			1	1
1994	4			3	
1995	0				
1996	0				

续表

年度	案件数量	NPA 案件	DPA 案件	PA 案件	起诉案件
1997	0				
1998	4			3	1
1999	3			2	1
2000	0				
2001	7		1	4	2
2002	4			4	
2003	5		1	2	2
2004	5	1		4	
2005	8	1	1	3	3
2006	7		2	5	
2007	18	5	5	6	2
2008	26	1	8	11	6
2009	44	2	2	16	24
2010	33	4	10	17	2
2011	16	3	4	1	8
2012	13	3	6	1	3
2013	23	2	5	6	10
2014	20	2	3	4	11
2015	16				
2016	32	4	6	10	12
2017	35	1	4	9	21
2018	27	4	3	7	13

附录三

美国司法部历年处理的 FCPA 案件目录

Chronological List, 1979

United States v. Kenny International Corp.

Chronological List, 1982

United States v. International Harvester Company

United States v. Crawford Enterprises, Inc., *et al.*

United States v. Ruston Gas Turbines, Inc.

United States v. C. E. Miller Corporation, *et al.*

Chronological List, 1983

United States v. Alfonso A. Rodriguez

United States v. Sam P. Wallace Company, Inc.

United States v. Marquis D. King

United States v. Applied Process Products Overseas, Inc.

United States v. Gary D. Bateman

Chronological List, 1984

Chronological List, 1985

United States v. W. S. Kirkpatrick, Inc.

United States v. Harry Carpenter

United States v. Silicon Contracto-

rs, Inc.

Chronological List, 1986

Chronological List, 1987

Chronological List, 1988

United States v. David J. Janasik

Chronological List, 1989

United States v. Joaquin Pou, *et al.*

United States v. Young & Rubicam, Inc., *et al.*

United States v. Goodyear International Corp.

United States v. Richard H. Liebo

United States v. Napco International, Inc., *et al.*

Chronological List, 1990

United States v. Harris Corporation, *et al.*

United States v. F. G. Mason Engineering, Inc., *et al.*

United States v. John Blondek, *et al.*

United States v. George V. Morton

Chronological List, 1991

United States v. Eagle Bus Manufacturing, Inc.

Chronological List, 1992

United States v. General Electric Company

Chronological List, 1993

United States v. Gary S. Klein

United States v. American Totalisator Company, Inc.

Chronological List, 1994

United States v. Lockheed Corporation, *et al.*

United States v. Vitusa Corporation

United States v. Denny J. Herzberg

United States v. Herbert B. Steindler, *et al.*

Chronological List, 1995

Chronological List, 1996

Chronological List, 1997

Chronological List, 1998

United States v. Control Systems Specialist, *et al.*

United States v. Saybolt North America Inc., *et al.*

United States v. Herbert Tannenbaum

United States v. David H. Mead, *et al.*

Chronological List, 1999

United States v. Metcalf & Eddy, Inc.

United States v. Litton Applied Technology Division, *et al.*

United States v. International Materials Solutions Corp., *et al.*

Chronological List, 2000

Chronological List, 2001

United States v. David Kay, *et al.*

United States & SEC v. KPMG Siddharta Siddharta & Harsono, *et al.*

United States v. Richard K. Halford

United States v. Albert Franklin Reitz

United States v. Joshua C. Cantor

United States v. Robert Richard King, *et al.*

United States v. Daniel Ray Rothrock

Chronological List, 2002

United States v. Syncor Taiwan, Inc.

United States v. Ramendra Basu

United States v. Richard G. Pitchford

United States v. Gautam Sengupta

Chronological List, 2003

United States v. Hans Bodmer

United States v. Clayton Lewis

United States v. James H. Giffen, *et al.*

United States v. J. Bryan Williams

United States v. Thomas Farrell

Chronological List, 2004

In Re In Vision Technologies, Inc.

United States v. Robert E. Thomson, *et al.*

United States v. ABB Vetco Gray, Inc., *et al.*

United States v. Vincent Nico

United States v. Thomas Carman

Chronological List, 2005

United States v. Richard John Novak

United States v. DPC (Tianjin) Co. Ltd.

United States v. Viktor Kozeny, *et al.*

United States v. Frederic Bourke

United States v. David Pinkerton

In Re Micrus Corporation

United States v. Titan Corporation

United States v. Monsanto Company

Chronological List, 2006

United States v. Christian Sapsizian, *et al.*

United States v. Statoil, ASA

United States v. SSI International Far East, Ltd.

United States v. Jim Bob Brown

United States v. Yaw Osei Amoako

United States v. Steven Lynwood Head

United States v. Faheem Mousa Salam

Chronological List, 2007

In Re Lucent Technologies Inc.

In Re Akzo Nobel N. V.

United States v. Ali Hozhabri

United States v. Ingersoll−Rand Italiana SpA

United States v. Thermo King Ireland Limited

United States v. York International Corporation

In Re Paradigm B. V.

In Re Textron Inc.

United States v. Steven J. Ott

United States v. Roger Young

United States v. Jason Edward Steph

United States v. Si Chan Wooh

In Re Omega Advisors, Inc.

United States v. William J. Jefferson

United States v. Leo Winston Smith

United States v. Baker Hughes Services International, Inc.

United States v. Baker Hughes Incorporated

United States v. Vetco Gray Controls Inc. , *et al.*

United States v. Aibel Group Limited

Chronological List, 2008

United States v. Iveco S. p. A.

United States v. CNH Italia S. p. A.

United States v. CNH France S. A.

United States v. Mario Covino

United States v. Siemens Aktiengesellschaft

United States v. Siemens S. A. (Argentina)

United States v. Siemens Bangladesh Limited

United States v. Siemens S. A. (Venezuela)

United States v. Misao Hioki

United States v. Shu Quan-Sheng

United States v. Nam Quoc Nguyen, *et al.*

United States v. An Nguyen, *et al.*

United States v. Kim An Nguyen, *et al.*

United States v. Joseph T. Lukas

United States v. Albert Jackson Stanley

United States v. Ousama M. Naaman

In Re Faro Technologies, Inc.

United States v. AGA Medical Corporation

United States v. Willbros Group, Inc., *et al.*

United States v. Martin Eric Self

United States v. Renault Trucks SAS

United States v. Volvo Construction Equipment, AB

United States v. Flowserve Pompes SAS

In Re Westinghouse Air Brake Technologies Corporation ("Wabtec")

United States v. James K. Tillery, *et al.*

United States v. Gerald Green, *et al.*

United States v. Patricia Green

Chronological List, 2009

In Re UT Starcom Inc.

United States v. John W. Warwick

United States v. Amaro Goncalves, *et al.*

United States v. John M. Mushriqui, *et al.*

United States v. Paul Grayson Novak

United States v. David R. Painter, *et al.*

United States v. Pankesh Patel

United States v. Ofer Paz

United States v. Israel Weisler, *et al.*

United States v. John Benson Wier III

United States v. Haim Geri

United States v. Yochanan R. Cohen

United States v. Saul Mishkin

United States v. R. Patrick Caldwell, *et al.*

United States v. Andrew Bigelow

United States v. Helmie Ashiblie

United States v. Daniel Alvirez, *et al.*

United States v. John Gregory Godsey, *et al.*

United States v. Jonathan M. Spiller

United States v. Joel Esquenazi, *et al.*

United States v. Robert Antoine

United States v. Carlos Rodriguez

United States v. Jean Rene Duperval

United States v. Amadeus Richers

United States v. John Joseph O'Shea

United States v. Charles Paul Edward Jumet

United States v. AGCO Limited

In Re Helmerich & Payne, Inc.

United States v. Control Components, Inc.

United States v. Fernando Maya Basurto

United States v. Novo Nordisk A/S

United States v. Juan Diaz

United States v. Antonio Perez

United States v. Stuart Carson, et al.

Rose Carson

Flavio Ricotti

David Edmonds

Paul Cosgrove

United States v. Latin Node, Inc.

United States v. Jeffrey Tesler, et al.

United States v. Wojciech J. Chodan

United States v. Kellogg Brown & Root LLC

United States v. Juthamas Siriwan, et al.

United States v. Richard Morlok

Chronological List, 2010

United States v. Alcatel-Lucent, S. A.

United States v. Alcatel-Lucent France, S. A. , et al.

United States v. Manuel Salvoch

United States v. Juan Pablo Vasquez

United States v. Jorge Granados, et al.

United States v. Manuel Caceres

In Re RAE Systems Inc.

United States v. Panalpina, Inc.

United States v. Panalpina World Transport (Holding) Ltd.

In Re Noble Corporation

United States v. Shell Nigeria Exploration and Production Co. Ltd.

United States v. Pride International, Inc

United States v. Pride Forasol S. A. S.

United States v. Tidewater Marine International, Inc.

United States v. Transocean Inc.

United States v. ABB Inc.

United States v. ABB Ltd-Jordan

United States v. Enrique Aguilar, et al.

United States v. Alliance One Tobacco Osh, LLC

In Re Alliance One International, Inc.

United States v. Alliance One International AG

In Re Universal Corporation

United States v. Universal Leaf Tabacos Ltd.

United States v. Bobby Jay Elkin, Jr.

United States v. Snamprogetti Netherlands B. V.

United States v. Technip S. A.

United States v. Daimler AG

United States v. Daimler Chrysler Automotive Russia SAO

United States v. Daimler Export and Trade Finance GmbH

United States v. DaimlerChrysler China Ltd.

United States v. Innospec Inc.

United States v. BAE Systems plc

United States v. Jean Fourcand

United States v. Richard T. Bistrong

United States v. Ulrich Bock

United States v. Miguel Czysch

United States v. Eberhard Reichert

United States v. Carlos Sergi

United States v. Andres Truppel

United States v. Bridgestone Corporation

In Re Armor Holdings, Inc.

In Re Tenaris S. A.

United States v. Johnson and Johnson (DePuy)

In Re Comverse Technology, Inc.

United States v. JGC Corporation

United States v. Tyson Foods, Inc.

United States v. Maxwell Technologies, Inc.

United States v. Mizanur Rahman

In Re Tyco International, Ltd.

United States v. Tyco Valves and Controls Middle East, Inc.

United States v. Pfizer H. C. P. Corporation

In ReThe NORDAM Group, Inc.

United States v. Orthofix International, N. V.

United States v. Data Systems & Solutions LLC.

United States v. Garth Peterson

United States v. Biomet, Inc.

United States v. Bizjet International Sales and Support, Inc.

In Re Lufthansa Technik AG

United States v. Smith & Nephew, Inc.

United States v. Marubeni Corporation

In Re Archer Daniels Midland Company

United States v. Alfred C. Toepfer International (Ukraine) Ltd.

United States v. Bilfinger SE

United States v. Weatherford International Ltd.

United States v. Weatherford Services, Ltd.

United States v. Diebold, Inc.

United States v. Alain Riedo

United States v. Lawrence Hoskins

United States v. Ernesto Lujan

United States v. Total, S. A.

United States v. Maria delos Angeles Gonzalez de Hernandez

United States v. Jose Alejandro Hurtado

United States v. Tomas Alberto Clarke Bethancourt

United States v. William Pomponi

In Re Ralph Lauren Corporation

United States v. Frederic Pierucci

United States v. David Rothschild

United States v. Parker Drilling Company

United States v. Frederic Cilins

United States v. Peter Dubois

United States v. Jald Jensen

United States v. Bernd Kowalewski

United States v. Neal Uhl

Chronological List, 2014

United States v. Alstom S. A., et al.

United States v. Avon Products, Inc.

United States v. Avon Products (China) Co. Ltd.

United States v. Dallas Airmotive

In Re Bio-Rad Laboratories, Inc.

United States v. Benito Chinea

United States v. Joseph Demeneses

United States v. Hewlett-Packard Polska, SP. Z O. O.

United States v. ZAO Hewlett-Packard A. O.

In Re Hewlett-Packard Mexico, S. de R. L. de C. V.

United States v. Dmitri Firtash

United States v. Suren Gevorgyan

United States v. Andras Knopp

United States v. Gajendra Lal

United States v. Periyasamy Sunderalingam

United States v. Marubeni Corporation

United States v. Asem M. Elgawhary

United States v. Alcoa World Alumina LLC

United States v. Joseph Sigelman

United States v. Gregory Weisman

United States v. Knut Hammarskjold

Chronological List, 2015

United States v. Roberto Enrique Rincon Fernandez

United States v. Abraham Jose Shiera Bastidas

United States v. Alfonzo Eliezer Gravina Munoz

United States v. Ernesto Hernandez-Montemayor

United States v. Christian Javier Maldonado Barillas

United States v. Jose Luis Ramos Castillo

United States v. Andres Truppel

United States v. James McClung

United States v. Richard Hirsch

United States v. Vicente Eduardo Garcia

United States v. Louis Berger International Inc.

United States v. Daren Condrey

United States v. James Rama

In Re IAP Worldwide Services, Inc.

United States v. Boris Rubizhevsky

United States v. Dmitrij Harder

Chronological List, 2016

In Re General Cable Corporation

United States v. Teva Pharmaceutical Industries Ltd.

United States v. Teva LLC

United States v. Odebrecht S. A.

United States v. Braskem S. A.

United States v. Keith Barnett

United States v. Rolls-Royce PLC

United States v. Joo Hyun Bahn

United States v. Malcolm Harris

United States v. Ban Ki Sang

United States v. Heon Cheol Chi

United States v. Mahmoud Thiam

United States v. Samuel Mebiame

United States v. Ng Lap Seng

United States v. Jeff C. Yin

In Re JPMorgan Securities (Asia Pacific) Limited

United States v. Embraer, S. A.

United States v. Victor Hugo Valdez Pinon

United States v. Karina Del Carmen Nunez-Arias

United States v. OZ Africa Management GP, LLC

United States v. Och - Ziff Capital Management Group LLC

United States v. Douglas Ray

United States v. Daniel Perez

United States v. Kamta Ramnarine

United States v. LATAM Airlines Group S. A.

United States v. Julia Vivi Wang

In Re BK Medical ApS

United States v. Ramiro Ascencio Nevarez

United States v. Olympus Latin America Inc.

United States v. Vimplecom Ltd.

In Re Parametric Technology

United States v. Moises Abraham Millan Escobar

Chronological List, 2017

United States v. Keppel Offshore & Marine Ltd.

United States v. Keppel Offshore & Marine USA, Inc.

United States v. Colin Steven

United States v. Lawrence W. Parker, Jr.

United States v. Ho

United States v. SBM Offshore, N. V.

United States v. SBM Offshore USA, Inc.

United States v. Ho, *et al.*

United States v. Ng Lap Seng

United States v. Jeff C. Yin

United States v. Marcelo Reyes Lopez

United States v. Anthony Mace

United States v. Petros Contoguris

United States v. Robert Zubiate

United States v. Michael Leslie Cohen

United States v. Joseph Baptiste

United States v. Telia Company AB

United States v. Fernando Ardila-Rueda

United States v. Luis Carlos De Leon-Perez, *et al.*

United States v. Cesar David Rincon-Godoy

United States v. Nervis Gerardo Villalobos-Cardenas

United States v. Alejandro Isturiz-Chiesa

United States v. Rafael Ernesto Retier-Munoz

United States v. James Finley

United States v. Aloysius Johannes Jozef Zuurhout

United States v. Andreas Kohler

In Re Las Vegas Sands Corp.

United States v. Rolls-Royce PLC

United States v. Sociedad Química y Minerade Chile ("SQM")

United States v. JERDS Luxembourg Holding S. ÀR. L.

United States v. Malcolm Harris

United States v. Ban Ki Sang

United States v. Joo Hyun Bahn

United States v. Charles Quintard Beech III

United States v. Juan Jose Hernandez-Comerma

Chronological List, 2018

United States v. Jose Manuel Gonzalez-Testino

In re Credit Suisse

In re Legg Mason, Inc.

United States v. Petros Contoguris

United States v. Vitaly Leshkov

United States v. Azat Martirossian

United States v. SGA Société Générale

Acceptance, N. V.

United States v. Société Générale, S. A.

United States v. Panasonic Avionics Corporation

United States v. Cesar David Rincon-Godoy

United States v. Marcelo Reyes Lopez

United States v. Juan Carlos Castillo

United States v. Egbert Yvan Koolman

United States v. Lawrence W. Parker, Jr.

United States v. Eberhard Reichert

United States v. Arturo Escobar Dominguez

United States v. Luis Carlos De Leon-Perez, *et al.*

United States v. Nervis Gerardo Villalobos-Cardenas

United States v. Alejandro Isturiz-Chiesa

United States v. Rafael Ernesto Reiter-Munoz

United States v. Donville Inniss

United States v. Transport Logistics International, Inc.

United States v. Mark Lambert

United States v. Joo Hyun Bahn

United States v. Michael Leslie Cohen

第五章

单位贿赂犯罪与合规计划

上述国外有关立法与司法实践表明，在法人贿赂犯罪越来越体现出组织化与国际化的情况下，法人贿赂犯罪的立法与司法在刑事责任领域越来越体现出客观化的特征，即以法人本身的预防努力以及与执法机构的合作情况为判断基础，在制度层面，即是以合规计划的实施情况为认定法人刑事责任的基础。本章将介绍合规计划的发展、现状，从理论上探讨其对法人刑事责任的影响，并探讨其有效性。

第一节　合规计划的发展与现状

一、合规计划的概念与要素

虽然许多国家在立法中规定了合规计划（compliance programs），并在司法实践中付诸适用，但是对于合规计划本身并没有统一的概念。例如，有学者认为，合规计划，就是指法人在法定框架内，结合法人自身的文化、性质以及规模等特殊因素，建立一套违法行为及犯罪行为的预防、发现和报告机制，从而减轻、免除法人的刑事责任，甚至将其行为正当化的机制；然而，上述机制不仅存在于制度层面，而且应被有效地贯彻和实施，从而形成法人的守法文化。有的学者认为，合规计划是指法人为预防、发现违法行为而主动实施的内部机制。其基本的构成要素有正式的行为准则、负责官员以及检举制度。还有的学者认为，合规计划通常被认为是结合了企业内部规定、伦理道德秩序等的一种企业自律的形式，其为政府政策和地方、国家或者国际的法规和制度所规范，并且致力于预防犯罪和其他违法行为的发生。[1] 从学术定义与相关立法可以看出，合规计划的基本含义包含以下两个方面：其一，由法人主动制定和实施，目的在于预防法人内部的违法和犯罪行为；其二，是在法人内部实施的机制，并在一定程度上体现为法人守法文化，与外部的法律规定和政府政策相区别。

如第四章第二节所述，就合规计划的具体构成要素，各国的立法规定并不一致。例如，罗马法院在 2003 年判决中指出："如果具有以下情形，则不能认为特定合规计划能够预防犯罪：没有具体针对企业被追诉之犯罪发生的领域；没有保证有效的自制与控制组织的独立性；没有载明只有合格的董事会的多数通过才能对之予以修改。"[2]《美国量刑指南》则就如何认定某一组织的合规计划是否是充分的，列明了七项要求：①该组织必须建立与之规模相适应，能够被合理地认为可以减少犯罪行为的守法标准与程序，如行为守则等；②该组织必须任命高层人员监督合规计划的实施；③该组织必须尽到充分注意义务，对于已经或者应该已经通过日常行为知道可能实施犯罪行为的职员，不应给予其裁量权；④该组织必须将合规计划有效地告

---

〔1〕 参见周振杰："企业刑事责任二元模式研究"，载《环球法律评论》2015年第 6 期。

〔2〕 Framcesca Chiara Beviliacqua, "Corporate Compliance Programs under Italian Law", at http://www.ethikosjournal.com（accessed 9 July 2016）.

知所有的成员；⑤该组织必须贯彻该计划，并通过监督体制与审计制度保证该计划得到遵守；⑥该组织必须通过适当的惩罚机制，贯彻各项标准；⑦在发现犯罪行为后，该组织必须已经采取了所有合理的措施对特定犯罪行为做出回应，防止类似犯罪行为的再次发生，包括对其合规计划进行修改，而且必须就相关犯罪行为向执法机关进行通报。[1]

总体而言，合规计划一般包括如下构成要素：①完整的道德规范或者行为准则；②为预防违法行为而制定的清晰政策和程序；③高层管理人员积极参与制定、实施与维护合规计划；④独立的而熟练的合规人员，包括首席合规官或者与之地位相同的官员；⑤针对雇员进行定期而有效的培训计划；⑥适当的违法行为举报制度，以确保举报人的隐私；⑦针对违规人员的惩戒措施；⑧对有助于形成合规和廉洁法人文化的员工予以奖励；⑨对合规计划进行动态监控和审计；⑩对合规计划定期进行评估和改善。

二、合规计划的产生与发展

（一）合规计划的产生

企业合规计划的基础理念之一是注重企业自律。据美国学者的考证，在美国要求企业自律的政策可以追溯至20世纪30年代对证券进行规制之时，但是首次明确规定企业合规计划及其对企业刑事责任影响的立法性文件，是20世纪80年代美国量刑委员会制定的《美国量刑指南》。[2] 但需要指出的是，美国联

---

〔1〕　See Molly E. Joseph, "Organizational Sentencing", *Criminal Law Review*, 35 (1997–1998), pp. 1027–1030.

〔2〕　See United States Sentencing Commission, "Federal Sentencing Guidelines for Organizations", at http://www.ussc.gov/orgguide.htm (accessed 8 July 2014).

邦量刑委员会于 1987 年公布《美国量刑指南》之时，其中并没有包括对犯罪企业的量刑标准，直至 4 年后，该委员会对指南进行修改并增加了第八章"组织量刑"（Sentencing of Organizations）的内容之时，才在该章第 C2.5 条明确规定，在犯罪发生之时，如果企业内部存在有效的合规计划，可以减轻刑事责任。[1] 也即，如果特定企业的行为表明，其并没有漠视法律，而且制定并积极实施了预防性合规计划，那么司法机关可以减轻其刑事责任。

关于上述规定的含义与意义，曾就任美国联邦地区法院法官与美国量刑委员会主席的戴安娜·E.墨菲（Diana E. Murphy）指出，组织量刑规则为企业制定、实施合规计划提供了动力，"通过促进适法与行为计划，组织量刑指南不仅为组织行为的实质性改变提供了动力，而且推动了量刑改革法目的的实现，即预防与威慑犯罪行为。而且，组织量刑指南也使得组织中的责任个体明白，如果他们不支持或者不致力于旨在预防与威慑违法行为的计划与程序，将会承担何种潜在的责任。"[2]

那么，国家为什么要推动企业合规计划的实施？企业为什么愿意主动实施合规计划？从企业的角度而言，犯罪行为不但给社会带来危害，同样也给企业本身带来危害，就如第四章所述，2001 年发生在美国的安然财务造假案与 2008 年发生在我国的三鹿案中，企业与社会都深受其害。从国家的角度而言，在预防企业犯罪方面，"似乎可以得出与单纯的刑法对策相比，企业合规计划可能更为有效的结论。（因为）企业合规计划在照顾到

---

〔1〕 See Molly E. Joseph, "Organizational Sentencing", *Criminal Law Review*, 35 (1997-1998), p. 1018.

〔2〕 See Diana E. Murphy, "The Federal Sentencing Guidelines for Organizations: A Decade of Promoting Compliance and Ethics", *Iowa Law Review*, 87 (2002), p. 699.

企业利益的同时，承认企业具有自由构建合规计划的余地。"[1]总而言之，"为了正常地评价企业，预防企业犯罪，必须着眼于企业本身的自主预防能力。"[2]

产生于美国的企业合规计划因其内涵与目标很快得到了许多国家的关注，尤其是处处效仿美国的日本。虽然其迄今没有承认法人刑事责任，但是日本早在20世纪80年代就开始推动企业制定、实施合规计划。1987年，日本的旧通商产业省（现在的经济产业省）对出口关联企业提出了实施合规计划的要求；该年年末，针对2300家出口关联企业所进行的调查表明，94%的企业已经建立起了内部合规计划。为进一步推动企业合规计划的应用，1987年11月，通商产业省在《出口贸易管理令实施规则》中要求，在申请出口许可之际必须随付合规计划。1988年2月，为提高出口申请审查手续的效率，出台了事前提出合规计划，接受审查，之后再进行出口许可申请的制度。也即，企业的合规计划实质上成了获得出口许可的必要条件。20世纪90年代，随着《反垄断法》执行的加强，反垄断领域企业合规计划的重要性显著提高。为此，日本于1991年先后颁布了《反垄断法合规计划辅导》与《反垄断法合规计划手册》，对必要的基本事项作了简洁的规定。以上述两项文件以及其后颁布的立法为基础，日本经济的各界逐渐制定了统一的指导守则，要求企业制定、实施合规计划。1993年针对在东京、大阪以及名古屋证券交易所上市的2063家企业进行的调查表明，正在实施合规计划的企业达到了60%，预定实施的企业达到了20%。[3] 与

---

[1] ［日］甲斐克则、田口守一编：《企业活动与刑事规制的国际动向》，信山社2008年版，第428页。

[2] ［日］麻生利胜：《企业犯罪预防的法理》，成文堂1999年版，前言。

[3] 参见 ［日］川崎友已：《企业刑事责任》，成文堂2004年版，第292页以下。

此同时，就如第四章第一节所述，虽然日本尚未在刑事立法中明确规定合规计划，但是判例已经表明了制定与实施合规计划能够减轻企业刑事责任的基本立场。

（二）合规计划的发展

20 世纪 90 年代之后在英美国家出现的新的法人刑事责任原则，进一步促进了企业合规计划的发展。如上所述，在传统上，英美国家主要根据两个原则来追究企业的刑事责任，一个是英国的等同原则（identification principle），另一个是美国的代理责任（vicarious liability），即任何法人雇员在职责范围内为了企业利益而实施的任何行为，都可以视同于法人本身所实施的行为，并据之追究企业的刑事责任。[1] 虽然等同原则与代理责任在"可以根据谁的行为来认定企业刑事责任"方面存在差异，但在实践中，它们都有着相同的逻辑判断过程，即在危害结果出现之后，首先确定个人刑事责任，然后据之处罚企业，也即都是以个人刑事责任为媒介来处罚企业。

出于与英国相同的刑事政策目的，在通过代理责任与等同原则处罚企业的同时，美国、澳大利亚等国在 20 世纪 90 年代之后，也逐渐开始扩大适用新的原则，主要有：

第一，集合责任原则（collective knowledge）。该原则主要为美国联邦司法机关所采纳。根据这一原则，即使没有具体企业雇员或者代理人实施犯罪行为，也可以追究企业的刑事责任。如果多个企业成员的意识与行为可以集合于企业本身，如果集合后的意识是由企业一方掌握，行为是由企业一方实施，就可

---

〔1〕 应当指出的是，在等同原则与代理责任之外，英美国家也根据严格责任、绝对责任来追究企业的刑事责任，但限制在轻微的行政犯范围之内。参见 Thomas J. Bernard, "The Historical development of Corporate Criminal Liability", *Criminology*, 2 (1984).

以据此评价企业的刑事责任。例如，在美国 1974 年的判例中，某公司的一个雇员知晓该公司关于评估货车驾驶员健康状况的程序中存在缺陷，另一个雇员不知道上述缺陷，根据该程序对某一患病驾驶员的健康状况进行了评估，并指派该驾驶员进行州际商业运输。法院判决认为，雇佣上述两个雇员的公司应该承担故意指派不合格驾驶员罪的刑事责任。[1]

第二，组织责任原则（organizational liability）。即以企业内部的组织运营情况，尤其是违法行为的预防机制及其实施情况，为判断企业刑事责任的主要依据。例如，英国《2007 年企业过失致人死亡罪法》第 1 条规定，如果某一企业的业务活动的组织、管理方式存在重大缺陷，严重违反了该企业对被害人所承担的相关义务，从而导致被害人死亡，应该追究该企业过失致人死亡罪的刑事责任。就如何判断企业是否严重违反了相关义务，该法第 8 条规定，陪审团在判断是否存在重大义务违反及其程度之际，应当考虑企业是否违反了卫生安全法规、企业内部是否存在滋生违法行为的政策、制度以及惯例。上述规定表明，在企业过失致人死亡罪的案件中，无需再确定具体的违法行为实施人，只要能够证明企业的组织结构、经营方式之中存在缺陷，并且此缺陷与死亡结果之间存在实质的因果关系，就可以追究企业的刑事责任。因为上述责任原则关注的核心是企业本身的组织状况与管理方式，所以英国内政部将之称为组织责任原则，以区别于传统的等同原则。

第三，企业文化责任原则（corporate culture）。根据该原则，判断企业是否存在犯罪故意或者过失的基础，不是企业雇员个

---

[1]　See Richard S. Gruner, *Coporate Criminal Liability and Its Prevention*, New York: Law Journal Press, 2009, p. 4.

人的主观意识，也不是企业活动的具体组织方式，而是组织内部存在的企业文化，即为企业员工所共享并对之行为与选择产生影响的一系列价值观、信仰以及行为规则。例如，1995 年《澳大利亚联邦刑法典》规定，企业犯罪的构成要件包括客观要件与主观要件，在确定企业主观方面是否存在授权或允许特定犯罪行为的犯意之际，如下两种事实可以成为标准：企业内部存在着引导、鼓励、容忍或者导致不遵守法律规定的企业文化，或者企业未能建立并保持要求遵守法律的企业文化。相似规定也可见于芬兰、加拿大等国的刑事立法。[1]

可以看出，在刑事政策目的推动下出现的集合责任原则、组织责任原则与文化责任原则，在企业刑事责任的判断方面有着实质的共通之处，即虽然集合责任原则以复数的个人意识与行为、组织责任原则以企业活动的组织情况、文化责任原则以企业的内部文化为标准，但总体而言，在认定企业责任之际，都不再以个人责任为媒介，都将关注的核心从个人转向了企业本身。

上述责任原则体现出了英美国家企业刑事责任论的发展方向，即在责任认定方面，从个人走向组织、从主观走向客观。与大陆法系国家相同，英美法系国家传统上也是以"个人"为假想对象来构建刑法理论，设定刑罚罚则。代理责任与等同原则之所以不约而同地选择通过个人责任来确定企业责任，原因就在于二者实质上都是处罚企业的刑事政策目的与传统刑法理

---

〔1〕 See Allens Arthur Robinson, "Corporate Culture as a Basis for the Criminal Liability of Corporations", Report for the United Nations Special Representative of the Secretary-General on Human Rights and Business, at http://198. 170. 85. 29/Allens - Arthur - Robinson- Corporate - Culture - paper - for - Ruggie - Feb - 2008. pdf（accessed 16 August 2018）.

论相折中的产物。根据代理责任也好，根据等同原则也好，对企业进行刑事处罚在实践中都要经历从个人到组织的过程，在认定个人刑事责任之际，都是基于传统刑法理论，客观的构成要件与主观的构成要件缺一不可，只不过在判断企业责任之际，加入了行为人是否是企业的雇员或是否是能够代表企业意志的高级管理人员等处罚条件。所以，代理责任与等同原则并没有超脱传统刑法理论的分析框架。

但是在以组织责任为基础的集合责任原则、组织责任原则以及文化责任原则之下，根据传统刑法理论进行的个人刑事责任判断已经不再必要，而代之以根据企业的组织规则、管理过程进行的组织责任判断；与此相适应，行为人的犯罪故意与过失等主观要素也不再对企业刑事责任产生影响，企业的守法状况以及内部管理活动等客观要素成了判断企业刑事责任的主要依据。这表明，在责任认定方面，集合责任等原则体现出了从个人到组织、从主观到客观的转变，这与传统的刑法理论是明显不同的。

在新的责任原则之下，合规计划受到了更大的重视，某些国家已经明确将之规定为辩护理由之一。例如，在澳大利亚，判例明确表明："是否存在有效的合规计划，原则应该纳入量刑的考虑范围。如果存在有效的合规计划而发生了犯罪，则减轻刑罚可能是适当的。相反的，未能实施合规计划则应该成为加重处罚的裁量因素。"[1] 英国《2010 年贿赂罪法》更是在第 7 条第 1 款明确规定，如果与商业组织相关的个人，出于以下目的实施了贿赂行为，则该商业组织应该承担贿赂罪的刑事责任：

---

[1]　Jonathan Clough and Carmel Mulhern, *The Prosecution of Corporations*, Oxford: Oxford University Press, 2002, p. 188.

①为该商业组织获得或保持业务；②在业务行为中为该商业组织获得或保持某项利益。该条第2款进而规定，如果该商业组织能够证明，在其内部存在适当的旨在预防特定行为人实施上述行为的程序，则构成合法辩护。第9条也明确要求，国务卿必须制定第7条第2款要求的商业组织能够用以预防特定行为人实施贿赂行为的程序与指南，并可以定时进行修订。

如下文所述，在20世纪90年代晚期，对于企业合规计划也存在一定的质疑。但是，因为"企业合规计划可以为企业管理提供两个决定性的要素。一个是可以让企业根据法律、法令的规定开展业务，一个是在说服各级的从业人员，让之相信严守法律边界开展业务可以为企业，或者说所有的从业人员带来利益方面，能够发挥重要作用"[1]。因此，在英美国家，企业接受监督自己行为义务的积极性不但没有减弱，反而在稳步增强。[2]上述《澳大利亚联邦刑法典》与英国《2010年贿赂罪法》的规定表明，立法机关也仍然对企业合规计划给予了极大的重视，继续将之视为企业犯罪预防政策的重要组成部分。

在俄罗斯、意大利、西班牙等传统上属于大陆法系的国家也相继通过立法或者判例接纳了合规计划。例如，与法国一样在传统上否定企业刑事责任的意大利，在2001年颁布了《第231号法令》，规定在企业员工实施犯罪的场合，也可以追究企业本身的刑事责任。但是如果被追诉的企业积极有效地实施了预防犯罪的合理措施，则可以免除责任。而且，如第三章所述，

---

〔1〕 Jonathan Clough and Carmel Mulhern, *The Prosecution of Corporations*, Oxford: Oxford University Press, 2002, pp. 2-3.

〔2〕 See Program of the Ad Hoc Committee on Corporate Compliance, Corporate Compliance Programs in the Aftermath of Sarbanes-Oxley: "The Time has Come, the Walrus Said—", *ABA Business Section Spring Meeting* (Los Angeles, CA, April 4, 2003), p. 2.

在这一法令的推动之下，意大利的企业纷纷开始制定、实施企业合规计划。[1]

在早于20世纪80年代就开始实施企业合规计划的日本，情况也是如此。2004年，为把握日本的企业犯罪现状，更为构建更有效的经济发展政策提供参考之目的，早稻田大学企业法制与法创造研究所针对日本3100家上市企业发出了调查问卷，回收有效问卷942份。对调查问卷的分析结果显示，在企业内部规定了企业社会责任的企业占68%，在企业内部建立起雇员违法行为预防制度的企业占67.3%，通知股东本企业存在合规计划的企业占31.5%，对消费者公开的有20%。[2]

第二节　合规计划与法人刑事责任

如上所述，合规计划对法人刑事责任的影响体现在如下三个方面：首先，可以构成免责事由。例如，《加拿大刑法典》第22.2条第（C）项规定，如果能够证明在犯罪行为发生之际，存在适当的预防措施，可以豁免法人的刑事责任。2015年7月新修订的《西班牙刑法典》允许在满足如下条件的情况下免除法人的刑事责任：①在犯罪行为发生之前，董事会已经采纳并实施了针对特定犯罪行为的管理和控制制度；②由具有主动权和控制权的独立监督机构负责相关制度，中小型法人中董事会可承担此职能；③犯罪人在行为之际以欺骗的方式故意规避了相关制度；④监督机构在监督和控制方面并无失职。其次，可

---

〔1〕　Framcesca Chiara Beviliacqua, "Corporate Compliance Programs under Italian Law", at http://www.ethikosjournal.com (accessed 16 July 2015).

〔2〕　参见［日］田口守一、甲斐克则、今井猛嘉、白石贤编著：《企业犯罪与适法计划》，商事法务2007年版，第20页以下。

以构成减轻情节。例如，首次在立法层面明确规定合规计划及对法人刑事责任影响的《美国量刑指南》在1991年增设的第八章"组织量刑"中明确规定："在发生法人犯罪行为之际，若其内部存在有效的合规计划，可据之减轻其刑事责任。"最后，可以影响起诉决定。如第四章第三节所述，美国司法部就是以有效实施的合规计划作为决定是否缓起诉与不起诉的主要参考事实。

但是，在承认企业合规计划的国家中，因为其"监督管理过失"的责任基础与"过失推定论"的责任原则以及理论界关于新、旧过失论的争论，日本成了一个特例。因此，下文就日本企业合规计划对企业刑事责任所可能产生的影响，进行详细介绍。

一、两罚规定与监督管理过失

日本的传统刑法理论与判例对于企业犯罪都是持否定态度的，因为"法人没有自己的身体与精神，而刑法规定身体活动与心理要素是犯罪的成立要件，法人的性质与刑法的处罚要件相矛盾。"[1] 现行《日本刑法典》第3条规定中的"人"也通常被解释为不包括法人。[2] 但在日本的刑罚法规中，却存在着大量的关于企业处罚的规定，其中最为典型的是两罚模式，即"如果企业的代表人、代理人、使用人或者其他雇员，在业务范围内实施犯罪，在处罚行为人的同时，对企业处以罚金"。两罚规定的立法可以追溯至1932年的《预防资本出逃法》（即《资本逃避防止法》）。根据该法的规定，如果在开展业务的过程中，出现了违反法律规定而需要承担刑事责任的情形，则在处

---

〔1〕 ［日］樋口亮介：《法人处罚与刑法理论》，东京大学出版会2009年版，第2页。

〔2〕 参见 ［日］山口厚：《刑法总论》，有斐阁2001年版，第32页。

罚具体行为人之外，对企业法人处以罚金。

就企业处罚的责任基础，在 20 世纪初期，"在两罚规定之下，司法判例一直坚持根据雇员的违法行为追究作为业务主的法人的无过失责任。"[1] 随着接受国外刑法理论、刑事立法和司法判例影响的日本学者日益增多，自然人与企业如果不存在任何形式的过失就不能处罚的观点，逐渐在判例与理论中占据了通说的位置。自 1957 年日本最高法院将之运用至司法实践开始，过失推定说在企业刑事责任论中取得了支配性地位。[2] 根据过失推定说，"关于雇员的违法行为，可以推定企业主未能尽到预防违法行为所必需的选任/监督义务，只要企业主不能证明已经尽到了上述义务，则不能免于处罚。"[3] 也即"企业法人的处罚根据在于未能尽到防止违法行为的必要责任，而且只要不能证明无过失，就可以进行处罚"[4]。

企业过失包括企业监督过失与企业管理过失。企业监督、管理过失论在 20 世纪 50 年代伴随着一系列的企业事故以及公害犯罪产生，并逐渐为判例所接受。[5] 企业监督过失，指企业关于监督他人不实施危险行为义务方面的过失。在监督过失的场合，企业处于监督导致法益侵害的直接行为人的地位，如果企业雇员导致了法益侵害，则可以推定企业未能尽到监督责任，存在可以处罚的过失。因为在企业与法益侵害结果之间存在直

---

〔1〕 ［日］神山敏雄：《日本的经济犯罪：其实情与法律对应》，日本评论社 2002 年版，第 276 页。

〔2〕 关于过失推定说对企业适用的背景以及发展等详细情况，参见 ［日］樋口亮介：《法人处罚与刑法理论》，东京大学出版会 2009 年版，第 10 页以下。

〔3〕 ［日］神山敏雄：《日本的经济犯罪：其实情与法律对应》，日本评论社 2002 年版，第 278 页。

〔4〕 ［日］山口厚：《刑法总论》，有斐阁 2001 年版，第 36 页。

〔5〕 参见 ［日］山中敬一：《刑法总论》（第 2 版），成文堂 2008 年版，第 386 页。

接行为的介入，所以监督过失又被称为"间接防止型过失"；企业管理过失，指企业关于危险的设备、物体、动物的管理方面的过失责任。在管理义务的场合，企业具有整备防止危险结果发生的人或物的体制的义务，如果企业因未能尽到其承担的义务而导致法益侵害发生，则可以对之进行处罚，因为企业的管理过失与危害结果具有直接联系，因此，管理过失又被称为"直接介入型过失"。[1]

可以看出，监督管理过失的认定基础，主要是企业的人事选任、内部管理与预防机制，而这恰恰是企业合规计划所关注的核心，所以企业合规计划与企业的监督管理过失之间也存在天然的联系。虽然在认定监督管理过失之际，根据日本刑法理论中的旧过失论与新过失论，可以得出不同的结论，但企业合规计划对上述结论，都可以产生直接的实质性影响，并进而影响到企业刑事责任的有无与大小。

二、合规计划与监督管理过失

（一）旧过失论、新过失论与危惧感说

过失概念的核心是违反注意义务，即"如果集中意识，就可以预见到结果并避免结果的发生。但因为意识集中的欠缺没有尽到结果预见义务，未能回避结果。过失的注意义务，由结果预见义务与结果回避义务构成"[2]。根据是强调结果预见义务还是强调结果回避义务以及对危险的认识程度，在日本的刑法理论中可以区分出旧过失论、新过失论以及危惧感说（亦被

---

〔1〕 参见［日］山口厚：《刑法总论》，有斐阁2001年版，第208页。

〔2〕 ［日］前田雅英：《刑法总论讲义》（第4版），东京大学出版会2006年版，第262页。

称为"新·新过失论"或"不安感说"）三种观点。

旧过失论是传统的过失论，也是当前处于有利地位的观点。旧过失论强调的是结果预见义务，或言结果预见的可能性，认为过失的本质是因为不注意而未能预见到危险结果，是与故意并列的责任要素。与此相应，虽然就过失的判断标准，在旧过失论中存在行为人注意能力说（主观说）、普通人注意能力说（客观说）以及主张如果行为的能力高于普通人，注意义务的上限根据客观说确定的折衷说等不同观点，但总体而言，根据旧过失论，过失的判断标准是主观的"人"的注意能力，或言具体预见危害结果的可能性。

新过失论是在 20 世纪 50 年代以后针对企业犯罪所提出的理论，其特点在于两个方面：其一，根据日本刑法理论的通说，犯罪论可以划分为构成要件论、违法性论与责任论三个阶段，与旧过失论主张过失是责任要素、应该在责任论阶段论述不同，新过失论主张过失犯在违法性阶段就已经与故意犯有所区别，也即过失是违法要素，应该在违法性论阶段论述。其二，新过失论将过失概念的核心从结果预见可能性向结果回避义务转移。根据以结果预见可能性为核心的旧过失论，如果存在危害结果与因果关系，而且可以肯定预见可能性，就可以进行处罚。新过失论则认为，旧过失论的处罚范围过大，因此，从限制过失犯处罚范围的立场出发，主张即使存在预见可能性，如果尽到了结果回避义务，就不能认定过失成立，并将结果回避义务设定为一定的客观行为基准，即认为过失是从基准行为的脱离。

与新过失论试图限定过失犯的处罚范围相反，20 世纪 60 年代之后，在公害犯罪、企业事故多发的背景下产生的危惧感说，主张扩大过失犯的处罚范围。在以结果回避义务为中心这一点上，危惧感说与新过失论相同，但是在预见可能性这一点上，其与新过失论存在重大区别。如上所述，可以说与旧过失论相比，新过失论所主张的预见可能性更为具体，因为仅有预见可能性还不能处罚，必须在未尽到结果回避义务之后才能处罚。而危惧感说则主张，以行为人负有结果回避义务为前提，具体的结果预见可能性并不必要，只要行为之中存在一定的不安感或者危惧感就足以认定过失的成立。

旧过失论、新过失论与危惧感说就过失的体系地位、注意义务的内容等方面都提出了不同的主张（参见表1）。危惧感说因为存在"心理要素与结果之间的关联性薄弱，有重返结果责任之嫌"等缺陷，[1] 而"在现在的日本社会，如果要进行责任非难，结果的预见可能性是必要要素。所以，不安感说未能获得多数支持，亦未能为司法实务所采纳"[2]。目前，存在于日本刑法理论之中的主要还是旧过失论与新过失论的对立，因此，下文仅从旧、新过失论两个不同的角度探讨企业合规计划对企业监督管理过失认定所可能产生的影响。

表1 三种过失论之比较

	旧过失论	新过失论	危惧感说
体系地位	责任要素	违法要素	违法要素
义务内容	结果预见义务	结果回避义务	结果回避义务
预见可能性	具体可能性	具体可能性	抽象危惧感
判断基准	主观的注意能力	客观的回避措施	客观的回避措施
处罚范围	限　制	进一步限制	扩　大

---

〔1〕 关于反对者对危惧感说的批判以及支持者的回应，参见 ［日］板仓宏：《现代社会与新刑法理论》，劲草书房1980年版，第117页以下。

〔2〕 ［日］前田雅英：《刑法总论讲义》（第4版），东京大学出版会2006年版，第271页。

（二）合规计划、旧过失论与企业过失认定

如上所述，旧过失论认为过失是责任要素，并以主观的注意能力为判断基准，所以从之出发，总体上可以得出如下结论：其一，原则上，作为客观存在的企业合规计划并不能触及企业行为的合法性问题，只能对企业应该负担的刑事责任产生影响；其二，在过失推定论的前提之下，企业合规计划难以否定，至少是难以完全否定企业的过失，因为企业合规计划并非针对特定行为、特定人而实施，而是针对企业的日常组织、经营行为以及所有的企业雇员展开的预防措施，无法否定针对特定危害结果的预见可能性；其三，虽然不能否定企业的过失，但企业合规计划可以减轻企业的过失，也即减轻企业的责任，因为"虽然存在企业合规计划，仍然会发生事故，所以在过失责任的认定之中，企业合规计划未必能起到决定性的作用，但是可以成为参考"[1]。

尤其是在根据管理过失追究企业刑事责任之际，企业合规计划对于过失认定的参考意义更为突出。因为管理过失的实质是追究企业在预防、减少灾害、事故的制度构建与实施方面的过失责任，即"追究因为不充分的结果回避措施（防灾体制）导致结果的过失责任"[2]。而企业合规计划恰恰可以说明企业在提高雇员法律意识、完善预防体制方面付出了相当的注意与努力。所以，在法益侵害结果发生的前提下，如果应该被追究刑事责任的企业制定并有效实施了合规计划，可以认为其在一定程度上尽到了注意义务，从而减轻其责任，这与日本东京高

---

〔1〕　［日］田口守一、甲斐克则、今井猛嘉、白石贤编著：《企业犯罪与适法计划》，商事法务2007年版，第115页。

〔2〕　［日］山口厚：《刑法总论》，有斐阁2001年版，第211页。

等法院以及埼玉县地方法院等的判例立场也是一致的。[1]

（三）合规计划、新过失论与企业过失认定

从新过失论出发则可以得出与上述完全不同的结论。首先，新过失论主张过失是违法性要素，所以理论上企业合规计划有可能在论及责任之前，通过否定行为的违法性，从而完全否定企业的刑事责任。其次，新过失论主张过失是从一定期待行为的脱离，其判断标准是客观的行为标准，即是否充分地采取了客观回避措施。合规计划实施的目的就在于保证企业本身及其雇员能够严格依照法律与行业要求开展业务行为，通过制定行为准则提供客观的行为标准，并通过设置内部举报与预防制度防止违法行为的发生。所以，在理论上，企业合规计划的存在及其有效实施，能够成为判断企业过失是否成立的标准。最后，如果企业合规计划及其有效实施能够成为企业过失的判断标准，则其进而可能超越企业过失认定，影响整个违法性论，因为企业合规计划在实质上成了阻却企业行为违法性的事由。

所以，如果说在监督过失的场合，鉴于企业雇员具体行为的存在，企业合规计划及其有效实施因为难以否定具体行为人的过失，而在阻却企业行为违法性方面还可能有所难度的话，那么在管理过失的场合，企业合规计划及其有效实施完全可以否定企业的过失，因为管理过失的核心就在于强调企业本身的组织情况、经营行为。也即，从新过失论出发，完全可以得出企业合规计划及其实施可以否定企业监督管理过失、进而否定行为违法性的结论。当然，这里必须强调的是：不是只要制定并实施了合规计划，就可以否定企业过失；必须是良好并且得到有效实施的企业合规计划，才可以否定企业过失，阻却企业

---

〔1〕　参见第四章第一节。

行为的违法性。

第三节 合规计划的有效性

一、质疑理由

2000 年以来，尤其是在都制定有比较完善的企业合规计划的美国的安伦公司案件与波音公司案件之后，[1] 对于企业合规计划的有效性与可行性，许多学者提出了质疑。有的学者指出："因为企业合规计划的假设前提是企业的领导人总是抱着慈善的念头开展业务，所以其存在根本性的缺陷。"[2] 有的学者更是进一步指出："现在，减少对规定合规计划的法律原则的重视，更有助于实现起诉企业的目的。"[3] 但是，也有的学者对企业合规计划的积极意义与作用表示肯定，认为"进行自律，自我保证遵守社会规范是必须的。严肃的内部合规计划有助于鼓励职工向权力机关说出真相，即报告他们认为可能已经过界的行为"[4]。

那么，企业合规计划在预防企业犯罪方面，是否能够发挥积极作用呢？对之是应该持否定态度还是肯定态度呢？与自然科学领域在一定时期内可以就具体问题得出一个确定的"对"或"错"的答案不同，在社会科学的各个领域，即使基于相同

〔1〕 关于上述两公司的企业适法计划以及实施情况，参见 Kimberly D. Krawiec, "Organizational Misconduct: Beyond the Principal-Agent Model", *Florida State University Law Review*, 32 (2005), pp. 571-614.

〔2〕 S. J. Charles Barnes, "Why Compliance Programs Fail: Economics, Ethics and the Role of Leadership", *HEC Forum*, 2 (2007), p. 109.

〔3〕 Philip A. Wellner, "Effective Compliance Programs and Corporate Criminal Prosecutions", *Cardozo Law Review*, 1 (2005), p. 16.

〔4〕 Andrew Weissmann with David Newman, "Rethinking Criminal Corporate Liability", *Indianan Law Journal*, 82 (2007), p. 419.

的事实，也可以得出不同的结论，更勿言就相同的事实可能存在不同的判断标准。例如，从上述的安伦公司案件与波音公司重大案件出发，的确可以得出企业合规计划存在重大缺陷，在预防企业犯罪方面的作用有限的结论，但是如果从企业合规计划减少的社会损失方面，可能又会得出相反的结论。所以，对企业合规计划的有效性及其作用，需要从对企业犯罪的预防、司法成本与社会损失三个不同的层面进行具体分析。

二、具体分析

第一，就企业合规计划在预防企业犯罪方面的作用，应该从犯罪类型与行为主体出发，进行分别探讨。如表 2 所示（○表示具有预防作用，○/×表示可能有预防作用，×表示基本上没有预防作用）：

首先，从犯罪类型而言，对于过失犯罪，企业合规计划应该能够发挥相当的预防作用。原因有二：其一，无论是普通过失犯罪也好，还是业务过失犯罪也好，过失犯罪发生的原因，主要是行为人对注意义务的疏忽或者不充分履行，而企业合规计划的主要功能之一，就是要求企业对其所有职工进行守法教育与义务提示，尽可能地保证企业所承担的各项义务能够得到切实履行；其二，从企业本身的预防意愿的角度而言，由于过失犯罪不是企业高层管理人员所追求的，而且也会给企业本身带来相当的损失，所以企业本身愿意通过培训职工与改善组织，防止企业内部过失行为的发生。

其次，就故意犯罪而言，根据行为主体在企业内部所处的地位不同，企业合规计划可能发挥的作用是不同的：①就高层管理人员而言，因为在法律与企业内部章程规定的职权范围内，他们具有几乎是完全的自主权，而且企业合规计划的实施与监督也受到他们的管理职权与活动的影响，所以，如果企业高层管理人员具有犯罪的决意，企业合规计划就很难发挥预防作用，上述的安伦公司案与波音公司案也证明了这一点。②对于一般从业人员而言，由于他们并不能左右企业整体的决策，而且其职权与行为对于企业合规计划的实施难以形成影响，所以，如果企业内部的监督程序与活动到位，内部制裁充分，企业合规计划对于他们的故意违法行为，是能够发挥预防作用的。③对于企业中层管理人员而言，虽然他们并不能左右企业的整体决策，但是他们的职权与行为对于企业合规计划的实施有可能产生影响，而且他们也有可能获得企业高层管理人员或者机构的默许或者纵容，所以，企业合规计划对于他们的故意违法行为，未必能够发挥预防作用，至少其预防作用不如在一般从业人员的场合那么明显。

表 2　合规计划的预防效应

行为主体 犯罪类型	高层管理人员	中层管理人员	一般从业人员
故意犯罪	×	○/×	○
过失犯罪	○	○	○

　　第二，在减少司法成本方面，如上所述，在规定企业合规计划的国家，企业如欲通过其内部合规计划获得刑事责任的减免，必须能够证明其相关内部规定、实施机制以及内部制裁等是"充分的"或者"有效的"，而且立法或司法机关通常会要求企业在发现内部已经或者可能存在的违法行为后，应该及时向执法机关汇报，并进行充分合作，这对于减少司法成本而言无疑是具有非常积极的意义的，上文对美国证券委员会与司法

部处理案例的总体分析与具体案例已经说明了这一情况。此处再次试举较早的两个案例以作说明。①德普公司中国行贿案。2005 年，位于美国的德普诊断产品有限公司（Diagnostic Products Corporation，DPC）主动向美国司法部提交报告，披露其中国子公司天津德普诊断产品有限公司在 1991 年到 2002 年期间，向中国国有医院医生行贿 162.3 万美元的现金，用来换取这些医疗机构购买 DPC 公司的产品，从中获利 200 万美元的，其行为已违反《反海外腐败法》，[1] 并表示接受司法部的制裁。②威视公司海外行贿案。2004 年 6 月，生产航空装置的威视公司（Vision Tech.）在与通用电气合并之际，发现其内部可能存在违反《反海外腐败法》的行为。随后，威视公司迅速通知美国司法部与证券委员会，并披露了其于 2001—2004 年间在泰国、菲律宾、中国的营业记录。这些记录显示，威视公司的国外代理商和经销商曾经告知威视公司的一名高级销售主管可能存在向外国官员的可疑支付，但该主管并没有采取相应的措施，也没有通知威视公司的其他高级经理人，该公司随后表示自愿接受美国司法部与证券交易委员会总计 130 万美元的罚金制裁。[2] 在这两个案件中，犯罪行为都发生在美国之外，而且都属于情况比较复杂的案件。如果相关企业不展开充分的合作，

---

〔1〕 根据该法规定，下列行为构成商业贿赂，应当予以禁止，并给予处罚：公司（包括公司官员、董事、雇员、公司的代理人或为了公司利益而行为的任何持股人）为了获得或保持业务或将业务给予某人，而给予任何外国官员（外国政党、政党官员或政治机构的候选人）金钱，或为其支付或承诺为其支付（包括授权做出此类承诺）任何财物；明知第三人为了协助其获得或保持业务，会将向其支付的金钱的一部分或全部直接、间接或承诺给予外国官员（外国政党、政党候选人或政党官员），而向该第三人支付。

〔2〕 参见周振杰："美国反商业贿赂的经验与启示"，载《中国党政干部论坛》2006 年第 6 期，第 47~49 页。

司法机关必须对特定犯罪行为进行侦查、取证、起诉等，如此势必大大增加时间与人力、物力成本。而在上述两个案件中，由于涉案公司的自我披露与认罪，上述环节都得以省略，也即，节省了绝大部分的司法成本。

第三，在减少社会损失方面，企业犯罪涉及的被害人通常范围都比较大，这也就意味着其一旦发生，造成的社会损失也比较严重，尤其是在有关企业事故、食品安全、卫生安全等犯罪的场合。因此，如果企业能够制定并有效实施内部的违法行为预防计划，或者在发现可能存在违法行为之际，及时采取补救措施，并与执法机关展开合作，提醒社会公众注意，并进行自我防范，无疑可以尽可能地减少社会损失。

三、保障机制

合规计划上述三方面积极作用的发挥，不但取决于企业的内部实施机制，而且受到外部机制的重要影响。这里所谓内部实施机制，包括企业内部的行为规则、组织方式、实施程序、人员配置、内部制裁等。所谓外部机制，简单而言，主要包括两个部分：

第一，指国家立法机关、司法机关与执法机关的针对企业合规计划所进行的立法与执法活动，如规定企业合规计划的法律地位、有效性的判断标准等。尤其需要指出的是，立法与司法不但需要起到鼓励企业的作用，而且应该发挥保护企业内部实施企业合规计划的人员以及进行举报的人员的作用。

第二，是在企业、国家之外的，作为第三方的由社会成员个体所组成的各类社会组织，通过游行、集体抗议、信息通报、公开谴责等实现的自发监督活动。不言而喻，企业活动涉及社会生活的各个方面，而执法机关的管理活动是有限的，不可能时时刻刻对企业活动进行全方位的监督，而且现代法治原则也不可能允许执法机关如此作为。所以，为了对企业形成持续的外部压力，促进其制定、实施企业合规计划的积极性，在立法、执法与司法活动之外，作为补充，应该让社会组织有充分发挥其作用的空间。

总而言之，从企业犯罪原因的多元性出发，尤其是在现代社会，企业的组织结构日趋复杂，而"一般认为，如果组织情况变得复杂，企业内部的沟通就会变得困难，经营层面的控制相应也会变得困难。同时，企业决定权的分散化与部门自主权的提高会减少个人责任。因此，就会出现违法行为增加的趋势"[1]。所以，遏制企业犯罪需要制定并实施综合性的预防政策。在这个综合性的预防政策之中，作为三方主体，国家、社会与企业相互联系、相互影响；作为构成要素，刑事处罚、行政制裁、市场机制以及企业文化、企业合规计划等之间也必然会产生联系，交互作用。所以，权力机关需要对作为企业预防政策核心的企业合规计划表示出充分的重视，采取措施，提高企业自律的积极性与动力，推动企业制定、实施内部违法行为发现与预防计划。

---

〔1〕 〔日〕白石贤：《企业犯罪与丑闻的法律政策》，成文堂 2007 年版，第 20 页。

第六章

合规计划有效性的具体判断

如上所述，随着世界经济全球化、法人组织复杂化、经营活动跨国化，各国在预防法人贿赂犯罪方面不得不面对调查取证越来越难等新的挑战。为此，越来越多的国家采纳了以合规计划为核心的二元刑事责任论，以减轻证明负担、提高预防效应。从各国的立法与司法实践来看，必须是有效实施的合规计划，才可以成为辩护理由或者量刑情节。那么，如何具体判断合规计划的有效性？本章将尝试通过介绍具体案例、进行对比分析，探讨判断合规计划有效性的具体标准。

第一节 案例简介

一、英国 SG 案

如上所述，英国《2010 年贿赂罪法》第 7 条明确将合规计划规定为商业组织不履行预防贿赂义务罪的否定性构成要件。[1] 根据该条规定，如果商业组织不积极制定、实施符合该条第 2 款

---

〔1〕 关于商业组织不履行预防贿赂义务罪，参见周振杰："英国刑法中的商业组织不履行预防贿赂义务罪研究——兼论英国法人刑事责任的转变与发展方向"，载《刑法论丛》2012 年第 3 期。

规定的适当程序，而致使与商业组织相关的个人，为商业组织获得或者保持业务、业务活动中的优势之目的，而实施了符合该法第 1 条规定的行贿罪与第 6 条规定的贿赂外国公职人员罪的行为，应承担刑事责任。质而言之，即使商业组织对与其相关的个人的贿赂行为一无所知，也可能因为未能有效预防贿赂或者腐败而被追究责任。尽管《2010 年贿赂罪法》直接使用的是"适当程序"而非"合规计划"这一概念，但是在实质上，二者的含义与法律功能是相同的。为指导商业组织制定与实施合规计划，并为判断合规计划的有效性提供法律依据，英国司法部颁布了《2010 年贿赂罪法适用指南》（以下简称《指南》），明确指出在判断特定商业组织的合规计划是否有效之际，应根据《指南》规定的基本原则，结合个案具体情况和环境逐案进行。[1]

根据《2010 年贿赂罪法》第 7 条第 5 款，此处的"商业组织"包括：（a）根据英国任何一处法律获得法人资格，并开展业务的团体（不考虑业务地点）；（b）在英国任何一处开展全部或者部分业务的其他企业组织（不考虑是否具有法人资格）；（c）根据英国任何一处的法律成立，并开展业务的合伙（不考虑业务地点）；（d）在英国任何一处开展全部或者部分业务的其他企业组织（不考虑成立地点）。此处的"合伙"，指英国《1890 年合伙法》规制范围内的合伙，或者根据《1907 年有限合伙法》登记的有限合伙，或者根据英国之外的任何一国或地区法律成立的具有类似性质的公司或者实体。由此可见，商业组织不履行预防贿赂义务罪的犯罪主体范围广泛，只要有部分

---

〔1〕 See Ministry of Justice, "The Bribery Act 2010 - Guidance", at https://assets. publishing. service. gov. uk/government/uploads/system/uploads/attachment_data/file/181762/bribery-act-2010-guidance. pdf（accessed 17 November 2017）.

业务在英国，就可以因未能有效实施合规计划而被追究刑事责任。正是因为《2010 年贿赂罪法》规制的商业组织范围广泛，特别是许多跨国公司因此增加了在内部设立并有效实施合规计划的义务，明确如何达到合规计划的有效性就愈发重要了。

就"相关个人"，《2010 年贿赂罪法》第 8 条规定如下：①为了第 7 条规定的目的，如果某人（"A"）为商业组织（"C"）提供服务或者以 C 的名义提供服务（不考虑贿赂行为的情况），则 A 就是与 C 相关的个人；②A 为 C 提供服务或者以 C 的名义提供服务的职责范围，不产生影响；③A 可能是（例如）C 的员工、代理人或者子公司；④在判断 A 是否是为 C 提供服务或以 C 的名义提供服务时，需要根据所有相关情节进行综合判断，不应该仅仅根据 A 和 C 之间关系的性质进行判断；⑤但是如果 A 是 C 的员工，除非有相反的证明，则可以推定 A 就是为 C 提供服务或者以 C 的名义提供服务的人员。

（一）责任认定

SG 案是英国司法机关根据商业组织不履行预防贿赂义务罪追究被告法人刑事责任的首案。[1] 在本案中，SG 公司是一家

---

〔1〕 关于 SG 案的案情和判决情况，参见 Andrew Cheung, "Failure to Prevent Bribery: The First s7 Sentence", at https://www. dentons. com/en/insights/articles/2016/february/26/failure-to-prevent-bribery-the-first-s7-sentence（accessed 17 November 2017）; Omar Qureshi and Amy Wilkinson, "Sweett Group PLC: first conviction for Bribery Act corporate offence", at http://www. cms-lawnow. com/ealerts/2016/02/sweett-group-plc-first-conviction-for-bribery-act-corporate-offence（accessed 17 November 2017）; see Serious Fraud Office, "Sweett Group PLC sentenced and ordered to pay £2. 25 million after Bribery Act Conviction", at https://www. sfo. gov. uk/2016/02/19/sweett-group-plc-sentenced-and-ordered-to-pay-2-3-million-after-bribery-act-conviction/（accessed 17 November 2017）; Laura Clare, "Sweett Group plc ordered to pay £2. 2m in Bribery case", at https://www. anticorruptionblog. com/uk-bribery-act/1350/（accessed 17 November 2017）.

为建筑工程和基础设施工程提供专业的建设和管理服务的独立供应商，并且是一家在全世界都有办事处的英国公司。

西里尔斯维特国际有限公司（Cyril Sweett International Limited，CSIL）是 SG 公司的一个在塞浦路斯注册的全资子公司，负责 SG 公司在中东和北非的运营。CSIL 公司为了赢得与艾因阿利亚保险公司（Al Ain Ahlia Insurance Company，AAAIC）关于在迪拜建造价值 6300 万英镑的酒店的工程管理和造价咨询合同，向哈立德·巴迪（Khaled Al Badie，著名的 Al Badie 家族中的一员）行贿。这份合同对于 CSIL 公司而言价值 160 万英镑（其中 2.65% 是项目价值）。哈立德·巴迪是 AAAIC 公司董事会的副主席以及不动产和投资委员会的主席。他与 CSIL 公司前任董事原先就有联系，因为他的集团（Al Badie 集团）与 CSIL 公司有赞助协议，作为 CSIL 公司在阿布扎比酋长国的当地合作伙伴，Al Badie 集团需要向 CSIL 公司提供服务。

2013 年 1 月，AAAIC 公司的合同在没有通过任何招标过程的情况下给了 CSIL 公司，并由哈立德·巴迪代表 AAAIC 公司签署合同。与此同时，CSIL 公司与哈立德·巴迪的另一家公司——北方物业管理公司（North Property Management Limited，NPML），签订了虚假的咨询协议。根据这个协议，CSIL 公司同意支付给 NPML 公司项目价值总数的 1.08%（大约为 68 万英镑），作为 AAAIC 公司项目中"咨询服务"的对价。然而，没有任何证据表明 NPML 公司有实际提供这个协议中所涉及的服务，并且哈立德·巴迪是 NPML 公司的受益所有人，除哈立德·巴迪外，与 AAAIC 公司相关的人都不知道这个合同的存在。毫无疑问，这个协议只是 CSIL 公司向哈立德·巴迪个人支付报酬，作为其将 AAAIC 公司的合同给予 CSIL 公司的一种回报途径。

2014 年 7 月 14 日，英国严重欺诈办公室（Serious Fraud Office，SFO）宣布对 SG 公司在阿拉伯联合酋长国和其他地方的业务活动展开调查。2014 年 12 月，SG 公司主动报告了该公司与NPML 公司的合同，但是拒不承认支付给 NPML 公司的报酬是贿赂款。2015 年 7 月，SG 公司的律师向英国严重欺诈办公室承认公司内部没有为预防相关个人实施不合法行为而制定适当程序。最后，在听取多方建议后，SG 公司考虑以管理层收购的方式出售 CSIL 公司，以及现存的与 AAAIC 公司和 NPML 公司的合同，但随后决定停止在中东和北非的所有业务。

2015 年 12 月 9 日，严重欺诈办公室宣布起诉 SG 公司。同月 18 日，SG 公司承认违反《2010 年贿赂罪法》第 7 条第 1 款第 2 项。2016 年 2 月 19 日，南华克刑事法庭作出判决，SG 公司被判支付约 235 万英镑，其中包含 140 万英镑的罚金，851 152.23英镑的没收违法所得，此外还有英国严重欺诈办公室的费用95 031.97英镑。

如上所述，构成商业组织不履行预防贿赂义务罪需存在如下三个构成要件：①涉案商业组织要满足第 7 条第 5 款之规定；②与商业组织相关的个人出于为商业组织谋取利益的目的而实施了行贿行为；③商业组织内部没有有效的预防贿赂犯罪的适当程序，也即合规计划无效。

在本案中，SG 公司是一家英国公司，显然满足第一个构成要件。关于第二个构成要件，法官审理认为，尽管实施贿赂行为的是 CSIL 公司，并非作为母公司的 SG 公司，从结果上看也是 CSIL 公司获得了 AAAIC 公司的合同，但是，CSIL 公司的行贿行为可以被视为为 SG 公司利益而实施，因为虽然 CSIL 公司从法律上说是完全独立于 SG 公司的主体，但并非自主经营，而是作为母公司的一个部门或者一部分负责 SG 公司在中东的业务，在管理方面受制于 SG 公司。基于此，法官认为 CSIL 公司是与 SG 公司相关的存在，而且 CSIL 公司是以为 SG 公司谋取利益的目的而实施了案中的行贿行为。质而言之，本案符合第二个构成要件。关于第三个构成要件，法官认为，从英国司法部《指南》的基本原则来看，SG 公司内部不存在有效的合规计划，就此，下文将进行详细阐述。

综上，SG 公司的行为满足了商业组织不履行预防贿赂义务罪的三个构成要件，可根据《2010 年贿赂罪法》第 7 条对之予以定罪。

(二) 刑罚裁量

如上所述，SG 公司被判支付约 235 万英镑，远远超出了其违法所得。这一量刑结果是主审法官根据《量刑委员会关于欺诈罪、贿赂罪和洗钱罪的指导意见》（以下简称《指导意见》）作出的。严格依照《指导意见》规定的步骤所得出的结论，对于之后的案件，都具有重要的指导意义与参考价值。[1]

没收违法所得的数额是由 CSIL 公司收到的总报酬（1 212 222.29 英镑）减去项目花销（直接人工、差旅、生活费用等，共计 361 070 英镑）计算得出的，这部分也就是 CSIL 公司在这个项目上的总利润，数额为 851 152.23 英镑。在法庭庭审之前，英国严重欺诈办公室和 SG 公司已经同意了这个数额，并获得了法官的批准。此外，法官判决 SG 公司需要在判决宣告后 3 个月内支付全部的违法所得 851 152.23 英镑。

关于罚金刑的数额，按照《指导意见》的规定，法官首先需要通过分析商业组织在犯罪行为中发挥的作用和动机等事实，

---

〔1〕 关于《指导意见》的详细规定，参见 Sentencing Council, "Fraud, Bribery and Money Laundering Offences Definitive Guideline", at https://www. sentencingcouncil. org. uk/wp-content/uploads/Fraud-bribery-and-money-laundering-offences-Definitive-guideline2. pdf (accessed 17 November 2017).

对商业组织承担的责任分层级（责任分为高、中、低三等），这个层级决定了在计算罚金数额时，以犯罪行为造成的损害为基准，乘以的百分比数额的范围。随后，在各责任层级确定的范围内，考虑案件中是否存在加重危害或者减轻危害的因素，从而最终确定计算罚金数额时的百分比。最后，法官还要判断是否存在一些客观原因，例如，执行罚金刑是否会对第三方造成不利影响等，从而考虑是否需要对罚金刑的数额作出调整。

在本案中，关于对 SG 公司承担的责任分层级这一步骤，法官认为 SG 公司的责任层级为高级。《指导意见》列举了应将 SG 公司的责任层级确定为高级的九项特征，分别是：①企业在组织、计划非法活动中起到了领导作用（不考虑是单独或者共同实施）；②故意阻碍侦查（如破坏证据、误导侦查人员、让员工做伪证）；③以强制或者胁迫手段让他人参与犯罪行为（如员工或者供应商）；④目标是脆弱的或者数量巨大的被害人；⑤向当地或者国家政府的官员行贿；⑥向履行执法职能的官员行贿；⑦滥用市场支配地位或者滥用职责；⑧犯罪行为持续了较长时间；⑨存在故意忽视员工或者代理人的违法行为的文化，并且没有在适当之处采取有效的制度。在本案中，犯罪行为发生后持续了很长一段时间，SG 公司也没有在适当位置采取任何有效的措施来避免对 NPML 公司的行贿行为，并且会计师的两份审计报告都被故意忽视了。此外，尽管 CSIL 公司中一些管理人员意识到了给予 NPML 公司的款项是一笔贿赂，但是哈立德·巴迪持有这笔贿赂的时间长达 18 个月，且 SG 公司试图通过制造证据来误导英国严重欺诈办公室，使其认为这笔款项只是一笔合法的"中介费用"。

基于上述事实，法官认为 SG 公司符合《指导意见》中"犯罪行为持续了较长时间""存在故意忽视违法行为的文化并且没有在适当之处采取有效制度"的特征，因此将 SG 公司的责任层级确定为高级。结合上文关于合规计划的含义和内容，《指导意见》规定的责任层级为高级的特征中，故意阻碍侦查、犯罪行为持续较长时间以及商业内部存在故意忽视违法行为的文化、没有在适当之处规定有效的制度等，从实质上来说都是合规计划针对解决的内容，也即，这些特征的存在实际上说明了商业组织内部的合规计划是无效的。由此可见，合规计划的无效可能使法官在认定商业组织的责任层级时，将其确定为最高的层级，即承担更重的刑罚。

责任层级为高级意味着将以 300% 为初始的百分比，根据加重危害或者减轻危害的因素对这个数额进行调整，但百分比的范围必须介于 250% 和 400% 之间。法官认定在本案中存在减轻危害的因素，最终确定计算罚金数额时的百分比为 250%。《指导意见》列举了六项减轻危害的因素，分别是：①在此之前没有触犯过相关罪名或承担相关民事责任或被执行强制措施；②主动赔偿/补偿被害人；③被害人没有实际损失；④法人配合调查，在早期承认犯罪行为以及/或者主动报告犯罪行为；⑤犯罪行为是由前任董事/经理实施的；⑥法人没有或者基本没有从犯罪行为中获利。在本案中，SG 公司在此之前没有触犯过相关罪名，并逐渐配合英国严重欺诈办公室的调查，并且自 2015 年年中以来，SG 公司加强了内部制度、控制手段和风险程序，完善了公司的战略，使其集中于盈利能力和资金流动。因此，法官决定给 SG 公司适用责任层级为高级的最低百分比，即 250%。由此可见，在犯罪行为发生后，法人加强内部制度、控制手段和风险程序，换句话说就是加强合规计划的建立和健全，可能会降低计算罚金数额的百分比，即减轻企业的刑罚，尽管《指导意见》并没有将其列入减轻危害的因素。

就是否需要对罚金刑的数额予以调整这一问题，法官认为本案中不存在需要对 SG 公司的罚金予以调整的任何理由，并最终判决 SG 公司需要支付的罚金数额为 140 万英镑，分相等的两部分分期支付，第一次支付需在 2017 年 2 月 19 日之前完成，第二次支付需在 2018 年 2 月 19 日之前完成。尽管在本案中法官没有对罚金数额作出调整，但《指导意见》规定的一个可以对罚金数额予以调整的因素值得关注。该因素是"罚金影响法人实施有效的合规计划的能力"，即如果法官认为法人承担依据上述步骤计算得出的罚金刑后，会影响企业实施有效的合规计划，则法官将会对罚金数额予以调整。由此可见，合规计划在确定最终的罚金数额时同样能够发挥作用。

从 SG 案的量刑过程可以明显看出，合规计划在刑罚裁量中的作用具体体现在以下三个方面：①犯罪行为发生之前法人内部的合规计划如果是无效的，可能会使法人处于更高的责任层级，从而承担更重的刑事处罚；②即使在犯罪行为发生前法人内部的合规计划是无效的，但如果法人随后加强合规计划的建立和健全，也可能会降低计算罚金数额时的百分比，从而减轻法人承担的刑罚；③如果法官认为法人承担罚金刑后会影响其实施有效的合规计划的能力，则会调整罚金数额。

二、意大利英布瑞吉罗案

如上所述，意大利是传统的大陆法系国家，囿于其宪法"刑事责任归于个人"之规定，直至 21 世纪初，才在 2001 年《第 231 号法令》中规定了法人刑事责任，并将有效实施的合规计划规定为免责事由，英布瑞吉罗案（Impregilo）是第一个被一审和二审判决以存在有效合规计划为由认定被告法人无罪的案件。

在英布瑞吉罗案中，该公司的总经理与董事在金融市场虚假陈述的行为被认定构成操纵证券罪。因为该罪属于《第 231 号法令》的管辖范围，检察官同时对英布瑞吉罗公司（Impregilo Ltd.）提出指控，要求追究其刑事责任。意大利米兰地方法院 2009 年 11 月 17 日的一审判决、米兰上诉法院 2012 年 3 月 21 日的二审判决都认定，在案中犯罪行为实施之前，英布瑞吉罗公司内部存在有效实施的合规计划，因而宣告该公司无罪。具体而言：其一，英布瑞吉罗公司在犯罪发生之前实施的内部合规计划不仅在形式上符合《第 231 号法令》所确立的标准，而且包括预防所涉行为的具体措施；其二，该公司的合规计划是根据经意大利司法部批准的行业工会的指导细则而制定的；其三，公司成立了由具有特定知识与职权的人员所组成的监管机构，以监督合规计划的实施，予以及时更新；其四，存在信息举报与反馈机制；其五，合规计划已经融入公司程序与内控机制之中。[1]

但是，意大利最高刑事法院第五庭 2013 年 12 月 18 日的判决推翻了米兰上诉法院的无罪判决，将该案发回重审，理由如下：①如果不能绝对肯定《第 231 号法令》所规定的犯罪是由个人实施的，则应自动肯定法人的刑事责任；②行业工会准备的行为准则即使经过司法部批准，也不能成为逃避《第 231 号法令》所规定的合规计划责任的理由；③仅仅采纳合规计划是不足以回避责任的，必须授权某一机构自主行使控制权，承担监督任务；④公司应承担向合规机构披露信息的责任，以便其行使权力。在本案中，英布瑞吉罗公司公布的内部合规计划是

---

〔1〕 See Stefano Manacorda, Francesco Centonze and Gabrio Forti（ed.），*Preventing Corporate Corruption：The Anti-Bribery Compliance Model*, New York：Springer, 2014, pp. 408-409.

否含有上述内容尚未查清，如果合规计划并没有规定总经理和董事承担上述责任，那么《第 231 号法令》规定的控制机制不过是虚有其名而已。[1]

三、加拿大尼科案

2011 年的尼科案（R. v. Niko Resources Ltd.）是加拿大法院根据《外国公职人员腐败法》（CFPOA）处理的第一个重大案件。尼科资源有限公司（Niko Resources Ltd.，以下简称"尼科公司"）是一家加拿大石油与天然气公司，被指控违反了《外国公职人员腐败法》，向孟加拉国的能源与矿业资源部部长行贿，以在开展业务过程中获得并保持优势。具体而言，尼科公司通过行贿，让该部长发挥影响，以保证尼科公司能够获得其能够接受的买卖合同，并保证尼科公司能够在因工业事故引发的赔偿案件中获得公正待遇，而这都意味着大笔的金钱。2011 年 6 月 24 日，法院宣告判决，对尼科公司处以 950 万美元的罚金，并签发了 3 年期的缓刑令，以降低尼科公司再度实施相关犯罪的风险。对于合规计划的制定与实施而言，本案的意义在于：一方面，法院在量刑之际考虑了上述的从严与从宽情节，尤其是行为的次数（只有 2 次，而且尼科公司都认罪）；另一方面，法院对尼科公司签发了缓刑令。

在缓刑令中，法院明确要求尼科公司制定并实施合规计划以发现、预防违反《外国公职人员腐败法》的行为，并提出了详细要求。总而言之，缓刑令提出的合规计划是针对尼科公司

---

〔1〕 DLA Piper Italy, "Legislative Decree N. 231/2001: The Stance Taken by the Italian Supreme Court", at https://www.jdsupra.com/legalnews/legislative-decree-n-2312001-the-stan-08759/ (accessed 18 September 2018).

的贿赂风险而制定的，包括了如下关键要素：①内部会计控制措施，以保证账簿的准确与真实性；②有力的反腐合规规则，以发现与威慑违反《外国公职人员腐败法》以及其他反腐立法的行为；③风险评估程序；④至少每年进行一次审订与更新；⑤任命高层管理人员直接向独立的监管机构报告；⑥进行定期培训，对董事、行政人员、代理人以及业务伙伴进行年度审核；⑦采取保护措施防止报复；⑧针对违规行为制定惩处程序；⑨对代理人与业务伙伴进行尽职调查，并提出合规要求，包括记录、告知相关计划，并要求提供对等文件等；⑩在和代理人与业务伙伴签订协议、合同以及更新协议、合同之际，规定标准条款以及预防违反反腐法律的行为。

四、美国捷迈邦案

捷迈邦控股公司（Zimmer Biomet Holdings Inc.，以下简称"捷迈邦公司"）成立于1927年，总部位于美国印第安纳州的华沙镇，是全球著名的骨科医疗产品公司，全球业务范围超过24个国家，产品销往100多个国家。捷迈公司在全球范围内拥有8500多名员工。2017年1月12日，SEC宣布捷迈邦公司与SEC和美国司法部达成协议，同意支付3000万美元，了结其因为再度违反《反海外腐败法》（FCPA）而遭受的指控。

2012年3月，捷迈邦公司首度因为违反FCPA受到SEC指控，并与美国司法部达成缓起诉协议（DPA），同意支付2200万美了结案件。作为与SEC协议的一部分，捷迈邦公司同意保留独立的合规顾问以审查其FCPA合规计划。在达成协议之后的2013年，捷迈邦公司获悉在巴西和墨西哥可能存在行贿行为，并通知了合规顾问与SEC。

SEC的命令认定，此后，捷迈邦公司在继续沟通的同时，对其与一名被列入禁止名单的巴西经销商的交易进行了不恰当记录，并通过第三方代理向墨西哥海关官员行贿，以促进进口与走私未经登记与标识错误的牙具。

SEC 执法部 FCPA 处处长布洛克梅尔（Kara Brockmeyer）认为，捷迈邦公司并没有完全从第一次处罚中接受教训，继续使用被列入禁止名单的代理人，并且在墨西哥实施了新的贿赂行为。与 SEC 达成协议的金额中包括：582 万美元的追缴，702 705美元的利益，650 万美元的罚金，同时，捷迈邦公司同意在 3 年的时间内保留独立的合规监督员，审查其遵守 FCPA 的情况。作为与司法部达成协议的一部分，捷迈邦公司同意支付 1746 万美元的罚金。

根据司法部与捷迈邦公司所达成的新的缓起诉协议，捷迈邦公司在缓起诉期间继续实施了犯罪行为，捷迈邦公司告知司法部：①在 2010 年至 2013 年之间，针对墨西哥的内部控制失败，捷迈邦公司因犯罪行为收益约为 265.21 万美元；②在 2009 年至 2013 年之间，捷迈邦公司继续使用 2012 年缓起诉协议基于其实施了案中的犯罪行为而禁止使用的巴西经销商，并从中获利约 316.8 万美元。捷迈邦公司的行政人员明知被禁止使用的巴西经销商的情况，而并没有拔掉表明巴西贿赂行为的"红旗"。同时，捷迈邦公司无视其内部审计人员的建议，以及全公司要求终止与巴西经销商合作的请求。

很难说在哪一个国家的违法行为更为明显。在巴西，捷迈邦公司早在 2008 年就发现其经销商之一以捷迈邦公司的名义行贿，因此终止了合作。但是，不知为何，捷迈邦巴西公司"继续使用经销商 A 以及属于他的公司，即巴西经销商 B 公司，明知而故意地未进一步采取控制措施"以确保该经销商终止与捷迈邦公司的合作，反而将合作关系一直延续到 2013 年。

在墨西哥，捷迈邦公司在2012年的缓起诉协议之后继续通过其子公司JERDS实施行贿行为。根据检举文书，JERDS明知其不能够通过正规进口渠道将某些产品进口到墨西哥，因而通过德克萨斯的一家航运公司向德克萨斯-墨西哥边境的墨西哥海关官员行贿，以让产品获得通关。所有的首席合规官与合规人员都应该研究这份检举文书和本案，因为这是一个非常好的实例，表明了商业人士如何能够隐瞒非法支付，出口商如何能够通过贿赂和腐败行为将出口产品非法出口到外国。根据捷迈邦公司与司法部达成的新的缓起诉协议，罚金的范围是在116.402万美元至232.804万美元之间。司法部最终确定的罚金数额是174.603万美元。捷迈邦公司没有得到新FCPA实验项目的任何优惠，因为其被视为累犯，违反了根据2012年缓起诉协议应该遵守的义务。捷迈邦公司也没有因为自我披露而得到优惠，因为就如新的缓起诉协议所言，尽管捷迈邦公司自我披露了违法行为，但是根据2012年缓起诉协议，捷迈邦公司有自我披露的义务。

但是，捷迈邦公司在与执法机构的合作方面得到了满分，因为其采取了非常重要的救济措施，包括：①通过终止合同或者自愿辞职，处理了参加犯罪行为的5名雇员；②终止了未能发现使用被禁止的巴西经销商，而且未能采取适当措施降低风险的雇员的聘用；③处分了2名未能发现违规行为、有效监管实施违规行为并采取适当步骤降低腐败与合规风险的雇员，包括将谴责函放入雇佣档案、降低津贴以及强制接受进一步的反腐培训；④对剩余的雇员进行个人化的培训；⑤就第三方中介政策制定了更加严格的控制措施；⑥增加合规投入，尤其是在拉美地区；⑦进行更严格的FCPA培训。

对于其他身负缓起诉协议的公司而言，捷迈邦公司的案例无疑是一个警醒，也即，如果违反缓起诉协议，第二次惩罚将会比第一次严重得多。当然，尽管司法部并没有大幅降低对捷迈邦公司的处罚，但是同时也表明，司法部会奖励某种行为。

对于那些希望收购正在接受 FCPA 调查或者身负缓起诉协议的公司的投资者而言，本案也是一个警醒。就如 JERDS 的举报书所言，"2015 年 6 月，奇默控股（Zimmer Holdings Inc.）收购了拥有邦美（Biomet）所有股权的 LVB 公司。结合之后的公司及其子公司成了总部设在印第安纳华沙、在特拉华取得法人资格的捷迈邦（Zimmer Biomet）。如此，捷迈邦在明知的情况下完全接受了邦美根据 2012 年缓起诉协议享有的权利与承担的义务，包括该协议规定的接受合规监管。"捷迈邦公司案也说明，在合并与收购之际，未能进行充分的收购前尽职调查可能会是非常昂贵的教训。[1]

第二节　判断标准

第一节就如何具体判断合规计划的有效性，列举了 4 个具体案例。本节将在详细分析英国 SG 案和比较其余的 3 个案例的基础上，分析在实践中判断合规计划的有效性应该采纳的标准。

一、个案分析

在本案中，法庭认定 SG 公司的合规计划无效。在判断合规计划的有效性方面，《指南》规定了六项原则，下文以 SG 案件

---

〔1〕　See Thomas Fox, "Recidivism Under the FCPA: Zimmer Biomet", at http://fcpacompliancereport.com/2017/01/recidivist－fcpa－zimmer－biomet/（accessed 2 July 2019）.

的事实为基础，根据《指南》的六项原则逐一分析该公司内部的合规计划，以为合规计划有效性的具体判断提供实践思考。

（一）相称程序

商业组织为预防与其相关的个人实施贿赂行为而制定的程序，应该与商业组织所面临的贿赂风险，以及商业组织经营活动的性质、规模、复杂性相称。此外，这个程序也应该清楚、可行、容易理解且被有效实施。在《指南》规定的六项原则中，相称程序可以说是根本原则，概括了对商业组织内部的合规计划有效性的要求，其他各项原则都是在这项原则的基础上作出的具体指导。《指南》中还规定了商业组织预防贿赂的政策通常需要包含的一般要素，以及取决于商业组织所面临之风险的预防贿赂程序的特殊要素。一般要素包括以下三个方面：①商业组织对预防贿赂犯罪的承诺；②商业组织为减缓特定贿赂犯罪的风险而通常采取的方法，包括从中间商和代理人的行为中产生的风险，与款待和促销支出有关的风险，以及便利费或与政治和慈善捐赠相关的风险；③关于实施预防贿赂政策的策略概述。关于特殊要素，《指南》列举了14项，例如，财务和商业控制手段，包括适当的会计记录、审计和支出证明，交易和信息公开的透明度等，这些特殊要素由商业组织根据它们所面临的风险、经营活动的性质以及规模、复杂性等进行选择。

在本案中，SG公司内部的高级管理人员故意忽视CSIL公司2011年和2014年的两份审计报告，且没有采取任何措施来改进CSIL公司的风险和不足，甚至在犯罪行为发生后在英国严重欺诈办公室的调查过程中试图制造证据来误导调查人员等事实，充分说明SG公司内部不存在相称的程序。此外，因为相称程序原则是其他五项原则的根本原则，因此，下文关于其他各项原则的论证也可以说明SG公司内部的合规计划违背了相称程序原则。

（二）高层参与

商业组织的高层（包括董事会、所有人或其他任何地位相当的组织或个人）承诺致力于预防与商业组织相关的个人的贿赂行为，他们在组织内部树立对贿赂行为零容忍的文化。此外，商业组织的高层承诺对于在组织内部实施预防贿赂行为的适当程序以及形成杜绝腐败的文化起到决定性的作用。这项原则的目的是激励高层管理人员参与到决定贿赂行为的程序的过程中，也鼓励他们根据商业组织的结构，作出适合于商业组织预防贿赂风险的关键性决定。《指南》规定，无论商业组织的规模、结构或者市场如何，高层管理人员关于预防贿赂行为的承诺一般都需要包括以下两方面的内容：①商业组织反腐败立场的传达；②高层管理人员在建立预防贿赂行为的程序中的适当参与。商业组织反腐败立场的传达，具体而言包括向内部和外部的传达，《指南》规定通常有效的高层承诺的传达包括八项内容，例如，开展业务水平公平、诚实和公开的承诺，对贿赂行为零容忍的承诺，普通员工和管理人员违反预防贿赂行为政策的后果等。高层管理人员在建立预防贿赂行为的程序中的适当参与，会根据商业组织的规模大小而有所不同。与此同时，《指南》规定了所有规模的商业组织在这方面通常需要包含的八项要素，例如，选择和训练高级管理人员以让其在适当之处领导反腐败的工作；在关键措施方面的领导，例如，行为准则方面；在风险评估方面的保证等。

在本案中，2010 年底，在 SG 公司发现 CSIL 公司存在向第三方支付现金的行为后，组织会计师对 CSIL 公司的财务控制进行了审计。这份审计报告认定 CSIL 公司的控制措施存在许多不足，并严厉批评了 CSIL 公司的财务控制。由此可见，CSIL 公司的总体控制框架是不合适的。考虑到这些不足会使 SG 公司面临重大的财务风险和名誉风险，这份审计报告提出的首要建议是管理部门需要将处理控制措施的不足作为当务之急。2014 年的审计报告再一次表明了 CSIL 公司的财务控制是不符合要求的，而且亟需管理部门的关注和处理，而 CSIL 公司缺少第三方介入的政策和程序被认定为是一个重大问题。

除此之外，有证据表明这两份审计报告在 SG 公司和 CSIL 公司内部被广泛传阅，其中包括 SG 公司的高级管理人员。由此可见，其一，SG 公司的高级管理人员不仅没有做到《指南》所要求的在公司内部致力于预防相关个人的贿赂行为，甚至有故意忽视公司内部管理方面的不足以及放任贿赂行为发生的举动。其二，在两份审计报告的长达 3 年的间隔时间里，SG 高层管理人员都没有实施相应举措来解决审计报告中所提出的问题，可以认为 SG 公司内部不仅没有对贿赂行为零容忍的公司文化，反而存在滋生和助长贿赂行为的文化。此外，SG 公司在犯罪行为发生后，英国严重欺诈办公室调查期间试图伪造证据误导调查人员的行为，以及设立托管账户隐匿赃款的意图，都可以说明 SG 公司助长贿赂行为的文化以及其高层管理人员放任犯罪行为。以上几点充分说明 SG 公司在商业组织反腐败立场的传达以及高层管理人员在建立预防贿赂行为的程序中的适当参与方面所存在的不足之处，即 SG 公司内部的合规计划违背了高层承诺原则。

（三）风险评估

对商业组织所面临的与相关个人有关的潜在的外部和内部贿赂风险，商业组织要评估其性质与内容。评估是定期的、让人知情的以及有记录的。这项原则的目的是促进商业组织根据其规模、结构以及开展业务活动的性质、规模和地点，采取相称的风险评估程序。《指南》指出，风险评估程序确保商业组织能够精确地识别和排序将要面临的风险，并确定了无论商业组织的规模、业务活动、顾客或者市场如何，通常包括的五项基本特征：①由高层管理人员负责监督风险评估；②适当的资源——这会反映组织的商业规模以及对识别和排序所有相关风险的需求；③识别内部和外部信息资源，以确保风险能够被评估和检验；④关于尽职调查的询问；⑤关于风险评估及其结论的精确和适当的文件材料。

在本案中，如上所述，SG 公司的高级管理人员放任和试图隐藏贿赂事实，且公司内部存在滋生和助长贿赂行为的文化，由此可以推测公司内部没有进行过风险评估，更不存在高层管理人员负责监督风险评估的部分了，即 SG 公司内部的合规计划违背了风险评估原则。

（四）尽职调查

在涉及为商业组织提供或将要提供服务以及代表商业组织的个人时，商业组织要通过采取适当的、建立在风险基础上的方法，进行尽职调查，以达到减轻贿赂风险的目的。尽职调查程序既是风险评估的一种方式，也是减轻风险的手段之一。规定这项原则的目的是，激励商业组织在适当之处采取尽职调查的程序，使适当方法能够得到有效实施，以达到预防与商业组织相关的个人以组织的名义实施贿赂行为的目的。尽职调查程序同样需要与商业组织所面临的特定风险相适应，在商业组织面临较低风险时，就不需要实施较多方式的尽职调查；而当商业组织处于高风险的环境中时，尽职调查就应更加复杂，可能包括以下内容：直接调查疑问行为、间接调查以及对潜在的相关个人进行调查等。此外，尽职调查程序既可以由内部顾问也可以由外部顾问所实施。

在本案中，哈立德·巴迪通过 CSIL 公司与 NPML 公司之间的合同获得并持有报酬的时间长达 18 个月，可以认为 SG 公司并没有对与 AAAIC 公司合同和 NPML 公司合同相关的个人进行尽职调查。另外，既然 SG 公司内部存在滋生和助长贿赂行为的企业文化，那么就可以推测公司内部不存在尽职调查的相关程序。因此，SG 公司内部的合规计划违背了尽职调查原则。

（五）交流（包括培训）

商业组织力求通过内部交流和外部交流的方式，包括以培训的方式，使得预防贿赂行为的政策能够融入组织内部，并为全体人员所理解。交流的方式要与商业组织所面临的风险相称。交流和培训通过加强对商业组织程序以及组织对程序正确适用的承诺的认识和理解的方式，达到制止相关个人贿赂的目的。培训提供了一些知识和技能，用于商业组织程序的实施以及处理可能发生的贿赂问题。有效的培训必须是持续的和定期被监督、评估的。与前几项原则相同，交流也会因为商业组织接触的风险、商业组织的规模以及业务活动性质的不同加以调整，并可分为内部交流和外部交流两个部分。内部交流应向员工传达"高层基调"，但也需要在商业政策和程序的实施，以及对员工的启示方面予以强调。内部交流的方式包括但不限于以下内容，特定区域的政策，例如，决定的作出、财务控制、款待和促销支出等；建立安全、秘密和易于使用的方式，使得内部或者外部人员能够针对预防贿赂行为的程序的完善提出建议，以及举报相关个人存在贿赂行为等。外部交流是通过声明或者行为准则进行的，这可以使目前和未来的相关人员安心，也可以对意图以商业组织名义行贿的人员起到威慑作用。外部交流包含以下内容：与预防贿赂行为的程序、控制手段和处罚措施有关的信息，内部调查的结果，关于招聘、采购和投标的规定等。

在本案中，正如法官所指出的，CSIL 公司的一部分高级职工早已清楚，CSIL 公司与 NPML 公司之间的合同只是 CSIL 公司向哈立德·巴迪个人行贿以答谢其将 AAAIC 公司的合同给予 CSIL 公司的一种途径。但是这部分高级职工并没有采取措施制止这个行贿行为，可见虽然 SG 公司有反贿赂的声明和道德规范，也有给包括 CSIL 公司在内的员工提供关于反贿赂的网上培训，但这些措施仅仅是形式上的，并没有起到实质上的作用。因此，SG 公司内部的合规计划违背了交流原则。

（六）监督和检查

商业组织的监督和检查程序是为预防与其相关的个人的贿赂行为设计的，并可以在需要之处予以完善。正是因为商业组织所面临的贿赂风险、业务活动的性质和规模都在不断变化，导致为减轻贿赂风险而设计的程序也需要不断变化。这就需要对预防贿赂行为的程序进行定期监督、检查和评估，使得该程序能不断适应不同贿赂风险的要求。根据《指南》的规定，商业组织内部监督和检查的机制包括但不限于以下内容：建立阻止、检测和调查贿赂行为以及监督交易行为伦理性的体系，对员工进行问卷调查以及询问员工对于培训的反馈等。

在本案中，如前所述，SG 公司内部不存在有效的发现和调查贿赂行为的程序，针对员工的培训也仅是形式上的，那么对于程序的监督和检查也就无从谈起了，即 SG 公司内部的合规计划违背了监督和检查原则。

二、比较分析

如上所述，合规计划也早已经进入了意大利、美国、英国、加拿大以及日本等国的立法与司法实践。从各国的指导细则来看，在具体判断合规计划有效性方面其实大同小异。就上述案例而言，意大利与加拿大的相关立法原则与司法建议上文已有介绍，《美国量刑指南》第八章"组织量刑"对判断合规计划也有一个完整的阐述，并列明了七项标准：①组织需要建立标准和程序来预防和发现犯罪行为。②（a）该组织的管理阶层应当熟知合规和伦理计划的内容和操作，并且对合规和伦理计划的实施和有效性进行合理的监督。（b）该组织的高层人员应当确保组织内部存在有效的合规和伦理计划，并与量刑指南中描述的一致，且高层人员中的特定人员被分配对该计划负责。（c）该组织中的特定个人应当被授权对合规和伦理计划有日常的运营责任。该承担运营责任的个人应当定期向高层人员报告，在适当情况下，向管理阶层或者其合适的隶属组织，报告合规和伦理计划的有效性。为了较好地执行该运营责任，这样的个人应当被给予足够的资源、适当的权力以及直接接触管理阶层或其合适隶属组织的机会。③该组织应当采取合理的措施，不得在该组织的实质性权力人员中雇佣，该组织通过行使尽职调查而知道或者应当知道的，从事非法活动或者其他不符合有效的合规和伦理计划的行为的任何人员。④（a）该组织应当采取合理的步骤，以实际的方式，就合规和伦理计划的标准、程序和其他方面，与（b）中所提及的人员进行定期交流，通过采取有效的训练计划以及其他适合于这些人员各自角色和责任的传播信息的方式；（b）在（a）中提到的个人包括管理阶层的人员、高层人员、实质性权力人员、该组织的员工以及，在适当情况下，该组织的代理人。⑤该组织应当采取合理的措施来：（a）保证组织的合规和伦理计划被遵守，包括对发现犯罪行为的过程进行监督和审计；（b）对合规和伦理计划的有效性进行定期评价；（c）拥有和公布一个包括允许匿名或者身份保密机制的制度，凭借这项制度，该组织的员工和代理人在遇到潜在或者实际发生的犯罪行为时，可以报告或者寻求指导，而不必担心报复。⑥该组织的合规和伦理计划在整个组织内部被持续地推广和执行，通过（a）对符合合规和伦理计划的行为予以合适的奖励；（b）对于从事违法行为以及未能采取合理措施预防和发现违法行为的情形，予以惩罚手段。⑦在犯罪行为被发现后，该组织应当采取合理手段对犯罪行为予以合适的回应，并且预防未来相似犯罪行为的发生，包括对该组织现存的合规和伦理计划进行必要的修改。[1]

综合上述各国关于判断合规计划有效性的法律规定，若按照犯罪行为发生的时间为基准点，可以将合规计划的有效性标准分为两个部分，在犯罪行为发生之前，商业组织要根据所面临的风险、经营业务的性质和范围等因素确定适合其自身的预防贿赂行为的相称程序，具体而言：①高层管理人员要参与到预防程序的决定当中，向全体人员传达反贿赂行为的承诺，并领导全体人员形成对腐败行为零容忍的文化；②商业组织内部要形成风险评估的程序，这个程序需要考虑商业组织的特点而确定，并且必须定期、让人知情且有书面记录；③要对相关个人采取尽职调查，以确保其不会以商业组织的名义作出行贿行为；④要有针对商业组织全体员工的交流和培训程序，这种程序必须能发挥实质作用，而不是仅停留于形式化；⑤对预防贿赂行为的程序要设置监督和检查程序，以使该程序能随商业组织所面临的贿赂风险的变化而变化，持续满足商业组织的需要。在犯罪行为发生后，首先，商业组织要对犯罪事项进行处理，

----

〔1〕　United States Sentencing Commission，"2011 Federal Sentencing Guidelines Manual"，at http://www.ussc.gov/sites/default/files/pdf/guidelines-manual/2011/manual-pdf/2011_Guidelines_Manual_Full.pdf（accessed 21 November 2017）.

惩罚相关人员，并及时、主动向司法机关报告犯罪行为；其次，针对犯罪行为的性质，商业组织要及时调整内部的合规计划，以预防相同罪行再次发生；最后，在司法机关调查过程中，商业组织要积极配合司法机关的调查，并且按照司法机关的要求调整其合规计划的内容。

在判断合规计划的有效性之际，可以按照犯罪行为发生的时间，将合规计划的有效性标准分为以下两个部分：

在犯罪行为发生之前，法人应根据其经营管理活动的性质和范围等，确定其可能面临的风险，并有针对性地制定、实施适当的预防措施。具体而言：①法人的高管是否参与了合规计划的制定与实施，并向全体雇员明确传达了反对违法行为承诺、致力于营造对违法行为零容忍的企业文化；②法人内部是否存在针对法人具体经营组织情况制定的风险评估程序，并且在透明的情况下定期进行评估、公开、更新；③在可能存在违规之际，是否对相关雇员与行为及时进行调查，以确保不会存在以法人名义、为了法人利益而实施的违规行为；④是否针对全体雇员进行合规培训，以确保合规计划能够发挥实质作用，而非停留在徒有其表层面；⑤是否设置独立的机构，负责处理举报与制裁违规行为，定期检查、更新合规计划，以保证合规计划能够适应法人组织经营活动的要求。

在犯罪行为发生后，具体的标准包括：①法人是否主动对违法行为进行了调查并对相关人员进行了制裁，并及时主动向主管机构报告违法行为；②法人是否及时针对违法行为及其发生的环境与诱因，调整合规计划，以预防类似行为再次发生；③在主管机构调查过程中，是否如实反映情况，积极配合调查，并按照要求调整内部合规机制；④是否在违法行为发生之后，积极采取措施进行补救，以减少甚至消弭社会危害。

从上述四个具体案例还可以看出，合规计划有效性的具体判断主要是围绕如下四个核心要素展开：

（1）风险。一方面，法人在制定合规计划之际，必须针对其经营组织活动可能涉及的所有风险制定预防与制裁措施，以将风险置于可控的范围之内。另一方面，在实施合规计划的过程中，法人内部的合规计划应该根据可能存在的风险及时进行调整，以充分应对法人可能造成的风险。如果合规计划没有将实际发生的风险考虑在内，或者对明显可能发生的风险没有做出及时应对，则可能被认为无效。在英国的 SG 案中，很明显 SG 公司的内部程序并没有及时评估并处理 CSIL 行为所可能带来的风险，这是其合规计划被认为无效的重要原因之一。

应该指出的是，将风险作为合规计划有效性的核心判断要素之一，也符合风险社会的大环境要求。如上所述，风险社会中的风险具有系统性、不可知性与全球性的特点，而法人作为风险的主要创造主体，总是会尝试利用其各种可支配的资源"竭尽全力通过在工业中逐渐制度化的'反科学'的帮助来反驳对他们的指控，并试图提出其他的原因和祸根"[1]，将风险从其本身转移至他处，如此导致了"有组织的不负责任"的社会现象。所以，合规计划针对风险制定并调整，有助于强化法人自我预防的积极性与责任感。

（2）透明。首先，法人内部的合规计划、合规机构、处理程序等必须对法人的所有雇员透明，以让所有法人成员充分了解可能出现在法人内部的违法行为以及在知晓违法行为之际应该如何作为。其次，法人内部的合规计划应该对外部透明，以

---

〔1〕 ［德］乌尔里希·贝克：《风险社会》，何博闻译，译林出版社 2004 年版，第 33 页。

接受外部第三方机构的审计监督等，并通报给交易对象。最后，法人运营机构应该将其可能存在风险的经营管理行为及时通报给内部合规机构，由后者对风险进行评估与控制。在英布瑞吉罗案中，意大利最高刑事法院就表明，其总经理以及相关高层并没有将其在金融市场行为的风险及时告知其合规机构，因此导致后者未及时应对与控制风险，这是其合规计划应被视为无效的证据之一。[1]

（3）举报。合规计划的主要目的之一，是发现可能或者已经存在的违法行为，而这离不开或者说依赖于内部举报。在上述两个案例尤其是英国的 SG 案中，法人雇员对于已经发生的违法行为并无一人进行举报，也是被认为合规计划的实施是无效的重要根据。正因为如此，采纳合规计划的国家都非常注重鼓励与保护举报人。法国国家数据保护与自由委员会于 2005 年 11 月颁布了实施举报保护规定的指导细则，要求法人严格遵守《数据保护法》（Data Protection Act），保护举报人。日本于 2004 年通过了《公益通报者保护法》（即《公益通報者保護法》）、美国《1989 年举报人保护法》（Whistleblower Protection Act）、澳大利亚联邦议会通过的《2013 年公益公开法》（Public Interest Disclosure Act 2013），以加强对举报人的保护。[2] 为了更好地发挥合规计划的作用，在采纳法人刑事责任和合规计划概念 16 年后，意大利在 2017 年通过的《第 179 号法令》中要求，根据《第

---

〔1〕 See DLA Piper Italy, "Legislative Decree N. 231/2001: The Stance Taken by the Italian Supremecourt", at https://www. jdsupra. com/legalnews/legislative-decree-n-2312001-the-stan-08759 / (accessed 6 April 2019).

〔2〕 See L. D. Finder, R. D. McConnell & S. L. Mitchell, "Betting the Corporation: Compliance or Defiance? Compliance Programs in the Context of Deferred and Non-Prosecution Agreements-Corporate Pre-Trial Agreement Update-2008", at http://papers. ssrn. Com/sol3 /papers. cfm? abstract_id=1332033 (accessed 26 April 2018).

231 号法令》实施合规计划的所有法人，必须按照《第 179 号法令》的要求，全面制定、实施举报人保护程序。[1]

（4）合作。合规计划的立法本意就在于通过外部压力，促进法人与执法机构合作，共同预防与控制其经营管理活动中所可能产生的风险。[2] 因此，将法人在违法行为发生之后以主动报告违法行为、提供证据材料、协助调查等形式与执法机构的合作情况视为合规计划有效性判断的核心要素之一是不言而喻的。在英国的 SG 案中，SG 公司否认所涉款项的贿赂性质以及在接到调查通知后企图销毁文件等不合作的举动，都成为司法机构认定其合规计划无效的直接依据。

---

[1]　See Nowell D. Bamberger & Giulia Checcacci, "The New Italian Law on Whistleblowing Procedures and Its Impact on Compliance Programs", at https://www. Clearyenforcementwatch. com/2018 /02 /new – Italian – law – whistleblowing – procedure – impact–compliance–programs / (accessed 10 August 2019).

[2]　参见周振杰："企业刑事责任二元模式研究"，载《环球法律评论》2015年第 6 期。

第七章

内部调查制度与贿赂犯罪预防

如上所述，贿赂犯罪是当下司法机关制裁的重点对象，从犯罪的规模、影响与复杂性而言，单位贿赂犯罪应该成为重中之重。当然，单位贿赂犯罪不仅是中国，也是各国所面临的难题。为此，许多国家在近年来都通过修法或者制定新法，推进建设合作模式。此前论述的立法与案例都表明，合作模式的核心是合规计划，而合规活动的核心之一是内部调查。本章将尝试介绍内部调查制度的基本内涵，分析其价值，论述其有效实施的外部保障，并针对我国单位犯罪预防的现状，提出初步的改革建议。

第一节　内部调查的基本问题

法人内部调查制度起源于 20 世纪 70 年代的美国。当时，许多美国军工法人为获得公共采购大单，纷纷以政治捐款的形式向荷兰、洪都拉斯、意大利及日本等国的政要提供巨额回扣。为遏制此类违法行为，美国军工法人内部开始实施国防工业行动计划，以培养内部守法文化、加强内部管理并分享制裁违规行为方面的成功经验。在此基础上，法人内部调查制度应运而生,[1] 并在管理机构与行业组织的推动下, 成了法人管理的核心构成要素。20 世纪 90 年代之后, 为适应预防法人犯罪的需要, 法人内部调查制度逐渐进入了美国、日本、英国、意大利、俄罗斯等国的立法, 成了法人刑事责任的构成要素与量刑情节。

公司内部调查虽然具有积极意义, 但是其所采用的一些必要的调查措施, 如监控公司职工的内部通讯、检查内部邮件等, 可能会影响到公司职工的基本权利。同时, 公司内部调查的目的是收集与可能存在或发生的违法行为相关的信息, 以为公司做出反应奠定事实基础, 要达成这一目的, 也需要一定的技巧。因此, 公司内部调查需要遵循一定的原则, 并根据公司的规模、职工的文化背景等因素制定具体的计划, 才能在不违反国家法律与公司守则的前提下, 实现查明客观事实、为公司决策提供恰当建议的目的。

一、调查主体

公司内部调查是公司为了确定违法行为是否存在而展开的活动。因此, 公司内部调查的主体是公司, 具体而言, 是公司的决策机构或者所有人。在实践中, 公司可以采取如下两种方式开展内部调查: 其一, 临时委任, 即每次进行内部调查时, 临时委任一名董事或者高层管理人员负责, 调查完毕后, 委任自行结束; 其二, 专门委任, 即专门委任一名高层管理人员负责内部调查。因为内部调查是公司合规计划的一部分, 因此接受专门委任的高层管理人员通常就是负责公司合规计划实施的

---

[1]　See Jeffrey M. Kaplan, "Semi-Tough: A Short History of Compliance and Ethics Programs Law", at http://conflictofinterestblog. com/wp-content/uploads/2012/06/Rand-Kaplan-White-Paper-post-publication4. pdf (accessed 12 October 2013).

人员。接受委任的人员在其调查计划获得公司决策机构的批准后，组织调查人员开展工作。

二、调查原则

在进行公司内部调查之际，调查人员应该遵循以下原则：

（一）客观原则

公司内部调查的主要目的是发现或者确认可能或者已经存在的违法事实。另言之，就是根据所获得的信息围绕对象事实展开调查。因此，调查人员在调查过程中，必须保持客观中立的立场，不能带着"对"或者"错"的预设去展开调查活动。

（二）授权原则

公司内部调查是公司管理活动的一部分，而且调查手段可能会影响到公司职工的基本权利。因此，公司内部调查必须得到公司决策机构或者所有人的授权。授权的内容包括是否以及如何对某一行为展开调查等。相应地，调查人员必须将在调查过程中所获得的相关信息及时向授权机构汇报，以便后者能够在第一时刻做出适当决定。

（三）合法原则

在工作过程中，调查人员不仅要得到公司最高层的授权，还必须在合法的范围内展开，包括公司内部的行为规则与规章、合同法、劳动法等。尤其是，在进行内部调查之际，应特别避免侵犯他人的合法权益，如搜查他人的随身物品、衣物或私人交通工具等。违法的内部调查，不但不会实现预定的目标，而且可能会招致外部制裁。例如，2006 年 2 月，惠普公司总裁杜恩在董事会不知情的情况下，授权数据安全专家对其他 10 位董事会成员 2006 年 1 月的通讯进行了违法监听。杜恩的行为不仅严重影响了惠普公司的声誉，而且给杜恩等人带来了牢狱之灾。[1]

（四）合作原则

内部调查原则上应该独立进行。但是，关于违法行为的事实可能涉及审计、人事、法律以及信息通讯等各个不同部门。因此，对于实现调查目的而言，获得相关部门的合作是非常必要的。此外，就某些专业问题，还需要聘请外部的医生、会计师等对相关信息进行评估。

三、调查程序

公司内部调查程序大致可以分为如下三个阶段：

（一）信息评估阶段

内部调查的开始以一定违法事实的存在可能性为前提。关于违法事实的信息来源主要有：①内部举报；②审计报告；③民事诉讼；④政府调查。在获得相关信息后，公司内部需要组织人员通过与举报人进行面谈、审查相关书面材料等方式对之进行评估，以确定是否需要对可能存在的违法事实进行调查。在评估之后，公司决策层可以做出如下三种选择：①不进行内部调查。例如，认为所举报的事实不存在、无关于公司事务或者太过久远无法调查。在做出不进行调查的决定之际，应该将之以适当的方式通知举报人，并在必要的时候告知相关部门与人员。②通告相关政府调查机构。如果在对相关信息进行评估之后，认为所涉事实可能已经构成犯罪，应该通知警察或者检察机构进行调查。③决定进行内部调查。

---

〔1〕　See Adan Neito Martin, "Internal Investigations, Whistle-Blowing and Coopera-tion: The Struggle for Information in the Criminal Process", in Stefano Manacorda, Fracesco Centonize and Gabrio Forti ed. , *Preventing Corporate Corruption*, London: Springer, 2014.

（二）调查计划阶段

在决定进行内部调查之后，公司决策机构应立即委任具体负责调查的人员，后者应及时制订并提交调查计划。内部调查计划虽然没有固定格式，但是一般应包括如下几部分内容：①调查概览，说明信息的来源与内容、调查的可能性等；②调查的范围与目的；③调查所需资源，如人员、技术以及交通工具等；④调查所需时间与进度；⑤调查可能影响到的公司职工、商业伙伴以及其他人等；⑥风险管理，对在调查过程中可能遇到的风险进行分析并说明应对措施；⑦调查结果，即预测可能的调查结果。

（三）调查实施阶段

在调查计划获得公司决策机构批准之后，调查人员应迅速在公司授权范围内，通过检查物品、调取文件、面谈、电子监控、检查邮件通讯等手段，对可能存在的违法事实进行调查，并在必要的时候请求专家帮助。当然在调查过程中，调查人员应随时向调查监管人员报告。在调查过程中，调查人员应该通过录像、录音、书面文件等形式固定调查内容与调查结果。

四、调查报告

在内部调查结束之后，调查人员应该对收集到的所有证据材料的相关性与可采性进行分析，并在此基础上，向公司决策机构提交调查报告。调查报告的格式虽然不尽相同，但一份完整的报告，应该包括如下几部分内容：①报告摘要，概况报告的主要内容，包括调查起因、调查程序、证据情况，以及基于证据所得出的结论与相关建议；②调查概况，如决定进行调查的背景、调查的授权情况、目的、范围，以及调查程序的进程，如持续的时间、所耗费的资源以及在调查过程中所调取的文件、面谈的人员以及所遇到的问题等；③在调查过程中所取得的证据情况，并根据证据的取得时间与证据种类，对之予以分类简介，在必要的时候，可以将完整证据作为附件随同报告提交；④对证据的详细分析，即对上述证据的相关性、可采性以及充分性进行分析，并根据分析针对调查的对象事实得出结论；⑤结论与建议，即在上述证据与事实的基础上，对调查所揭露的公司经营与管理中存在的问题与违法事实提出建议，例如，是否需要将特定问题移交给执法机构进行继续调查，是否需要对相关人员进行纪律处分，是否需要采取行政措施改善公司的人事管理等。

第二节　内部调查的价值分析

法人内部调查制度的价值，指其在预防法人犯罪、促进法人守法文化方面所具有的内在属性，存在于经济、文化与秩序三个方面。

一、经济价值

法人内部调查制度的经济价值，指其能够在减轻预防成本的同时提高预防效率的属性。传统上，预防法人犯罪主要是国家的任务。国家进行立法与司法当然要投入经济资源，随着现代通讯与交通技术的发展，国际化已经成为法人犯罪的主要特征之一。调查跨国刑事案件不但需要付出高昂的经济成本，而且可能会出现多个国家都具有管辖权但都难以进行有效处罚的尴尬局面。因此，国际司法合作就成了必要之举，这也相应提高了执法成本。相对而言，法人内部调查则要便利得多：一方面，法人与职工之间是雇佣关系，对于违反法律或者法人内部行为规范的职工，法人可以直接对之予以内部制裁，不受刑事诉讼法规定的权利保障以及程序正义等要求的约束；另一方面，在法人职工跨国实施违法行为的场合，法人总部委派内部调查人员到位于其他国家的分法人或者子法人进行调查，不受国家主权、刑事管辖权等的限制，因为法人内部调查在本质上属于法人内部的管理行为，只要不违反所在地法律，权力机关就无权进行干涉。如果法人为了获得刑事立法中的优惠待遇，通过提供内部调查资料、认罪或者主动承担责任与执法机关展开充分合作，国家的执法成本以及犯罪预防成本毫无疑问将会大大降低。

例如，在美国证券监理委员会 2008 年处理的西门子法人行贿案中，西门子法人在 2001 年 3 月到 2007 年 12 月间至少对政府官员支付了 4283 笔贿赂款项，涉及金额达到天文数字般的 14 亿美元，几乎覆盖所有主要的发达和发展中国家。如果要对这些行贿行为进行调查取证，所耗费的时间成本与经济成本毫无疑问也将是天文数字。但是慑于美国与德国执法机构的严厉态度与进行合作的有利后果，西门子法人对自身的腐败行为皆予认罪，同意支付 4.5 亿美元的刑事罚款。[1] 从西门子法人的角度而言，其通过内部调查、主动认罪等方式与执法机构展开合作，一方面，获得了罚款金额方面的优惠并被免予起诉；另一方面，凭借制裁程序的快速结束与表现出的悔改诚意，减少了名誉损失并重拾了投资者的信心。从执法机构的角度而言，不但对行贿法人进行了严厉处罚，实现了刑事制裁的威慑与预防

---

〔1〕 参见赵剑飞、陈竹："西门子为全球行贿认罚 16 亿美元"，载财经网，ht-tp://www.caijing.com.cn/2008-12-18/110040136.html，最后访问日期：2014 年 6 月 20 日。

价值，而且尽可能地节省了执法资源。

从国家的角度而言，发现公司犯罪的途径主要有两个：一是通过偶然的事故；二是通过日常检查。但是，被动地等待事故发生显然不是明智之举，因为国家惩罚企业犯罪的目的并不在于处罚，而在于通过处罚预防企业犯罪，减少社会危害，而事故的发生就意味着危害已经实际产生；通过日常检查发现企业犯罪意味着从潜在的犯罪嫌疑人手中获取证据，而且日常检查通常是在与企业进行必要的联系之后才进行，通过其发现企业犯罪的难度之大可想而知。所以，对于预防企业犯罪、减少社会危害而言，企业本身的预防意志必不可少，公司内部调查制度就是公司本身预防意志的制度体现。

二、文化价值

法人内部调查制度的文化价值，是指能够形成、促进法人守法文化与职工忠诚文化的内在属性。法人的生存与发展离不开职工的努力与创新。推动职工为了法人的生存与发展不懈努力与不断创新的是职工对法人的忠诚意识。职工忠诚意识的养成，固然离不开职工个人的价值观、道义感。在此之外，法人的内部政策与组织文化更为重要。

一方面，并非所有的法人职工都能够始终严守国家法律与法人守则，尤其是那些居于管理位置的人。在这种情况下，法人需要尽快地获得信息，以做出适当的应对。法人职工作为最重要的利益攸关者，当然有着举报违法行为的动机与利益，但是研究表明，许多明知组织内部存在违法现象的职工害怕他们的举报得不到及时有效的处理，更害怕他们得不到充分的保护而遭受报复。[1] 如果一个法人所有人对于法人的违法行为都不闻不问，形成一种犯罪亚文化，那么法人的前途不会光明。国内的三鹿法人生产、销售有毒有害食品案与国外的安然法人财务造假案等就是最好的例证。

另一方面，虽然传统上认为，法人最高管理层的责任是保证所有权人的最佳利益，但是当代的观点是，法人管理阶层必须以建立起良好的法人文化为己任，不能够仅仅守住底线，而应该关注法人持续发展的最佳利益。[2] 为了建立良好的法人文化，就必须及时发现并制裁违法行为。此目的的实现依赖于信息的获得，而要获得信息，就必须依赖职工。也正是因为此原因，美国学者在评价美国法人为了改善内部调查与审计而根据萨班斯法的要求进行改革时指出，任何制度改革，如果不能够通过满足职工监督管理行为的合法需求与权利，保护他们的合法权益来平衡权力分配，都是注定要失败的。[3]

以查明有关违法行为的事实为己任的法人内部调查制度，在直接意义上，不但可以保证被发现的违法行为得到及时的调查与制裁，保护举报人的合法权益，而且能够为职工与管理层之间搭建起沟通的途径；在间接意义上，可以通过鼓励举报行为与查处违法行为，促进法人内部守法文化的形成，为职工实现自我价值创造正面环境。如此，最终会增强职工对法人的信赖以及忠诚意识。

---

〔1〕 See Elizabeth Wolfe Morrison and Frances J. Milliken, "Organizational Silence: A Barrier to Change and Development in a Pluralistic World", *The Academy of Management Review*, 4 (2000).

〔2〕 See Thomas Kochan, et al., "The Effects of Diversity on Business Performance: Report of the diversity research network", *Human Resource Management*, 1 (2003).

〔3〕 See Thomas Kochan, et al., "The Effects of Diversity on Business Performance: Report of the diversity research network", *Human Resource Management*, 1 (2003).

三、秩序价值

法人内部调查制度的秩序价值，如上所述，内部调查是企业合规计划的核心要素之一。正是通过内部调查，法人才能及时发现并确定违法行为，并通过予以适当制裁，保证行为规则得到切实遵守。所以，内部调查制度及其实施通常被立法规定为判断合规计划是否有效的要素之一。例如，美国 2004 年修订后的《组织量刑指南》规定，只有有效的企业合规计划才能成为从宽情节，而合规计划的有效性取决于如下八个要素：①最高管理层知晓合规计划并且委派高层管理人员负责实施；②制定书面的守法标准与行为守则；③对法人职工进行教育培训，使之了解与其职责相关的必要信息；④为职工举报提供安全通道，并提供相关指导；⑤通过内部制裁保证守法标准与行为守则得以遵守；⑥通过内部监督与审计保证合规计划得到切实遵守；⑦及时对违法行为进行调查，调整合规计划以预防潜在的违法行为；⑧定期进行风险评估以降低违法行为发生的可能性。显而易见，内部监督、对违法行为进行调查等要素其实都是内部调查的涵盖范围。

英国《2010 年贿赂罪法》第 7 条规定，如果与某一商业组织有关联者为该组织保持或者获得业务之目的而实施了该法规定的贿赂行为，则该商业组织需要承担刑事责任。[1] 但是，如果该商业组织已经制定并实施了适当程序以预防贿赂行为，则可免除其刑事责任。根据英国司法部于 2012 年颁布的《商业组织预防相关个人实施贿赂行为程序指南》，此处的"适当程序"

----

〔1〕 参见周振杰："英国刑法中的商业组织不履行预防贿赂义务罪研究——兼论英国法人刑事责任的转变与发展方向"，载《刑法论丛》2012 年第 3 期。

应符合如下原则：①比例程序原则，即商业组织为预防相关个人实施贿赂行为制定的各项程序，应该与其面临的贿赂风险以及业务活动的性质、规模、复杂程度相适应。这些程序应该是明确的，具有可操作性，并且得到了有效的执行。②高层参与原则，即商业组织的最高管理层（董事会、所有权人或者其他具有等同资格的个人或者机构）应该致力于预防相关个人可能实施的贿赂行为。③风险评估原则，即商业组织应该在收集充分信息的基础上，定期对相关个人实施贿赂行为的风险进行评估，并记录在案以备核查。④适当关注原则，即为了减少发现贿赂的风险，就可能或者正在为其或以其名义提供服务的个人，进行调查并采取适当措施消除风险。⑤交流沟通原则，即商业组织应该根据所面临的风险，积极与执法机构及内部员工进行沟通，以保证其预防性措施获得内外的理解与支持。⑥监督与审订原则，即商业组织应监督特定程序的实施并及时根据最新情况对之进行审订。在上述诸原则之中，风险评估、适当关注、监督与审定原则正是内部调查的目标与内容。

意大利立法机关虽然尚未就企业合规计划的有效性判断进行规定，但是近年的一系列判例已经做出了诠释。米兰法院在2004年10月28日的判决中指出，有效的合规计划必须建立起能够发现、清除或至少能够减少潜在风险的决策机构，并且完全透明。那不勒斯法院在2006年6月26日的判决中，更是详细地列出了有效的合规计划应该包含的要素：建立起规制风险领域的详细程序；建立具体控制机制，评估将上述程序运用于事实的过程；规定充分而具体的程序与制裁措施以预防违反上述程序的行为。米兰法院2009年11月17日的判决，也将其认为有效的合规计划的构成要素归纳如下：对计划有效性的评估机制；任命具体人员负责内部审计；规定预防高级管理人员实施犯罪的措施；规定控制机制，保证计划的有效性。[1] 毫无疑问，上述判决中的"发现、清除或者减少风险的决策机构""充分而具体的程序与制裁措施"以及"控制机制"等用语，都是在强调内部调查的重要性。

第三节　内部调查的制度保障

法人内部调查制度因为涉及个人甚至是管理高层的法律责任甚至是刑事责任，所以毫无疑问在调查过程中会遇到一定的阻碍。同时，因为内部调查制度会揭露法人组织管理与生产经营中的缺陷，而这些缺陷有可能会给法人本身带来外部制裁。所以，法人有着隐瞒内部调查结果的动机与冲动，而且极有可能为此而打击举报人。因此，法人调查制度的有效实施以及功能的发挥，还需要法人外部的制度保障。从目前的立法与实践来看，在提供外部制度保障方面，许多国家采取的主要是"大棒加胡萝卜"政策，即通过以更严格的态度追究法人刑事责任来加大压力，以企业合规计划为减免情节，并通过立法鼓励内部举报。

一、责任原则

各国刑法在传统上都是以个人刑事责任为对象。所以，20世纪80年代以前的法人刑事责任原则在实质上是传统刑事责任与刑事政策的妥协：一方面，随着法人在社会生活中影响的增

---

〔1〕　B. Cova, F. Petronio, V. Mara and M. Hyeraci, "Protecting Companies in a Challenging Environment: Compliance Programs Under Italian Law — The First Nine Years", at http://www. paulhastings. com/Resources/Upload/Publications/1521. pdf (accessed 10 September 2013).

大，以刑事责任为手段威慑法人违法行为成了必要；另一方面，传统的刑法基础原则制约着法人刑事责任的认定。这一妥协的结果，就是当时的法人刑事责任都是以个人刑事责任为基础，无论是英国刑法中的等同原则（identification principle），还是美国刑法中的代理责任（vicarious liability），都有着相同的从个人到组织的逻辑判断过程，即在危害结果出现之后，首先确定个人刑事责任，然后据之确定法人刑事责任，尽管二者在"可以根据谁的行为来认定法人刑事责任"方面存在差异。[1]

在 20 世纪 90 年代之后，随着法人管理的复杂化、决定权限的分散化以及经营活动的跨国化，在法人犯罪尤其是过失犯罪的案件中，根据传统刑法原则进行归责越来越困难。这不但妨碍了预防法人犯罪的政策目的的实现，而且引起了民众的抗议。所以，美澳等国逐渐开始采纳新的法人刑事责任原则，例如，1995 年《澳大利亚联邦刑法典》规定的法人文化原则（corporate culture）以及英国《2010 年贿赂罪法》采纳的组织责任（organizational liability）原则。[2] 这些新的法人刑事责任原则虽然有着细微的区别，但是它们在本质上是相同的。然而，总体而言，在认定法人责任之际，都不再以个人责任为媒介，都将关注的核心从个人转向了法人本身，以法人的组织情况、经营方式、内部文化为判断法人刑事责任的基础，并通常将法人刑事责任与个人刑事责任相分离。例如，上述《澳大利亚联邦刑法典》规定法人犯罪的构成要件包括客观要件与主观要件，在确定法人主观方面是否存在授权或允许特定犯罪行为的犯意之际，如

---

〔1〕 参见周振杰："英美国家企业刑事责任论的最新发展——以英国《2007 年企业过失致人死亡罪法》为例"，载《河北法学》2010 年第 12 期。

〔2〕 参见周振杰："英美国家企业刑事责任论的最新发展——以英国《2007 年企业过失致人死亡罪法》为例"，载《河北法学》2010 年第 12 期。

下两种事实可以成为标准：法人内部存在着引导、鼓励、容忍或者导致不遵守法律规定的法人文化，或者法人未能建立并保持要求遵守法律的法人文化。

新的法人刑事责任原则体现出了国家更加严厉的制裁态度，因为这些原则无限靠近于客观责任，其本身即可构成一个自我循环的逻辑：如果法人的组织与经营方式得当，内部文化积极向上，就不会发生违法行为；既然发生了违法行为，就说明法人的组织或经营方式不当或者存在着可能导致违法行为的文化因素，因此留给法人自我辩护的空间很小，这无形中给法人增加了改善自身管理与自我预防的压力。

二、合规计划

通过新的刑事责任原则给法人本身增加压力，在带来正面作用的同时也可能带来负面影响：一方面，国家的执法资源是有限的，不可能发现所有的法人违法行为，有时候，即使是发现了违法行为，因为种种原因，例如管辖权问题、经费预算问题，也可能难以对之进行有效调查；另一方面，正是因为国家所体现出来的严厉态度，法人更有可能试图通过隐瞒违法事实、销毁证据以及压制举报人等方法逃避制裁。因此，在给法人加大压力的同时，也需要提高法人本身自我改善、自我预防与自我制裁的动力。在刑事法领域，目前的主要途径就是将有效实施的合规计划纳入刑事立法的考量范围。

首先，将之作为免除法人刑事责任的情节。例如，在上述英国《2010年贿赂罪法》的规定之外，澳大利亚的判例也明确表明，是否存在有效的合规计划，原则上应该纳入量刑的考虑范围。如果存在有效的合规计划而发生了犯罪，则减轻刑罚可能是适当的。相反地，未能实施合规计划则应该成为加重处罚的裁量因素。有效实施的合规计划成为辩护理由，从刑法基本原则的角度而言，也有充分的理由。因为追究刑事责任，必须坚持客观行为与主观犯意同在的原则。因此，必须证明被告人对于客观的行为、结果或者状态存在故意或者过失。司法计划的有效实施恰恰能够证明被告法人对于指控的犯罪缺少犯意。

其次，将之作为对法人进行从宽处罚的情节。例如，根据美国《组织量刑指南》的规定，如果被指控的法人在犯罪实施之前就已经制定并实施了合规计划，并且在犯罪实施之后积极与执法机构合作并承担责任，则其被处罚的罚金数额最多可能被减免 95%。相反地，如果法人容忍、放任甚至鼓励违法行为，并拒绝与执法机构展开合作，可能会被处以 3 倍数额的罚金。在澳洲公平竞争和消费者委员会诉乡村出版公司案（ACCC v. Rural Press Ltd.）[1]中，澳大利亚的法官也明确指出：违反法律的法人如果制定并实施了合规计划，这在确定罚金数额之际当然是必须考虑的因素。在违法行为之后，法人自行采取措施制定实施合规计划，也应该作为减免罚金数额的情节被考虑。[2]

最后，将之作为决定是否起诉的参考要素。例如，早在1999 年，美国司法部就将制定与实施企业合规计划与犯罪前科、犯罪的性质与危害、自我披露违法信息等要素一样，列为检察官在决定是否提出刑事指控之际需要考虑的要素。在 2003 年，美国司法部再度在正式文件中将之予以确认。在 1993 年至 2008年的 15 年间，美国司法部与法人达成了 100 余份不起诉协议或

---

〔1〕 ［2001］ATPR 41-833.

〔2〕 P. Fiorelli and A. M. Tracey, "Why Comply? Organizational Guidelines Offer a Safer Harbor in the Storm", *The Journal of Corporation Law*, Spring（2007）.

暂缓起诉协议。[1]

三、内部举报

法人刑事责任的目的之一，是降低预防法人犯罪与获取具体案件信息的成本。实现这一目的的主要途径之一，是鼓励法人职工对内部违法行为进行举报。欧美等发达国家早已经通过立法，就举报人权利、国家对举报人的保护义务、对举报人的权利救济等问题进行了详细规定，例如，日本的《公益通报者保护法》（即《公益通報者保護法》）、美国的《1989年举报人保护法》（Whistleblower Protection Act of 1989）、澳大利亚联邦的《2013年公益举报法》（Public Interest Disclosure Act 2013）、英国的《1998年公益举报法》（Public Interest Disclosure Act 1998）。从这些立法来看，鼓励内部举报主要是从两个方面着手：一方面，是给予举报人经济鼓励。例如，美国的《多德-弗兰克法》规定在涉案金额超过100万美元的诈骗案件中，举报人可以获得政府挽回金额的30%。[2] 另一方面，是在举报人受到不公正待遇甚至打击报复时，及时给予充分保护。例如，1990年4月，美国马萨诸塞州洛根国际机场的入境检查员菲利普·A. 格耶（Phillip A. Geyer）向当地机构的区域负责人提交报告，指出该机场的年度工作计划不但有违机场的实际运营状

---

〔1〕 L. D. Finder, R. D. McConnell and Scott L. Mitchell, "Betting the Corporation: Compliance or Defiance? Compliance Programs in the Context of Deferred and Non-Prosecution Agreements-Corporate Pre-Trial Agreement Update-2008", at http://papers. ssrn. com/sol3/papers. cfm? abstract_ id=1332033 (accessed 6 November 2013).

〔2〕 See Adan Neito Martin, "Internal Investigations, Whistle-Blowing and Cooperation: The Struggle for Information in the Criminal Process", in Stefano Manacorda, Fracesco Centonize and Gabrio Forti ed., *Preventing Corporate Corruption*, London: Springer, 2014.

况，而且有违地方立法。1991 年 9 月，他就遭到了机场高层人物的隐性报复，被以工作不称职、逾越职权等借口解雇。他随即向执法部门提起了控诉，根据《1989 年举报人保护法》赋予的权利，很快重新回到了原来的工作岗位。[1]

在加强举报人保护的同时，许多国家还采取积极措施，鼓励法人进行自我披露。根据欧盟的竞争法，对于首先进行举报或者提供更加详细信息的法人，可以对之从宽处罚。这一机制的基础是参加反竞争协议的法人之间的竞争：只有第一个提供信息的法人将会得到从宽待遇。这一策略并非仅见于竞争法，大多数规定法人刑事责任的国家在自然人与法人之间也建立起了类似的法律制度，规定第一个享受"胡萝卜"的条件。例如，根据西班牙的《刑法典》与《刑事诉讼法典》，在腐败案件中，可以减免首先披露相关信息的法人的刑事责任；但如果职工在法人之前披露了相关信息，则法人不再享有获得减免的机会。

在上述直接措施之外，为了对法人施加压力以提高其进行内部调查的积极性与动力，许多国家还通过其他间接措施拓宽信息来源，提高执法效率与质量。例如，在环境污染等受害人不特定的犯罪领域，许多国家通过允许非政府组织提出公益诉讼，以加强对法人污染行为的监督。就如国外学者所言，在执法机关因为资源有限而无法对污染行为进行有效监督的情况下，公益诉讼是非常必要而又有益的补充。[2]

---

〔1〕 关于美国的举报人立法及其实施，参见江涛、李清："简评美国保护举报人的法律制度"，载《中国检察官》2011 年第 8 期，第 76~78 页。

〔2〕 See Adan Neito Martin, "Internal Investigations, Whistle-Blowing and Cooperation: The Struggle for Information in the Criminal Process", in Stefano Manacorda, Fracesco Centonize and Gabrio Forti ed., *Preventing Corporate Corruption*, London: Springer, 2014.

第八章

单位贿赂犯罪立法改革建议

第一节　修改单位贿赂犯罪立法的基本原则

基于上述各章关于中国当前单位贿赂犯罪的现状与问题、国外法人贿赂犯罪的立法与司法实践以及发展趋势等问题的论述，从有效预防单位贿赂犯罪的角度出发，在未来的刑事立法改革中，应坚持责任基础独立化、预防责任分散化以及公私成员平等化的基本原则。

一、责任基础独立化

责任基础独立化，即要坚持个人责任与单位责任的认定基础与逻辑等相互分离、相互独立的原则。在理论上，有的观点早已提出："通常所说的'单位犯罪'实是一种特殊的犯罪聚合体，具体包括两个犯罪行为：一个是客观实在的由单位成员实施的自然人犯罪；另一个是法律拟制的单位犯罪，即源初意义上的'单位犯罪'。这两个犯罪行为因'为单位谋利'的单位成员行为在法律评价上的双重性而被立法者人为地聚合在一起，但单位责任和单位成员责任在构成和追诉上应当是各自独立和分离的，二者并不牵涉或互为前提。"在实践中，随着大型企业，尤其跨国企业内部组织结构的复杂化、决策的分散化与业务活动的全球化，企业贿赂行为也呈现出全球化。如此，即使能够证明某一企业的成员在中国境内实施了贿赂行为，如果要追究企业的刑事责任，还需要在跨国调查取证方面付出大量的时间、金钱与人力成本，而且需要面临管辖权争议等法律方面的障碍。

因此，应该在个人责任与单位责任之间实现三个分离，以解决上述问题：首先，认定基础的分离，即认定个人刑事责任以其在主观故意支配下实施的具体贿赂行为为基础，而认定单位刑事责任以其没有履行有效防止单位成员实施贿赂行为的法律义务或者单位内部存在鼓励、放纵、容忍贿赂行为的惯例与文化为基础。其次，认定逻辑的分离，即就个人刑事责任的认定遵循既有的逻辑过程：判断具体行为是否符合某一分则条文规定的客观构成要件、行为人是否具有为单位谋利的目的、单位是否应该承担刑事责任。而将认定单位刑事责任的逻辑过程改为：是否存在单位成员利用职务或者为单位谋利的贿赂行为、单位是否依法合理地履行了法律义务、单位是否应该承担刑事责任。最后，责任证明的分离，即对于个人刑事责任的证明，仍然遵循由控诉机关证明被告人有罪的传统原则；对于单位刑事责任的证明，采纳推定原则，即如果存在单位成员利用职务或者为单位谋利之目的而实施的贿赂行为，无论该行为是否以单位的名义实施，推定单位应当承担刑事责任。

二、预防责任分散化

预防责任的分散化，即将预防单位贿赂犯罪的部分责任，转移至单位本身。一方面，单位实施贿赂行为的原因是多元的。近年来的实践表明"行贿人多是自愿的'寻租者'，是'加害人'，而不是天生的受害人，而很多的官员正是在行贿人的拉拢、腐蚀、利诱甚至威逼之下走上腐败犯罪的歧途、陷入堕落的深渊"。从犯罪原因论的角度而言，既然单位内部存在诱发贿赂犯罪的诱因，就应该加大其本身的预防责任。另一方面，目前单位的数量庞大，以企业法人为例，截止到 2014 年底已经多达 1000 余万，仅仅依靠司法机关来实现有效预防单位贿赂的目的显然是不现实的，并且会导致实践中形形色色的"灰色做法"。造成这种尴尬局面的部分原因，就是司法机关囿于资源限制，不得不通过与行贿者达成妥协以换取其在提供证据方面的合作。

那么，如何才能有效分散预防单位贿赂犯罪的责任？如上所述，国外的立法主要采取了内外结合的"大棒加胡萝卜"政策。外部的"大棒"即如上所述，分离组织责任与个人责任，以客观存在的个人贿赂行为为前提，推定企业应该承担刑事责任，由企业承担无责的证明责任，否则将处以严厉处罚，包括无限额罚金、限制投标以及行业禁入等；内部的"胡萝卜"，是指允许企业提出"谨慎注意"的辩护理由。例如，意大利、英国、澳大利亚等国家规定，如果被告企业已经制定并且有效实施了以预防内部违法行为为目的的合规计划，则可以减免其刑事责任，以激励企业自我预防犯罪，并在犯罪行为出现后积极与司法机关进行合作。从刑事政策的角度而言，这一立法模式可以成为中国的参考。

三、公私成员平等化

公私成员平等化，即平等对待公有单位与私有单位及其成员。具体而言，应坚持如下两个"平等对待"的原则：

（一）平等对待"公有"与"私有"单位

虽然已经历经了 30 余年的经济体制改革，"公有""私有"

单位的划分在各个领域仍然非常明显。在刑事法治领域，立法机关对公有单位权益的保护力度仍然大于对私有单位权益的保护，从刑法分则设置的罪名看，《刑法》第165~168条规定的数个罪名就明显地偏袒于对国有企业权益的保护，对非国有企业中的类似严重危害行为却视而不见。同时，《刑法》第387规定的单位受贿罪的犯罪主体仅是国有单位，并不包括私有单位，而《刑法》第393条规定的单位行贿罪却包括了公私单位。从理论上而言，如果私有单位能够行贿，就没有理由认为其不能够受贿。

另外，在法定刑的设置上，某些危害不同性质的企业权益的犯罪行为的法定刑之间的差异过分悬殊，如贪污罪与职务侵占罪就是明证，以致体现了刑法对不同性质企业保护上的不平等。[1] 具体到单位贿赂犯罪领域，例如，根据《刑法》第164条之规定，单位向非国家工作人员行贿的，数额巨大的最高可判处10年有期徒刑；而根据《刑法》第393条之规定，对国家工作人员行贿的法定刑最高是5年有期徒刑。再如，根据《刑法》第387条之规定，国有单位受贿可以被追诉，而私有单位受贿不构成犯罪。

造成这种公、私不平等立法状态的原因，一方面，是受上述"两个从轻"处罚理念的影响；另一方面，是受当时公有制为主体的经济体制的影响。但是，现在已经时过境迁，私有经济已经成了中国经济的重要组成部分，根据国家统计局公布的数据，2012年底，私有经济在全国工业资产总额中的比重已经

---

〔1〕 参见赖早兴："刑法平等原则辨析"，载《法律科学》2006年第6期，第80~81页。

高达 56%，国有经济仅占 23%。[1] 而且，私有经济已经进入了垄断性行业，开始对国民经济命脉产生实质的影响。[2] 因此，我们应该立足于社会现实改变处罚理念，在刑事法治领域平等对待公私单位。而且，从国有单位利用国家资源实施犯罪、侵害多重法益的角度出发，对之不但不应从轻，而且应该从重处罚。

（二）平等对待单位成员与非单位成员

即对相同的犯罪行为，无论是由单位成员还是由非单位成员实施的，不应在法定刑或者构成要件上有所区别。首先，从行为本身的角度而言，虽然"当单位成员在为了实现单位整体意志、为了谋取单位整体意志而实施行为时，单位成员的行为被单位吸收。但是，就单位成员个人来说，单位成员主观上有在自由意志支配下实施危害社会的行为主观意图，具有规范违反的意志自由"[3]。"就其本质而言，犯罪是一种特别危险的侵害法益的行为。"[4]"因而，同一种犯罪行为，无论实施的主体是单位成员还是非单位成员，在法益侵害的程度上相同的。"[5] 既然行为本身的法益侵害性相同，对之处以相同的刑罚自是不言而喻。其次，从犯罪预防的角度而言，在贿赂行为客观危害

---

〔1〕　参见"2014 年国民经济和社会发展统计公报"，载国家统计局官方网站，http://www.stats.gov.cn/tjsj/zxfb/201502/t20150226_685799.html，最后访问日期：2016 年 5 月 2 日。

〔2〕　参见常修泽："民间资本如何进入垄断性行业"，载《中国投资》2014 年第 5 期。

〔3〕　曾粤兴、孙本雄："《刑法》中的单位行贿罪研究"，载《昆明理工大学学报（社会科学版）》2014 年第 2 期，第 42 页。

〔4〕　[德] 弗兰茨·冯·李斯特：《德国刑法教科书》，李昌珂译，法律出版社 2000 年版，第 5 页。转引自叶良芳："论单位犯罪的形态结构——兼论单位与单位成员责任分离论"，载《中国法学》2008 年第 6 期，第 103 页。

〔5〕　叶良芳："论单位犯罪的形态结构——兼论单位与单位成员责任分离论"，载《中国法学》2008 年第 6 期，第 103 页。

相同的情况下，如果对单位成员的处罚轻于甚至明显轻于非单位成员，不但难以发挥刑罚的震慑作用，预防单位贿赂行为，而且会导致刑罚不平等的公众印象，削弱刑罚的整体预防功能。最后，从罪刑平衡的角度而言，刑罚的量原则上应该大于侵害的量，才能够使得"刑罚之苦大于犯罪之乐"。

第二节　修改单位贿赂犯罪立法的具体建议

一、总则修改建议

（一）责任基础

虽然此处的研究主题是单位贿赂犯罪，就相关罪名的刑事责任判断基础应该在分则改革建议处论述更为合适，但是考虑到单位贿赂犯罪亦不过是单位犯罪的一部分，单位贿赂犯罪刑事责任的判断基础当然也可以成为所有单位犯罪刑事责任的判断基础，因此，此处将单位贿赂犯罪刑事责任判断基础的问题视为总则问题，以冀为整个单位刑事责任立法改革提供参考意见。

如上述所述，在预防单位贿赂犯罪乃至所有单位犯罪方面，中国应该采纳合作模式。国外的立法与司法实践表明，合作模式的基础与核心在于：其一，采取几近于客观责任的组织责任论，在违法事实出现之后，通过推定原则转移证明责任，减轻司法负担，提高定罪处罚的可能性，加大外部压力；其二，将合规计划的有效实施规定为减免企业刑事责任的从宽情节，促进企业培养内部守法文化、廉洁自律，推动企业在违法行为出现之后与执法和司法机关展开合作、进行内部调查。如欲确立与实施合作模式，我们也应该从这两方面着手。因此，本书试提出立法改革建议如下：

第一，在《刑法》第 14 条与第 15 条中各增加一款作为第 2 款，分别规定"单位存在鼓励、纵容或者默认违法行为发生的管理缺陷或者单位文化的，推定单位存在故意"，与"因单位未充分履行预防违法行为的义务而导致危害结果发生的，推定单位存在过失"。这样修改的意义在于：一是明确认定单位的故意与过失不以个人的预见可能性为前提的立场；二是突出单位刑事责任的客观性，强调单位内部违法行为预防措施的重要性；三是确立推定原则，将证明不存在主观罪责的责任转移给单位，减少司法机关的负担。与此相适应，单位犯罪主观方面的认定应坚持从组织到个人的过程，具体而言，根据单位所承担的社会责任判断危害结果与单位活动的相关性，即二者之间是否存在实质的因果关系。在得出肯定的答案之后，根据单位的组织状况，判断单位应该负何种刑事责任：如果危害结果的发生是因为单位内部存在鼓励、纵容或者默认违法行为的组织因素，推定单位存在犯罪故意；如果是因为单位没有充分履行法定义务，则推定单位存在犯罪过失。如果单位不能够就上述推定提出反证，则认定其应该承担刑事责任。

第二，在《刑法》第 30 条中增加一款作为第 2 款，规定：认定单位刑事责任，不以个人行为构成犯罪为前提。个人行为构成犯罪的，根据分则的相应规定定罪处罚。也即，基于上述关于单位犯罪故意与过失的规定，明确单位犯罪的主体只限于单位，区分单位刑事责任与个人刑事责任，二者不仅认定的基础与逻辑相对独立，认定的程序也可以分开进行。

第三，将《刑法》第 31 条修改为：单位犯罪的，对单位判处罚金。单位积极制定并有效实施内部犯罪预防措施的，可以从轻、减轻或者免除处罚。修改的理由在于，当《刑法》第 30 条已经规定"个人行为构成犯罪的，根据分则的相应规定定罪处罚"，这里无需再对个人处罚重复规定，此其一；其二，将"单位积极制定并有效实施内部犯罪预防措施"规定为从宽情节，既是对上述《刑法》第 14 条与第 15 条规定的照应，也给单位积极进行犯罪预防提供立法上的动机。

当然，考虑到传统刑法理论观念的深刻影响以及我国单位犯罪的特殊情况，如我国的单位包括国家机关、国有企业行政化的管理模式，我国立即采纳上述建议还存在很大难度。作为过渡与准备，建议立法机关参考合作模式的基本思路与核心要素，首先在单位环境犯罪、单位过失犯罪以及单位贿赂犯罪等执法机关难以取证的刑事案件中，规定举证责任倒置原则，以此减轻执法机关的证明责任，增加单位处罚的威慑力。无罪推定固然是现代刑事诉讼的基本原则，但西方国家关于合作模式的立法表明，只要不威胁到基本人权，为满足特殊的政策需求，这一原则可以灵活把握。尤其值得指出的是，《刑法》已经有第 395 条规定的巨额财产来源不明罪的先例，为了有效预防企业犯罪的政策需要，扩大举证责任倒置原则在《刑法》中的适用范围不会过于突兀。

（二）刑罚种类

现行《刑法》对单位犯罪规定的刑罚只有罚金一种。所以，早已经有学者指出，如果要有效发挥刑事处罚的威慑作用，在罚金之外，需要规定有罪单位公开、停止营业以及解散命令等处罚方法。[1] 从国外的处罚单位犯罪的立法与实务来看，的确

---

[1] 例如，参见廖斌："试论我国法人犯罪刑罚体系的完善"，载《法律适用》2003 年第 12 期；邓中文、郭烈琦："对单位犯罪的立法评析"，载《山东社会科学》2006 年第 8 期；薛进展："单位犯罪刑罚的适用与思考"，载《法学》2002 年第 9 期；魏东、章谷雅："论法人犯罪的犯罪构成与刑罚配置之完善"，载《中国刑事法杂志》2004 年第 2 期。

有这种必要性。同时，鉴于刑罚的最终目的并非处罚，而是恢复被破坏的社会关系，并为规制对象提供行为规则。因此，"不明确的法则，是违反罪刑法定主义的，是不能允许的"[1]，"如果法律的语言模糊暧昧，也很难要求进行严格的解释。……用平常的大众的语言记录法律条文是必要的。"[2] 所以，用易懂、明确的语言来规定刑事法则，是罪刑法定主义的要求，也是实现刑罚目的的前提。刑事法则的明确性问题，不仅包括犯罪的成立要件，也包括法定刑。所以，在将单位处罚多样化的同时，也应该将之具体化。也即，有必要具体规定各种处罚的适用条件。

明确而具体的规定，一方面，可以使单位在实施犯罪行为之前能够预测后果，如果预测的利益少于损失，单位可能就会因此放弃犯罪计划；另一方面，普通市民时刻根据具体规定，自行判断司法裁决的公平性与正当性。如此，在确保司法裁决的独立与妥当的同时，可以巩固司法的市民基础。如上所述，在单位罚金适用条件的规定之中，存在许多不明确的地方，所以，如何将之具体化，是当前司法实务中迫切需要解决的问题。

根据上述设定单位处罚的要求，可以从如下三个方面着手，将单位罚金的适用条件具体化：其一，由立法机关规定一定的基础罚金数额，该数额可以是以下数额中最高的一个，即销售金额、犯罪者的收益、犯罪行为造成的损失、其他关于犯罪行为的金额或者为了消除犯罪行为所造成的有害影响所支出的金额；其二，设定一定的罚金数额比例，由司法机关根据具体犯罪的相关情节，如责任程度、单位自身的预防努力、犯罪后的

---

〔1〕 〔日〕山口厚：《刑法总论》，有斐阁2001年版，第17页。

〔2〕 〔日〕村井敏邦：《刑法：现在的犯罪与刑罚》，岩波书店2005年版，第39页。

补救措施等，在基础罚金数额的基础上，确定最终罚金数额；其三，由最高人民法院通过公布司法解释、指导意见或者指导性案例，为司法机关提供具体的裁量标准。

（三）量刑制度

《刑法》总则第四章规定了累犯、自首、立功、坦白等重要的量刑制度。但是，通常认为这四项制度都是针对自然人犯罪人的，尤其是累犯，前罪与后罪都以"有期徒刑以上刑罚"为构成要件，显然不能适用于单位。但是，一方面，在理论上，既然立法者将单位列为与自然人并列的犯罪主体，那么可以适用于自然人的制度，当然也可以适用于单位。就如在单位刑事责任范围的问题上，虽然《刑法》仍然坚持限制论的路径，但是全国人大常委会于 2014 年 4 月 24 日颁布的《关于〈中华人民共和国刑法〉第三十条的解释》中的"公司、企业、事业单位、机关、团体等单位实施刑法规定的危害社会的行为，刑法分则和其他法律未规定追究单位的刑事责任的，对组织、策划、实施该危害社会行为的人依法追究刑事责任"之规定，其实已经变相承认单位可以实施所有犯罪行为。另一方面，在实践中，如第二章所示，反复实施贿赂犯罪行为的单位不在少数。可见，无论是从理论的角度而言，还是从实践的角度而言，都不应该将量刑制度仅限于自然人犯罪人。

对此，司法解释已经做出了一定程度的修正。根据最高人民法院、最高人民检察院于 2009 年 3 月 12 日联合发布的《关于办理职务犯罪案件认定自首、立功等量刑情节若干问题的意见》（法发〔2009〕13 号），在单位犯罪案件中，单位集体决定或者单位负责人决定而自动投案，如实交代单位犯罪事实的，或者单位直接负责的主管人员自动投案，如实交代单位犯罪事实的，应当认定为单位自首。单位自首的，直接负责的主管人员和直接责任人员未自动投案，但如实交代自己知道的犯罪事实的，可以视为自首（即单位自首效果及于个人）；拒不交代自己知道的犯罪事实或者逃避法律追究的，不应当认定为自首。单位没有自首，直接责任人员自动投案并如实交代自己知道的犯罪事实的，对该直接责任人员应当认定为自首（个人自首的效果不能及于单位）。上述解释虽然体现出了一定的进步，但是，一方面，对于单位自首与自然人自首之间的关系的解释仍然存在一定的可探讨之处，既然"单位自首的效果可及于个人"，为何"个人自首的效果不能及于单位"呢？另一方面，对于立功、坦白这两项与自首在本质上相同的从宽制度，上述解释并没有涉及，至少在理论上而言，如果单位能够自首，当然就能够立功、坦白。

需要指出的是，将自首、立功与坦白等从宽制度适用于单位是非常重要的，因为如上所述，合作模式的思路之一，就是在采取措施加大外部压力的同时，将合规计划的有效实施纳入到刑事立法之中，作为认定单位是否存在故意、是否已经合理履行了贿赂预防义务的基础，并通过规定优惠措施来换取企业在预防与制裁贿赂犯罪方面的合作。

（四）刑罚执行

1. 缓刑制度

我国《刑法》第 72 条规定的缓刑制度以自由刑为基础，仅适用于自然人犯罪人。为了避免罚金的溢出效应以及应对犯罪单位不能支付罚金等特殊情况，帮助单位提高自我预防能力，建议在《刑法》中增设单位缓刑制度。法人缓刑制度在许多国家久已存在。1971 年的美国联邦刑法改革委员会（布朗委员会）就已经规定了法人缓刑制度，尽管并没有规定具体的定义与适用原则。几乎是与此同时，美国司法实践中也出现了法人缓刑制度的判例。在 1972 年的大西洋里奇菲尔德公司诉美国案（United States v. Atlantic Richfield Company）中，法院在判处被告公司罚金的同时，同意缓期执行，条件是其采取有效措施治理被其污染的土壤与河流。1991 年，美国量刑委员会提出的《组织量刑指南》明文将法人缓刑制度规定为矫治与干涉性制裁措施，并规定了具体的强制性与选择性附加条件。[1] 根据上述加拿大《C-45 号法》，为了保证与提高职业安全，法院可以对被定罪的企业颁布缓刑令，要求法人犯罪人满足其具体指明的一项或者多项条件，例如，提供补偿、制定具体的预防政策、标准以及程序以减少未来发生犯罪的可能性，并要求法人犯罪人向法院定期报告实施情况，接受法院监督。

本书建议在《刑法》第 72 条之后增加 1 条，作为第 72 条之一，规定单位缓刑制度。即在认为合适之际，法院可以在单位贿赂犯罪案件中宣告缓刑，并要求单位犯罪人在缓刑期间满足如下条件：①采取措施减少其犯罪行为所造成的损害并进行补救；②以法院确定的方式披露关于其犯罪与量刑等相关信息；③制定并实施以预防贿赂行为为目的的合规计划，并在确定的期间内向人民法院报告实施情况；④遵守其他法院认为有利于预防贿赂犯罪或减少、补偿其造成的伤害的条件。

2. 社区矫正

根据《刑法》第 76 条的规定，对宣告缓刑的犯罪分子，在缓刑考验期限内，依法实行社区矫正，如果没有本法第 77 条规定的情形，缓刑考验期满，原判的刑罚就不再执行，并公开予以宣告。如果如上所述，增设单位缓刑制度，建议对单位犯罪

---

[1] 关于法人缓刑的详细阐释，参见 Christopher A. Wray, "Corporate Probation under the New Organizational Sentencing Guidelines", *Yale Law Journal*, 8（1992），pp. 2017-2042.

人也适用社区矫正。

3. 职业禁止

根据《刑法》第 37 条之一的规定，因利用职业便利实施犯罪，或者实施违背职业要求的特定义务的犯罪被判处刑罚的，人民法院可以根据犯罪情况和预防再犯罪的需要，禁止其自刑罚执行完毕之日或者假释之日起从事相关职业，期限为 3 年至 5 年。被禁止从事相关职业的人违反人民法院依照前款规定所作出的决定的，由公安机关依法给予处罚；情节严重的，依照第 313 条规定的拒不执行判决、裁定罪定罪处罚。

鉴于在社会实践中，许多单位犯罪，尤其是证券期货类犯罪，都是单位利用职业便利实施的，而且自 2015 年 11 月 1 日起开始实施的《刑法修正案（九）》已经将拒不执行判决、裁定罪规定为单位犯罪。建议司法机关通过司法解释明确，对于利用职业便利实施犯罪的单位犯罪人，也可以适用职业禁止的规定。

二、分则修改建议

（一）罪名设计

首先，统一具体罪名，区分二种责任。目前，在刑法典中可以据之直接追究企业贿赂犯罪责任的罪名主要有：对非国家工作人员行贿罪（第 164 条第 1 款），对外国公职人员、国际公共组织官员行贿罪（第 164 条第 2 款），单位受贿罪（第 387 条），对单位行贿罪（第 391 条）与单位行贿罪（第 393 条）。这几个罪名在微观上存在许多问题，例如，在主观方面，对非国家工作人员行贿罪、对单位行贿罪与单位行贿罪都要求存在"为谋取不正当利益"的目的，而对外国公职人员、国际公共组织官员行贿罪要求的是"为谋取不正当商业利益"的主观目的，比较而言，后者的范围即使是从《联合国反腐败公约》第 16 条的规定出发，显然也要小得多。再如，单位受贿罪的处罚对象是"国家机关、国有公司、企业、事业单位、人民团体"，并不包括私有制与混合所有制的企业，而后二者在实践中也是商业贿赂的高发区。

上述罪名设计在宏观上的问题更加需要重视。一方面，即使是在单位受贿罪这样特别针对单位设计的罪名中，立法也要求必须追究直接责任人和直接主管人员的责任。如此，其实不必特别规定上述罪名，只要在相应的个人犯罪罪名中加入单位处罚的内容即可。例如，只要在《刑法》第 385 条加入一款规定"单位犯前款罪，对单位判处罚金，并对其直接负责的主管人员和其他直接责任人员，依照第 1 款的规定处罚"即可，不必单独规定单位受贿罪。由于目前区分单位犯罪与个人犯罪并没有明确的标准，存在两个竞合的罪名反而会导致实践中的混乱，例如，国有企业负责人以企业的名义受贿后，自己留下一部分，交给企业一部分，是以受贿罪还是以单位受贿罪处罚？另一方面，现有罪名其实强调的仍然是个人责任，而且虽然针对单位规定了上述特殊的贿赂犯罪罪名，但是并没有规定特殊的刑罚措施或者执行方法，这无益于促进单位改变整体环境，提高自我预防能力。

为了提高企业本身的预防积极性，完善惩治企业贿赂的法网，我们应该：其一，区分企业因为自身实施贿赂行为而承担的责任与企业因为未尽到预防贿赂义务而承担的责任，前者是一种故意责任，后者是一种过失责任。其二，区分个人责任与企业责任，明确二者的基础都在于自身的行为：个人责任的基础当然是其在故意支配下所实施的具体行为，企业责任的基础则在于其放任、容忍、纵容贿赂行为的内部文化或者未合理履行预防贿赂的义务。

基于上述内容，建议将企业贿赂犯罪罪名统一为3个罪名：单位行贿罪、单位受贿罪、单位履行预防贿赂责任失职罪。在前两个罪名中，可以借鉴1995年《澳大利亚联邦刑法典》中关于"企业文化"的规定来认定企业的故意，即如果企业内部存在促进、放任、容忍贿赂行为发生的政策、制度、规定或者惯例，即可认为企业存在犯罪故意。这可以根据企业是否根据所承担的社会责任，规定了相应的制度、原则与政策，并将之付诸实施，企业是否针对在本企业内部可能出现的与企业活动相关的贿赂行为采取了预防措施，并对成员进行守法教育，以及企业在发现已经存在或者可能存在贿赂行为之后，是否积极采取措施进行调查与处罚，是否向执法机关举报并展开合作等情况进行判断。在最后一个罪名中，可以借鉴上述英国贿赂犯罪立法的规定，在出现违法事实的前提下，推定企业存在监督过失，由企业承担已经合理履行了监督义务的证据。与此同时，可以借鉴不纯正身份犯的规定，将"国家机关、国有公司、企业、事业企业、人民团体"的身份规定为这3个罪名中的从重处罚情节。具体而言：

第一，消除《刑法》第164条第3款与第391条第2款中关于单位处罚的规定，将单位行贿的行为统一到《刑法》第393条"单位行贿罪"之中。

第二，将《刑法》第387条第1款修改为：单位索取、非法收受他人财物，为他人谋取利益，情节严重的，对单位判处罚金。保留第2款的规定，同时增加第3款规定：国家机关、国有公司、企业、事业单位、人民团体实施第1款规定之罪的，从重处罚。

第三，将《刑法》第393条修改为：单位为谋取不正当利益而行贿，或者违反国家规定，给予国家工作人员以回扣、手续费，情节严重的，对单位判处罚金。同时增加第 2 款规定：国家机关、国有公司、企业、事业单位、人民团体实施第 1 款规定之罪的，从重处罚。

第四，如果暂时不修改总则规定，则建议在《刑法》第 393 条之后增加 2 条，作为第 393 条之一与第 393 条之二。在前者中规定：单位中的个人在履行单位职务过程中收受或者提供贿赂被人民法院认定有罪的，对单位判处罚金。国家机关、国有公司、企业、事业单位、人民团体犯前款罪从重处罚。在后者中规定：如果单位制定并有效实施了预防、制裁贿赂行为的合规计划的，人民法院应免除或者减轻单位刑事责任。

其次，如上所述，现行刑法典分则规定的具体犯罪是否是单位犯罪，除分则条文明确表明犯罪主体是单位的情况外，取决于是否存在诸如"单位犯前款罪的，对单位判处罚金，并对其直接负责的主管人员和其他直接责任人员，依照前款的规定处罚"的规定，这与《刑法》总则第 30 条中"法律规定为单位犯罪的，应当负刑事责任"这一限制性规定是相照应的。如上所述，笔者建议删除这一限制性规定，相应地，上述分则中的照应性规定也应该一并删除。应当指出的是，即使删除了总则与分则中的限制性规定，也并不意味着分则规定的所有犯罪都是单位犯罪。因为分则中的许多条文，都明确将犯罪主体限定在了特定的范围内，例如，《刑法》分则第九章规定的渎职罪，犯罪主体仅限于"国家机关工作人员""司法工作人员"，显然单位不可能成为相应犯罪的主体。但是，单位完全可以成为上述特定犯罪主体的共犯。

（二）处罚模式

在《刑法》分则的改革中还有一个问题需要被提及，根据

《刑法》总则第 31 条之规定，《刑法》分则规定了两种处罚模式：其一，仅处罚直接主管人员与直接责任人员的单罚制，主要适用于过失犯罪，如单位事故、建设事故、学校事故以及火灾事故等安全责任事故犯罪。其二，在单位犯罪的场合，同时处罚单位和直接主管人员以及直接责任人员的双罚制。在双罚制中，直接主管人员与直接责任人员的处罚存在两种情况：第一种情况，是根据各条为自然人犯罪案件的自然人的法定刑处罚，上述第 345 条的规定就是如此；第二种情况，是在单位犯罪的场合，为直接主管人员与直接责任人员规定单独的处罚，而且单独规定的处罚，轻于自然人犯罪的场合。例如，根据《刑法》第 180 条第 1 款的规定，在自然人实施该条规定的内幕交易罪的案件中，对被告人"情节严重的，处 5 年以下有期徒刑或者拘役，并处或者单处违法所得 1 倍以上 5 倍以下罚金；情节特别严重的，处 5 年以上 10 年以下有期徒刑，并处违法所得 1 倍以上 5 倍以下罚金"。第 2 款继而规定："单位犯前款罪的，对单位判处罚金，并对其直接负责的主管人员和其他直接责任人员，处 5 年以下有期徒刑或者拘役。"

本书建议在删除总则与分则中的限制性规定的同时，废除为单位犯罪中的自然人单独规定处罚的做法，在相同的犯罪中，无论是单位犯罪也好，还是个人犯罪也好，对于所涉自然人，根据相同法定刑量刑。因为从轻处罚单位犯罪中自然人的根据，主要在于"为单位谋利的目的"，就如有的学者所言，"为单位谋利的目的是个体善良行动的根据，必须认为这一目的比为个人谋利更加善良。"因此，在法律规范中，应该将之作为不能轻视的量刑情节。但是，以主观的目的为理由，减轻直接负责的主管人员与直接责任人的刑罚，对于单位处罚的预防功能与立法机关当初的设想是有利还是有害，应该在刑事政策的层面思考。

需要指出的是，上述情况不仅存在于中国，也见诸外国。例如，日本学者通过对日本的 2000 年以后的违反法人税法的法人犯罪案件进行量化分析，也得出了"为单位谋利的目的"与"为个人谋利的目的"，在实践中的确能够对量刑产生影响，但是，研究者同时对这一结果批判道："为单位的利益实施犯罪与减轻责任之间的联系，这是我们所得到的信息。但是，这是预防单位犯罪所希望的吗？……如果认为为了预防单位犯罪，我们需要培育超越单位伦理的规范意识，就不能认为上述信息是我们所希望的。"[1] 作者认同日本学者的这一批判。

---

〔1〕 〔日〕白石贤等："企业犯罪中'企业利益目的'与'个人利益目的'的区别是否对量刑产生影响——关于违反法人税法量刑因素的计量分析"，载《ESRI 系列论文》(*ESRI Discussion Paper Series*) 第 192 号（2007 年），第 5 页。

第九章

单位贿赂犯罪程序问题研究

1979 年 7 月 1 日，第五届全国人民代表大会第二次会议通过了新中国第一部《中华人民共和国刑事诉讼法》（以下简称《刑事诉讼法》）。因为当时《刑法》之中尚无明文规定单位犯罪的条款，所以立法与司法解释之中均无有关单位犯罪的规定。1996 年 3 月 17 日，第八届全国人民代表大会第四次会议通过了《关于修改〈中华人民共和国刑事诉讼法〉的决定》，对《刑事诉讼法》进行了第一次修正。在 1996 年进行第一次修订之际，因为在 1987 年之后的单行刑法与附属刑法规范都规定了单位犯罪，所以虽然《刑事诉讼法》仍是以个人刑事责任为假想对象，但是最高人民法院于 1998 年 9 月 2 日公布的《关于执行〈中华人民共和国刑事诉讼法〉若干问题的解释》还是在第 207~216 条对单位刑事诉讼程序进行了简单规定。遗憾的是，司法解释中的规定过于简单，无法系统地解决实践中出现的大量问题，所以理论界就单位犯罪的程序问题，展开了广泛的研究，并形成了许多争议点。[1]

---

〔1〕 例如，参见陈辐宽："单位犯罪有关亟待解决的程序问题研究"，载《政治与法律》2010 年第 3 期；王新平："单位犯罪的诉讼程序"，载《河北法学》2002 年第 3 期；程宗璋："单位犯罪的诉讼程序论"，载《河南社会科学》1999 年第 3 期；孙光焰："试论单位犯罪刑事诉讼程序的几个问题"，载《政法论坛》1998 年第 2 期；贺平凡："单位犯罪诉讼程序研究"，载《上海市政法管理干部学院学报》1999 年第 6 期；杨晓静："单位犯罪刑事诉讼程序研究"，载《河北法学》2000 年第 5 期。

2012 年 3 月 14 日，第十一届全国人民代表大会第五次会议再次通过《关于修改〈中华人民共和国刑事诉讼法〉的决定》，对《刑事诉讼法》进行了第二次修正，该决定于 2013 年 1 月 1 日起开始实施；2018 年 10 月 26 日，第十三届全国人民代表大会常务委员会第六次会议再次通过《关于修改〈中华人民共和国刑事诉讼法〉的决定》，对《刑事诉讼法》进行了第三次修正。在此前司法解释的基础上，《最高人民法院关于适用〈中华人民共和国刑事诉讼法〉的解释》（法释〔2012〕21 号）在第 2、3 条以及第 278~287 条等部分对有关单位犯罪的程序问题进行了规定。但是这些规定，一方面，虽然考虑到了司法实践中的相关问题，但是仍然没有脱离个人刑事责任的思维；另一方面，仍然过于简单，因此还有许多问题值得探讨。

单位犯罪诉讼程序同样包括从立案、侦查、起诉、审判到执行的所有环节。在每一个环节，都存在诸多的具体问题亟须解决。此处，仅选择立法模式、管辖、强制措施、审判组织、自诉与反诉以及判决执行等几个问题予以论述。需要指出的是，因为单位犯罪诉讼程序不应该仅限于贿赂犯罪案件，因此，此处有关单位犯罪程序问题的论述包括但不限于单位贿赂犯罪问题。

一、立法模式

如上所述，现行《刑事诉讼法》并没有对单位诉讼程序进行特别规定。但是，无论是从诉讼程序的规范化与保护当事人权利的理论层面，还是从我国《刑法》已经规定了单位犯罪的实然层面，增加单位犯罪诉讼程序都是必要的。就单位犯罪诉讼程序的立法模式，在理论上存在两种提议：其一，单独性立法，即制定专门适用于单位犯罪的刑事诉讼单独法，或者制定一个补充规定，详细规定单位犯罪诉讼程序中的一些特殊问题，补充规定中没有规定的内容，则适用《刑事诉讼法》的有关规定。[1] 其二，附属性立法，即在现行的《刑事诉讼法》中增设单位犯罪专章，就单位犯罪诉讼程序进行特别规定。[2]

国外确定组织犯罪诉讼程序的实践，大致分为三种情况：其一，附属性立法。例如，日本虽然没有在刑法中规定法人犯罪，但鉴于两罚规定大量存在，早在 1948 年颁布的现行刑事诉讼法典中就规定了法人诉讼程序；法国也在其刑事诉讼法典中专门设立了一编，规定法人犯罪的侦查、起诉与审判。其二，单行立法。即将法人犯罪的一些特殊诉讼程序单独规定在一个或几个单行法中，例如，1980 年《英国治安法院法》就详细而又系统地规定了对法人的起诉、审判等内容。其三，解释方式。即通过将作为既存刑事诉讼法适用对象的"人"解释为包括自然人与法人，使之适用于法人犯罪。但是，这种方式有一个重要的缺陷，即首先必须存在相关的立法，然后才能解释，否则就会出现"皮虽不存，毛却茂盛"的怪现象。

从立法的经济性与效率性的角度出发，附属性立法可能更适合于我国。其一，我国现行的单位刑事责任是以个人刑事责任为基础的，即不论是在双罚制还是在单罚制之下，都必须追究个人的刑事责任，而个人刑事责任的追诉程序，需要适用现行《刑事诉讼法》的规定。即使规定单行的单位刑事诉讼法或者补充性规定，都不可能再在其中就个人刑事诉讼程序进行规定，势必还是会规定：关于个人刑事责任，适用原有规定。其

---

[1] 参见孙光焰："试论单位犯罪刑事诉讼程序的几个问题"，载《政法论坛》1998 年第 2 期。

[2] 参见彭凤莲："单位犯罪诉讼程序立法研究"，载《安徽师范大学学报（人文社会科学版）》2004 年第 6 期。

二，单位刑事责任的追诉程序也必须遵循刑事诉讼的基本原则，如独立行使职权原则、适用法律平等原则等，而这些原则已经在现行《刑事诉讼法》中有所规定，如果再针对单位刑事案件，可能还需要再次规定。其三，某些国家确实采纳了单行立法的方式，但是需要注意到，这些国家的司法传统可能与我国有所不同。例如，在采纳单行立法模式的英国，与我国同时追究个人与单位的刑事责任不同，个人与组织刑事责任是可以通过不同诉讼程序分开追究的。例如，英国《2007 年企业过失致人死亡罪法》就明确规定，该法仅适用于组织刑事责任，如果需要追究涉案个人的刑事责任，则需要另行根据普通法或者其他立法进行。[1] 质而言之，在企业过失致死罪的案件中，追究组织与涉案个人的刑事责任的立法根据与具体程序都是独立的。

二、单位犯罪的管辖

(一) 立案管辖

立案管辖，又称职能管辖，指公安机关、检察机关和人民法院之间立案受理刑事案件以及人民法院系统内审判第一审刑事案件的分工制度。由于《刑事诉讼法》没有就单位犯罪的立案管辖给出明确规定，因此，在实践中尚无统一标准。在理论上，目前存在以下五种观点：①单位性质标准说，即检察机关管辖国有公司、企业、事业单位、国家机关以及人民团体的犯罪案件，公安机关管辖非国有公司、企业、事业单位、社会团体的犯罪案件；②管理职能性质标准说，即国家机关、人民团体和其他带有管理职能性质的国有公司、企业、事业单位的犯

---

〔1〕　See Guy Stessens, "Corporate Criminal Liability: A Comparative Perspective", *International and Comparative Law Quarterly*, 43 (1994).

罪由检察机关管辖，其他单位犯罪案件则由公安机关管辖；③管辖职能行为标准说，即利用了单位的国家管理职能行为进行犯罪的案件，由检察机关管辖，其他案件则由公安机关管辖；④直接责任人员标准说，即单位犯罪中的直接责任人员具有国家工作人员身份的，由检察机关管辖，其他案件由公安机关管辖；⑤犯罪客体标准说，即根据《刑法》分则以同类客体为依据规定的各章来划分立案管辖，具体而言，《刑法》分则第三章"破坏社会主义市场经济秩序罪"与第八章"贪污贿赂罪"中的单位犯罪案件由检察机关管辖。[1]

从《刑事诉讼法》第 19 条[2]和《中华人民共和国监察法》第 3 条[3]的规定来看，在个人犯罪案件中，立法机关采纳的是犯罪客体与犯罪主体相结合的综合说。与之相适应，在单位犯罪案件中也宜采纳犯罪客体与犯罪主体相结合的综合说，具体而言，在个人犯罪的场合划入检察机关与监察机关管辖的犯罪，如果由单位实施，也划入检察机关或者监察机关的管辖范围；国有公司、企业、事业单位、国家机关以及人民团体的犯罪案件，划入监察机关的管辖范围；在单位犯罪案件中，如果负主

---

〔1〕　参见程宗璋："单位犯罪的诉讼程序论"，载《河南社会科学》1999 年第 3 期；孙光焰："试论单位犯罪刑事诉讼程序的几个问题"，载《政法论坛》1998 年第 2 期；李德光："单位犯罪适用刑事诉讼程序若干问题探讨"，载《贵州省政法管理干部学院学报》1999 年第 2 期。

〔2〕　该条规定：刑事案件的侦查由公安机关进行，法律另有规定的除外。人民检察院在对诉讼活动实行法律监督中发现的司法工作人员利用职权实施的非法拘禁、刑讯逼供、非法搜查等侵犯公民权利、损害司法公正的犯罪，可以由人民检察院立案侦查。对于公安机关管辖的国家机关工作人员利用职权实施的重大犯罪案件，需要由人民检察院直接受理的时候，经省级以上人民检察院决定，可以由人民检察院立案侦查。

〔3〕　该条规定：各级监察委员会是行使国家监察职能的专责机关，依照本法对所有行使公权力的公职人员进行监察，调查职务违法和职务犯罪，开展廉政建设和反腐败工作，维护宪法和法律的尊严。

要责任的行为人是国家工作人员，则该案件划入监察机关的管辖范围。其他案件则由公安机关管辖。

（二）级别管辖

级别管辖，是指各级人民法院之间在审判第一审刑事案件上的权限分工。在理论界，许多观点认为，在单位犯罪案件中，应该根据案件的社会影响与可能判处的刑罚，划分级别管辖。例如，有的观点指出，自然人犯罪案件的级别管辖基本适用于单位犯罪案件，但应对具体案件进行具体分析，如单位被判处《刑法》分则所规定的罚金而不致破产，而且单位的直接主管人员和其他直接责任人员可能被判处无期徒刑或死刑的，可以由中级人民法院管辖；如单位被判处《刑法》分则所规定的罚金而导致破产，而且单位的直接主管人员和其他直接责任人员被判处有期徒刑的，则应当由中级人民法院管辖；其余的案件由基层人民法院管辖。此外，如单位构成知识产权方面的犯罪，或构成其他案件复杂、影响大、性质严重的犯罪，由中级以上人民法院管辖。[1]

根据《刑事诉讼法》第 20～23 条之规定，在个人犯罪案件中，划分级别管辖的主要依据是：案件的性质；罪行的轻重程度和可能判处的刑罚；案件涉及面和社会影响的大小；各级人民法院在审判体系中的地位、职责和条件等。例如，《刑事诉讼法》第 21 条规定中级人民法院管辖下列第一审刑事案件：①危害国家安全、恐怖活动案件；②可能判处无期徒刑、死刑的案件。《刑事诉讼法》第 22 条规定：高级人民法院管辖的第一审刑事案件，是全省（自治区、直辖市）性的重大刑事案件。由

---

〔1〕 参见程宗璋："单位犯罪的诉讼程序论"，载《河南社会科学》1999 年第 3 期。

此出发，上述关于划分单位犯罪案件级别管辖的观点是妥当的。

（三）地域管辖

地域管辖，指同级人民法院之间按照各自的辖区在审理第一审刑事案件上的分工。《刑事诉讼法》第 25 条规定，刑事案件由犯罪地的人民法院管辖。如果由被告人居住地的人民法院审判更为适宜的，可以由被告人居住地的人民法院管辖。就本条中的犯罪地，最高人民法院《关于适用〈中华人民共和国刑事诉讼法〉的解释》第 2 条指出，犯罪地包括犯罪行为发生地和犯罪结果发生地。在针对或者利用计算机网络实施犯罪的刑事案件中，犯罪地包括犯罪行为发生地的网站服务器所在地，网络接入地，网站建立者、管理者所在地，被侵害的计算机信息系统及其管理者所在地，被告人、被害人使用的计算机信息系统所在地，以及被害人财产遭受损失地。针对"被告人居住地"，该解释第 3 条第 2 款规定，在单位案件中，被告单位登记的住所地为其居住地。主要营业地或者主要办事机构所在地与登记的住所地不一致的，主要营业地或者主要办事机构所在地为其居住地。

根据上述第 25 条"刑事案件由犯罪地的人民法院管辖。如果由被告人居住地的人民法院审判更为适宜的，可以由被告人居住地的人民法院管辖"之规定，许多学者认为，在单位犯罪案件中，也应坚持以单位犯罪地法院管辖为主，以单位住所地法院管辖为辅；以最初受理单位犯罪案件地法院管辖为主，以单位的主要犯罪地法院管辖为辅。有的观点早已经特别指出，由于单位犯罪的特殊性，如有管辖权的当地法院地方保护主义严重，或受有关部门地方保护主义和其他干扰严重时，有可能影响公正审判，当地检察机关的上级检察机关与同级法院应共同协商，另指定其他法院管辖。[1]

上述观点基本是可以接受的，但需要指出的是，如上述解释第3条所示，"犯罪地"包括犯罪行为实施地与犯罪结果发生地，在单位犯罪案件中，尤其是在生产、销售食品、产品事故案件中，二者可能是分开的。在这种情况下，应该如何处理？单位犯罪案件与个人犯罪案件重要的区别之一，就是在单位犯罪案件中通常存在众多的被害人，因此，被害赔偿的问题显得尤其突出。而且，解决被害赔偿问题，巩固民众对司法的信心，也是建设和谐司法的必要之举。基于此，在单位犯罪案件中，应坚持以单位犯罪地法院管辖为主，以单位住所地法院管辖为辅的原则，解决地域管辖问题。如果犯罪行为实施地与犯罪结果发生地相分离的，则应以犯罪结果发生地为原则。如果犯罪结果发生地为数处的，则可以考虑以最大被害后果发生地为管辖地。

三、诉讼代表的问题

在1987年修订后的《海关法》规定了单位犯罪之后，关于谁代表被指控的单位出庭参加诉讼的问题，在司法实践中，做法很不规范：有的是现任法定代表人，有的是委托代理人，有的是原法定代表人既是被起诉的直接负责的主管人员又代表单位参加诉讼，还有的是没有人代表单位出庭。其中，同一人既代表单位参加诉讼，又是被指控单位犯罪的直接负责的主管人员的情况比较多。就此，有的观点认为，被指控单位犯罪的直

---

〔1〕 例如，参见李德光："单位犯罪适用刑事诉讼程序若干问题探讨"，载《贵州省政法管理干部学院学报》1999年第2期；孙光焰："试论单位犯罪刑事诉讼程序的几个问题"，载《政法论坛》1998年第2期。

接负责的主管人员，虽然是以双重身份的资格参与诉讼，但不存在利益上的冲突，诉讼目的一致，诉讼权利义务相同，不但方便刑事诉讼活动的顺利进行，也有利于保障单位及本人的合法权益不受侵犯。

与此相对，也有的观点明确指出，在双罚制的情况下，受罚主体是两个，两个受罚主体都应该获得审判的机会，享有多项诉讼权利，如果由被指控构成犯罪的直接负责的主管人员代表单位参加诉讼，就有可能造成诉讼角色混淆，不利于诉讼活动的顺利进行。而且，如果被指控的直接负责的主管人员的个人利益和单位利益不一致，被指控犯罪的主管人员有可能为推卸个人责任而归责于单位，如果单位没有代表人参加诉讼，就无法充分表达自己的主张和理由，就会影响或剥夺单位诉讼权利的行使。更为重要的是，被指控构成犯罪的主管人员由于人身自由受到剥夺或限制，不便为单位参与诉讼进行一些必要的活动，如委托辩护人、提供证据等，不利于维护被告单位的权益。[1]

为了规范司法实践，最高人民法院《关于适用〈中华人民共和国刑事诉讼法〉的解释》第 278 条规定，人民法院受理单位犯罪案件，除依照本解释第 180 条的有关规定进行审查外，还应当审查起诉书是否列明被告单位的名称、住所地、联系方式、法定代表人、主要负责人以及代表被告单位出庭的诉讼代表人的姓名、职务、联系方式。需要人民检察院补充材料的，应当通知人民检察院在 3 日内补送。该解释第 279 条继而规定，

---

〔1〕 参见白云山："单位犯罪案件审理程序中存在的问题及探讨"，载《法律适用》2001 年第 1 期；姚旭斌："单位犯罪审理程序初探"，载《法律适用》1997 年第 6 期；路金梁、杨子良："单位诉讼代表人问题研究"，载《法律适用》2003 年第 4 期。

被告单位的诉讼代表人应当是法定代表人或者主要负责人；法定代表人或者主要负责人被指控为单位犯罪直接负责的主管人员或者因客观原因无法出庭的，应当由被告单位委托其他负责人或者职工作为诉讼代表人。但是，有关人员被指控为单位犯罪的其他直接责任人员或者知道案件情况、负有作证义务的除外。同时，该解释第 280 条要求人民法院开庭审理单位犯罪案件，应当通知被告单位的诉讼代表人出庭；没有诉讼代表人参与诉讼的，应当要求人民检察院确定。

上述规定的立场，明显是采纳了第二种观点的立场，这是符合《刑事诉讼法》的立法精神与实践要求的。问题是，在单罚制的案件中，是否需要将涉案的单位列为被告人，并通知其诉讼代表人出庭？有的观点认为，在单罚制的情况下，只对直接负责的主管人员和其他直接责任人员判处刑罚，审理程序与自然人犯罪基本相同，无需将相关单位列为被告人。[1] 也有的观点认为，既然认定为单位犯罪，无论实行的是双罚制还是单罚制，被告单位当然成为诉讼的主体参与诉讼并被列为被告，即任何单位犯罪案件都存在单位被告和个人被告两个主体。[2]

从现行刑法规定与刑事法理出发，第二种观点更为可取。首先，在单罚制案件中，实施犯罪的主体仍然是单位，只不过受罚的主体是个人而已。例如，《刑法》第 161 条规定，公司向股东和社会公众提供虚假的或者隐瞒重要事实的财务会计报告，严重损害股东或者其他人利益的，对其直接负责的主管人员和其他直接责任人员，处 3 年以下有期徒刑或者拘役，并处或者

---

〔1〕 参见白云山："单位犯罪案件审理程序中存在的问题及探讨"，载《法律适用》2001 年第 1 期。

〔2〕 参见陈辐宽："单位犯罪有关亟待解决的程序问题研究"，载《政治与法律》2010 年第 3 期。

单处 2 万元以上 20 万元以下罚金。既然单位是犯罪主体，就应该将之列为被告人。其次，在单罚制案件中将单位列为被告人，可以起到标签作用，提醒社会，警示单位，就如有的观点所言："单位构成犯罪是追究个人被告的刑事责任的前提。在单罚制下，对单位直接责任人员适用刑罚是以单位构成犯罪、应负刑事责任但依法不予处罚为前提的。认定单位犯罪是对单位行为的一种否定性评价，是对单位的名誉及其他权益的一种惩罚，应当肯定单位的诉讼主体资格，让其参与诉讼接受审判，才能确认单位有罪，保障司法公正。"[1] 最后，将单位列为被告人有利于刑事附带民事诉讼的进行。即使在单罚制之下，单位仍然要为其犯罪行为承担民事赔偿责任，如果不将单位列为被告人，被害人就不能在同一刑事诉讼程序中针对单位提出民事赔偿请求，需要另行提起诉讼，重开民事审理程序。如此，对于被害人而言是一种负担，对于司法机关而言，也是对司法资源的浪费。所以，即使在单罚制的案件中，也需要将单位列为被告人。

那么，应该如何认识刑事附带民事诉讼中的单位与被指控单位犯罪的主管人员与直接责任人的关系呢？对此，有的观点认为，二者承担的是连带赔偿责任。原因在于：其一，单位犯罪是由集体研究或负责人决定的，单位犯罪是通过自然人的活动来实现的，也就是说，自然人的意志决定着单位的意志，没有自然人的活动，就不可能产生单位的意志。其二，单位犯罪行为的实施，是由自然人的行为体现出来的，没有自然人的行为，单位犯罪也无从实现。其三，单位实施犯罪活动是与设立

---

〔1〕　陈辐宽："单位犯罪有关亟待解决的程序问题研究"，载《政治与法律》2010 年第 3 期，第 156 页。

单位的目的、宗旨相违背的，这种违背宗旨、目的的行为又是基于自然人的故意（恶意），实际上，单位犯罪是由单位和主管人员、直接责任人员的共同行为造成的，主管人员和直接责任人员当然应当承担由此而产生的法律责任。[1]

上述观点存在一定的合理之处，但是，其一，无论是在双罚制还是单罚制的案件中，犯罪主体都是单位，个人不过是受罚主体，而且，根据现在的司法实践，构成单位犯罪通常需要有为单位谋利的目的存在，被指控单位犯罪的主管人员与直接责任人虽然可能获得部分利益，但并不能因此承担全部被害赔偿的连带责任。其二，刑事附带民事赔偿在实践中一直是难以解决的问题。据统计，在经济发达的广东省，2006 年大约有75%的刑事案件被害人没有获得赔偿，[2]在有的地区，判决执行率可能更低。例如，根据北京市崇文区（现东城区）法院的统计，在 2001 年 1 月至 2004 年 10 月将近三年办的案件内，几乎没有被害人通过刑事附带民事诉讼程序获得赔偿。[3]所以，在刑事案件中，不仅要方便被害人提出被害赔偿，而且要尽可能地帮助被害人实际获得赔偿。在单位犯罪案件中，一方面，单位的赔偿能力通常是大于个人的赔偿能力；另一方面，让单位与被指控单位犯罪的主管人员与直接责任人就赔偿问题承担连带责任，在表面上可能增加了被害人获得赔偿的概率，但实质上也给双方互相推卸责任留下了空间。

---

〔1〕 参见李德光："单位犯罪适用刑事诉讼程序若干问题探讨"，载《贵州省政法管理干部学院学报》1999 年第 2 期。

〔2〕 参加谈佳隆："刑事附带民事赔偿执行难，如何解决法学界看法不一：靠'国家救助'还是靠'赔钱减刑'？"，载《中国经济周刊》2007 年第 46 期，第 35页。

〔3〕 参见周振杰：《比较法视野中的单位犯罪》，中国人民公安大学出版社2012 年版，第 132 页。

所以，在刑事附带民事诉讼中，不应让单位与被指控单位犯罪的主管人员与直接责任人承担连带赔偿责任，而应该仅让单位承担民事赔偿责任。单位在履行赔偿责任之后，对于需要承担部分责任的主管人员与直接责任人，可以提出追偿，但这一追偿关系仅仅存在于单位与涉案个人之间，无关被害人的受偿权利。

四、强制措施的适用

为了保证刑事诉讼的顺利进行，《刑事诉讼法》规定了拘传、拘留、取保候审、监视居住、逮捕等强制措施。在单位犯罪案件中，强制措施的适用，可以分为如下三种情况：

第一，对被告单位的强制措施的适用。由于单位不具有自然人的属性，因而不可能对其采取拘传、拘留、逮捕等针对人身自由的强制措施。但是，可以针对单位的经营活动、财产等采取特定的强制措施。这也是最高人民法院在《关于适用〈中华人民共和国刑事诉讼法〉的解释》中所采纳的立场。例如，该解释第284条规定，被告单位的违法所得及其孳息，尚未被依法追缴或者查封、扣押、冻结的，人民法院应当决定追缴或者查封、扣押、冻结。第285条规定，为保证判决的执行，人民法院可以先行查封、扣押、冻结被告单位的财产，或者由被告单位提出担保。具体而言，就如有的观点所言：对单位监视经营管理，侦查（公安、检察）机关在侦查起诉期间可以派员对被告单位的经营活动进行监视，以防止犯罪嫌疑人、被告人继续犯罪或转移、伪造、隐匿罪证，挥霍、变卖、毁损财产，保证刑事诉讼顺利进行；对单位犯罪实行财产保全；对单位犯罪采取具有拘留性质的措施，如查封财产、物品，冻结银行账户等；对单位犯罪采取具有逮捕性质的措施，如暂停营业（工作），限期整顿等。[1]

此外，为了保证最终的刑事裁决与民事裁决能够得到实质执行，应增设一些有针对性的强制措施，以及时、有效地惩治单位犯罪，例如，规定司法机关在刑事诉讼过程中，可向单位及有关部门发出限制令或禁止令，犯罪单位不得破产，不得解散；主管部门不得撤销单位。在审判过程中，法院对于可能因犯罪单位的行为或其他原因，使判决不能执行或难以执行的，可根据被害人申请或依职权作出财产保全决定。[2]

第二，对被指控单位犯罪的主管人员与直接责任人的强制措施的适用，直接适用《刑事诉讼法》关于自然人犯罪的有关规定即可。

第三，对被告单位的诉讼代表人的强制措施的适用。虽然根据最高人民法院《关于适用〈中华人民共和国刑事诉讼法〉的解释》第280条"诉讼代表人系被告单位的法定代表人或者主要负责人，无正当理由拒不出庭的，可以拘传其到庭"之规定，对被告单位的诉讼代表人可以采取一定的强制措施。但是，诉讼代表人并非犯罪嫌疑人、被告人，其本身并不承担刑事责任，仅仅是代表被告单位参加审理，行使诉讼程序中的权利与义务。因此，对之采取强制措施缺少法律根据。虽然司法解释已经做出了上述规定，但是对于被告单位的诉讼代表人的强制措施的适用应止步于此。

---

〔1〕 参见程宗璋："单位犯罪的诉讼程序论"，载《河南社会科学》1999年第3期。

〔2〕 参见刘继国："关于单位犯罪诉讼程序问题的探讨"，载《中国刑事法杂志》1998年第S1期。

五、自诉与反诉

因为现行《刑法》规定的单位犯罪多为行政犯，而且绝大部分是经济犯罪，因此，有的观点指出，在单位犯罪案件中不涉及自诉和反诉的问题。与此相对，有的观点认为，在单位犯罪案件中，同样存在自诉与反诉的可能性。[1] 从《刑事诉讼法》与《刑法》的现有规定来看，第二种观点更为可取。因为，根据《刑事诉讼法》第 210 条中的规定，被害人有证据证明对被告人侵犯自己人身、财产权利的行为应当依法追究刑事责任，而公安机关或者人民检察院不予追究被告人刑事责任的案件，属于自诉案件的范围，此处的"人身权利、财产权利"当然不限于《刑法》分则第四章与第五章所规定的侵犯公民人身权利与财产权利的犯罪，侵犯知识产权的犯罪和生产、销售伪劣产品的犯罪，同样也是侵犯财产权利的行为。因此，上述诸如此类的犯罪都有可能进入自诉程序，而这些犯罪都有可能由单位实施，所以单位有可能成为自诉案件的被告人。但是，就涉及单位的自诉与反诉问题，需要从两个相对的角度进行具体分析。

第一，单位是被害人的情形。如果单位认为自身权益受到了侵犯，并且符合《刑事诉讼法》第 210 条之规定，[2] 当然可以提起自诉，要求法院追究加害人的刑事责任。但是，需要指出的是，如果加害人同样是单位，还要注意所涉犯罪行为是否

---

〔1〕 参见樊凤林、邓子滨："论单位犯罪诉讼程序中的几个问题"，载《中国刑事法杂志》1998 年第 5 期。

〔2〕 该条规定：自诉案件包括下列案件：①告诉才处理的案件；②被害人有证据证明的轻微刑事案件；③被害人有证据证明对被告人侵犯自己人身、财产权利的行为应当依法追究刑事责任，而公安机关或者人民检察院不予追究被告人刑事责任的案件。

属于单位犯罪的范围。与此相应，被提起自诉的被告人可以提出反诉，但是反诉的内容，也应该是单位可以构成的犯罪。

第二，单位是加害人的情形。如果单位实施了诸如《刑法》分则第三章所规定的生产、销售伪劣产品罪等行为，而且符合上述《刑事诉讼法》第 210 条第 3 项的规定，被害人当然可以以相关单位作为被告人提出自诉。与此相适应，被告单位也可以提出反诉。但需要指出的是，反诉不应该是毫无限制的，必须与自诉的内容相关。例如，如果自诉人起诉企业生产的产品为伪劣产品，被告单位认为失实，可以根据《刑法》第 246 条之规定，提出反诉。[1]

六、审判组织

就单位犯罪案件中审判组织的选择，有的观点认为，由于单位犯罪案件的案情复杂、涉及面广，所以不宜采用独任制，应一律组成合议庭。合议庭的组成人员应经过挑选，须具有较高的法律水平和较丰富的审判经验，最好由庭长或副庭长担任审判长。[2] 笔者认为这种观点值得商榷，因为《刑事诉讼法》第 214 条已经明确规定，基层人民法院管辖的案件，符合下列条件的，可以适用简易程序审判：①案件事实清楚、证据充分的；②被告人承认自己所犯罪行，对指控的犯罪事实没有异议的；③被告人对适用简易程序没有异议的。人民检察院在提起公诉的时候，可以建议人民法院适用简易程序。与此同时，《刑

---

[1] 该条规定：以暴力或者其他方法公然侮辱他人或者捏造事实诽谤他人，情节严重的，处 3 年以下有期徒刑、拘役、管制或者剥夺政治权利。前款罪，告诉的才处理，但是严重危害社会秩序和国家利益的除外。

[2] 参见程宗璋："单位犯罪的诉讼程序论"，载《河南社会科学》1999 年第 3 期。

事诉讼法》第216条规定，适用简易程序审理案件，对可能判处3年有期徒刑以下刑罚的，可以组成合议庭进行审判，也可以由审判员一人独任审判；对可能判处的有期徒刑超过3年的，应当组成合议庭进行审判。

当然，就如有的观点所指出的，考虑到单位犯罪案件一般比较复杂，涉及多名被告人刑事责任的承担，一般都要适用"双罚制"。目前应该慎用、少用简易程序。即使适用，检察机关也要派员出庭，以维护当事人和其他诉讼参与人的合法权利。[1]所以，在单位犯罪案件中，如果选择由审判员一人独任审判，在上述《刑事诉讼法》第214条的要求之外，还需要考虑以下因素：①被告单位是否对检察机关的指控供认不讳；②被害人是否对检察机关的指控内容表示认同；③就案件所涉的民事赔偿，被告单位是否已经表示愿意承担，被害人对民事赔偿的数额、支付方式等是否没有异议；④被告单位是否具有积极承担责任的表现。

七、证明问题

因为并未区分单位责任与个人责任，而且在证明个人责任成立之后，直接对单位进行处罚，因为当前司法实践并未就单位刑事责任的问题有特殊规定。如上所述，本书建议将单位诉讼程序与个人诉讼程序相分离，并主张修改实体法，将单位刑事责任独立化、推定化与客观化，以单位的整体文化、预防与制裁违法行为的自身努力尤其是合规计划的实施情况，作为判断单位刑事责任的基础。因此，就单位犯罪案件中的证明问题，

---

[1] 参见赵永红、双玉娥："我国单位犯罪诉讼程序研究"，载《广西政法管理干部学院学报》2004年第3期。

本书主张：首先，区分个人刑事责任与单位刑事责任的证明原则。对于个人刑事责任，继续沿用有关证明责任、证明标准的规定；针对单位刑事责任，增设新的规定，加大单位被告人的证明责任，采纳推定原则，降低证明事实的门槛。也即，在单位刑事案件中，侦查机关或者公诉机关首先证明基础事实，即存在违法行为、法益侵害结果或者法律禁止的状态，以及单位组织、经营与管理活动之间存在的缺陷，而且二者之间存在因果关系。其次，根据上述基础事实，人民法院可推定单位本身存在故意或者过失。最后，单位可举证反驳上述推定，如果单位不予反驳或者未履行证明责任，则可认定单位刑事责任成立。

具体到单位贿赂犯罪案件中，在故意犯罪的场合，如果侦查机关或者公诉机关能够证明存在（至少是部分）为了单位嫌疑人或者单位被告人的利益而实施的贿赂行为，而且该单位内部存在滋生、容忍甚至推动贿赂行为的整体文化，缺乏有效实施的预防与制裁贿赂行为的内部程序与措施，则可以推定其存在犯罪故意。如果该单位不能举证推翻这一推定，则可以认定其行为构成行贿罪。

八、量刑问题

（一）量刑程序

目前，《刑事诉讼法》并未区分定罪与量刑程序，也未就量刑问题做出具体规定，但是量刑作为刑事诉讼活动的环节之一，对于实现刑罚目的、体现司法公正而言至关重要。为进一步规范量刑程序，提高量刑活动的公开性与公正性，司法机关早已经开始采取措施，推动量刑规范化改革。2005 年 10 月，最高人民法院在《人民法院第二个五年改革纲要（2004—2008）》中指出，要"贯彻罪刑相适应原则，制定故意杀人、抢劫、故意伤害、毒品等犯罪适用死刑的指导意见，确保死刑正确适用。研究制定关于其他犯罪的量刑指导意见，并健全和完善相对独立的量刑程序"。2009 年 3 月，最高人民法院在《人民法院第三个五年改革纲要（2009—2013）》中进一步提出，要"规范自由裁量权，将量刑纳入法庭审理程序，研究制定《人民法院量刑程序指导意见》"。2010 年 9 月，最高人民法院发布了《人民法院量刑指导意见（试行）》，要求全国法院自同年 10 月 1 日起全面试行；最高人民法院与最高人民检察院、公安部、国家安全部、司法部联合印发了《关于规范量刑程序若干问题的意见（试行）》。2013 年 12 月，在此前近 10 年的实践基础上，最高人民法院下发了《关于实施量刑规范化工作的通知》与《关于常见犯罪的量刑指导意见》。

虽然上述文件都对量刑表现出了重视的态度，例如，最高人民法院、最高人民检察院、公安部、国家安全部、司法部于 2010 年 9 月 13 日印发的《关于规范量刑程序若干问题的意见（试行）》强调"应当保障量刑活动的相对独立性"，要求"人民法院的刑事裁判文书中应当说明量刑理由"，并特别指出在"被告人不认罪或者辩护人做无罪辩护的案件，在法庭调查阶段，应当查明有关的量刑事实。在法庭辩论阶段，审判人员引导控辩双方先辩论定罪问题。在定罪辩论结束后，审判人员告知控辩双方可以围绕量刑问题进行辩论，发表量刑建议或意见，并说明理由和依据"。但是，在被告人作无罪辩护的案件中，几乎都存在辩护不充分的问题，因为法庭通常只是允许辩护方就被告人是否构成犯罪的问题与公诉方展开法庭质证和辩论，难以得到就量刑问题发表意见的机会。而且，在实践中，许多法官在得出有罪的结论后还是会习惯性地直接得出量刑意见，然后才根据指导意见或区域性的实施细则，确定起点刑、基准刑，根据量刑情节进行相应的比例调控，得出与其初设的量刑意见一致的宣告刑。更有甚者，有些法官将量刑规范化当成了错误合法化的途径，因为在量刑规范化的框架下，"所有的量刑结果都有其对应的计算公式，换言之，哪怕这个结果是权力寻租所需要的，它也会有一个各步骤的数字计算都在规定范围内的公式，以证明其合法的存在。"[1] 显而易见，要实现最高人民法院在《关于实施量刑规范化工作的通知》中所确立的"量刑公开、公平、公正"的目的，量刑改革还需要继续深入下去。尤其是如上所述，本书建议区分个人刑事责任与单位刑事责任，在认定单位刑事责任之际，加大单位的证明责任，而且单位需要举证证明的，不仅包括定罪情节，而且包括量刑情节。在此情况下，应该给予单位被告人更多的时间与空间以有效地履行其证明责任。所以，笔者主张分离定罪与量刑程序，至少在单位犯罪案件程序中，规定独立的量刑程序，[2] 对于实现充分辩护、实现量刑公正是必要的。

就定罪与量刑的关系，在英美法系当事人主义诉讼模式下，二者的程序通常是分离的；在大陆法系职权主义诉讼模式下，二者通常是一体化的。但是近年来，在大陆法系国家，也出现了将定罪与量刑相对分离的立法实践。例如，在制定《裁判员法》之际，日本学界普遍主张借机区分定罪与量刑程序，认为将量刑材料排除出事实认定程序，既有利于贯彻避免双重评价的原则与充分实现刑罚的个别化，也有利于提高被告人的理解，

---

〔1〕 周力娜："透视量刑规范化进程中的微观成像，反思形式主义遮掩下的改革进路"，载《法律适用》2013年第2期，第96页。

〔2〕 关于分离定罪与量刑程序的论述，参见陈瑞华："定罪与量刑的程序分离——中国刑事审判制度改革的另一种思路"，载《法学》2008年第6期；熊秋红："中国量刑改革：理论、规范与经验"，载《法学家》2011年第5期。

保护其利益。虽然《裁判员法》最终并没有采纳学者的意见，但是在裁判员的审判过程中，定罪程序与量刑程序其实已经被分离开来。根据《裁判员法》的规定，裁判员审判的庭审具体分为开庭、证据调查、辩论、评议与宣告判决五个阶段，被告人是否有罪以及如何确定刑罚都是在评议阶段进行的。评议阶段划分为定罪与量刑两个环节，而这两个环节是完全独立的。一方面，二者得出结论的依据不同。在定罪环节，合议庭成员根据甲号证据对被告人是否实施了起诉书列举的罪行进行讨论，在综合考虑公诉意见与辩护意见的基础上，就被告人是否有罪得出结论；在量刑环节，合议庭成员则是在乙号证据的基础上，参考各种情节，确定宣告刑。另一方面，二者适用的议事原则不同。在定罪环节，如果合议庭就被告人有罪或者无罪无法得出一致意见，判决结果原则上由裁判员与法官投票决定，以过半数的选择为准，只有在做出对被告人不利的判断或结论之际，才实行特别过半原则；而在量刑环节，如果合议庭无法达成合意，一律根据特别过半原则投票决定。因此，在裁判员的审判过程中，定罪程序与量刑程序实质上处于"不分而分"的状态。[1]

因此，我们完全有可能也有必要在单位刑事案件中，实现定罪与量刑程序的分离，以保证量刑的公开、公正与透明。简而言之，"量刑反映了不同价值观的竞争和整合，没有一个科学意义上的正确的量刑结果。但是却存在着一个'正确'的量刑程序。这一程序不应当被视为一个静态的刑的量化的过程，而应当被理解为在考虑多方面因素的前提下对刑的具体化动态

---

〔1〕　参见周振杰："日本裁判员审判中的对话量刑及其参考价值"，载《法律科学》2015 年第 4 期。

过程"[1]，尤其是在单位犯罪这种通常涉及数量众多的刑事诉讼程序中。这一量刑程序又进而可以分为四个阶段：选择基础数额、计算责任系数、确定罚金数额与选择执行方式，控辩双方可以在每个阶段就相应的核心问题展开辩论。

（二）量刑标准

在将量刑程序相对独立之后，司法机关应进一步通过司法解释明确量刑标准，以为控辩双方在量刑阶段展开辩论提供参照，为人民法院提供确定量刑结果与刑罚执行方式的规则，提高单位贿赂犯罪量刑过程与结果的透明化、公正性与公开性。在法人贿赂犯罪案件中规定具体的量刑标准是许多国家的选择。例如，第六章第一节在介绍英国的 SG 案时，已经提到了英国司法机关计算罚金数额的方法；美国量刑委员会也制作了工作表，执法机关可以据之逐步确定法人的犯罪等级、计算罚金数额等。这里的量刑标准，与上述量刑程序的四个阶段相对应，应该包括：

1. 基础数额

如前所述，罚金虽然不应该是对单位的唯一处罚方式，但却是必不可少的处罚方式。因此，在确定单位贿赂犯罪案件中的量刑标准之际，首先应规定确定罚金数额的标准。笔者建议，在确定罚金数额之际，应首先确定一个基础数额，然后对之予以调整，得出罚金数额。此基础数额可以是如下数额的最高之一：①犯罪所得及其收益的数额；②造成的财产性损失的数额；③恢复原状所需要的数额；④应该赔偿的数额；⑤人民法院认为合适的其他数额。

---

[1] 虞平："量刑与刑的量化——兼论'电脑量刑'"，载《法学家》2007 年第 2 期，第 67 页。

2. 责任值

在确定基础数额之后，应进一步明确如何调整罚金数额，同时也是决定是否以及如何单处或者并处解散、禁止投标等罚金刑之外单位处罚的标准。从责任的大小决定刑罚的质与量的角度出发，此处建议采纳责任值的概念，即假设每一个单位犯罪人的责任值为 1，每一个从宽情节可以减去 0.1~0.2，每一个从严情节可以加上 0.1~0.2，在具体案件中根据情节进行加减，得出最后分值。如果在一个案件中，单位犯罪人存在两个从宽情节，无从严情节，则其责任值在 0.6~0.8 之间；如果存在两个从严情节，无从宽情节，则其责任值在 1.2~1.4 之间；如果同时存在数个从严与从宽情节，可以首先确定双向的最低值与最高值，然后相减得出责任值范围，例如，在某一个案件中，同时存在 3 个从严情节，2 个从宽情节，则其责任值在 1.4（1.6-0.2）~0.9（1.3-0.4）之间。如果某一单位犯罪人的责任值为零，则可以考虑不对其判处罚金，代之以其他的非刑罚处罚方式，如消除影响、赔礼道歉等。

3. 罚金数额

在确定了基础数额与责任值之后，以基础数额乘以责任值就可以得出科处罚金数额的范围。例如，如果某一单位贿赂案件的基础罚金数额为 150 万，责任值为 0.7~1.2，则其罚金刑数额应在 105 万~180 万之间。人民法院可以在这一范围内，根据相关情况确定罚金的具体数额。

4. 执行方式

在确定罚金数额、并处或者单处其他刑罚方式之后，人民法院可以根据责任值以及其他情节酌定是否可以对单位犯罪人处以缓刑、命令其制定或者加强内部预防措施、接受合规审查或者外部合规监督，以及要求其参加社区矫正。

九、判决执行

与自然人犯罪案件相比，单位犯罪案件的执行显得更为重要，因为单位犯罪案件往往涉及众多的被害人，如果人民法院不能有效地执行判决，不但会大范围地降低司法公信力，而且会影响被害人的损害赔偿，如此，建设和谐司法也就无从谈起。

由于在单位犯罪案件中，通常是同时处罚单位与承担责任的个人，所以单位犯罪案件判决的执行包含两部分的内容，即对单位的罚金与对个人的刑事责任。实践表明，对单位罚金的执行比较困难，原因是多方面的，既有单位有关人员违法转移资产造成的，也有司法机关调查不周密造成的，更有单位的上级部门利用权势或关系网对法院施加压力的结果，也不乏司法机关自身腐败导致的判决不能执行。有时对单位犯罪的判决尚未作出，犯罪单位已被撤销、解散或宣告破产。

从单位犯罪案件的性质、被害赔偿的需要以及实践中存在的问题出发，在单位刑事诉讼中建立被害赔偿前置程序是非常必要的，也即在单位犯罪案件进入公诉程序之后，在履行被害赔偿责任之前，除维持日常生产、经营的需要之外，被告人单位不得转移资产，或者进行合并、分离等使单位性质与地位发生转变的行为。设立这一程序，同时也可以保证单位罚金的支付，因为根据《刑法》第36条第2款的规定，承担民事赔偿责任的犯罪分子，同时被判处罚金，其财产不足以全部支付的，或者被判处没收财产的，应当先承担对被害人的民事赔偿责任。为保证犯罪单位履行民事赔偿所采取的措施，也就是为保证单位支付罚金所采取的措施。

最后，需要指出的是，犯罪单位的分离或合并不影响判决的执行，由承继单位负责支付罚金。但是，如果在刑事诉讼程序启动之前发生分离或者合并的情况，则变更后的单位仅应承担民事责任。当然，如果仅仅是发生名称变更，其他方面没有发生实质性变化，则不影响刑事责任的追究与判决的执行。

参考文献

REFERENCES

一、中文论文

1. 白云山："单位犯罪案件审理程序中存在的问题及探讨"，载《法律适用》2001 年第 1 期。

2. 陈辐宽："单位犯罪有关亟待解决的程序问题研究"，载《政治与法律》2010 年第 3 期。

3. 陈广君："论法人犯罪的几个问题"，载《中国法学》1986 年第 6 期。

4. 崔南山："法人成为犯罪主体是我国立法上的一个重要突破"，载《中国法学》1986 年第 6 期。

5. 陈萍："法国'机关法人'刑事责任述评及其借镜"，载《中国刑事法杂志》2013 年第 11 期。

6. 陈瑞华："定罪与量刑的程序分离——中国刑事审判制度改革的另一种思路"，载《法学》2008 年第 6 期。

7. 陈兴良："风险刑法理论的法教义学批判"，载《中外法学》2014 年第 1 期。

8. 常修泽："民间资本如何进入垄断性行业"，载《中国投资》2014 年第 5 期。

9. 陈泽宪："论法人的刑事法律问题"，载《政治与法律》1985 年第 6 期。

10. 程宗璋："单位犯罪的诉讼程序论"，载《河南社会科学》1999 年第 3 期。

11. 邓中文、郭烈琦："对单位犯罪的立法评析"，载《山东社会科学》

2006 年第 8 期。

12. 樊凤林、邓子滨："论单位犯罪诉讼程序中的几个问题"，载《中国刑事法杂志》1998 年第 5 期。

13. 郭建华："国家机关应该成为犯罪主体"，载《宜宾学院学报》2008 年第 2 期。

14. 高铭瑄、姜伟："关于'法人犯罪'的若干问题"，载《中国法学》1986 年第 6 期。

15. 高鹏："论国家机关、国有事业单位不能成立单位犯罪——以经济分析法学为视角"，载《河南公安高等专科学校学报》2009 年第 4 期。

16. 贺平凡："单位犯罪诉讼程序研究"，载《上海市政法管理干部学院学报》1999 年第 6 期。

17. 胡廷霞："国家机关作为单位犯罪主体之否定"，载《法制与社会》2008 年第 20 期。

18. 侯国云："犯罪构成理论的产生与发展"，载《南都学坛》2004 年第 4 期。

19. 何亮："一人公司在单位行贿罪中的主体定位"，载《人民检察》2012 年第 24 期。

20. 江涛、李清："简评美国保护举报人的法律制度"，载《中国检察官》2011 年第 8 期。

21. 贾凌、曾粤兴："国家机关不应成为单位犯罪的主体"，载《法学》2002 年第 11 期。

22. 廖斌："试论我国法人犯罪刑罚体系的完善"，载《法律适用》2003 年第 12 期。

23. 李本灿："企业犯罪预防中合规计划制度的借鉴"，载《中国法学》2015 年第 5 期。

24. 李德光："单位犯罪适用刑事诉讼程序若干问题探讨"，载《贵州省政法管理干部学院学报》1999 年第 2 期。

25. 劳东燕："公共政策与风险社会的刑法"，载《中国社会科学》2007 年第 3 期。

26. 劳东燕："风险社会与变动中的刑法理论"，载《中外法学》2014 年第 1 期。

27. 黎宏："中国法人犯罪考察"，载《同志社法学》1997 年第 6 期。

28. 刘继国："关于单位犯罪诉讼程序问题的探讨"，载《中国刑事法杂志》1998 年第 S1 期。

29. 路金梁、杨子良："单位诉讼代表人问题研究"，载《法律适用》2003 年第 4 期。

30. 卢建平："风险社会的刑事政策与刑法"，载《法学论坛》2011 年第 4 期。

31. 赖早兴："刑法平等原则辨析"，载《法律科学》2006 年第 6 期。

32. 蒋娜："国际法视野下国家刑事责任的可能与局限——对国家刑事责任赞成论之否定"，载《法学杂志》2010 年第 2 期。

33. 刘鹏："单位犯罪研究"，载《云南法学》2007 年第 4 期。

34. 吕天奇："论受贿罪的犯罪对象"，载《西南民族大学学报（人文社会科学版）》2006 年第 11 期。

35. 刘仁文、焦旭鹏："风险刑法的社会基础"，载《政法论坛》2014 年第 3 期。

36. 吕英杰："风险刑法下的法益保护"，载《吉林大学社会科学学报》2013 年第 4 期。

37. 马克昌："'机关'不宜规定为单位犯罪的主体"，载《现代法学》2007 年第 5 期。

38. 南连伟："风险刑法理论的批判与反思"，载《法学研究》2012 年第 4 期。

39. 彭凤莲："单位犯罪诉讼程序立法研究"，载《安徽师范大学学报（人文社会科学版）》2004 年第 6 期。

40. 钱晓萍："'国家犯罪及其刑事责任'理论争鸣与发展研究"，载《时代法学》2014 年第 4 期。

41. 钱晓萍："'政府犯罪'对'国家犯罪'的替代性研究——国际刑法框架内基于理论和实例的结论"，载《中国刑事法杂志》2011 年第 9 期。

42. 屈学武："'基本犯罪构成'与'犯罪成立'关系疏议"，载《人民检察》2005 年第 11 期。

43. 齐文远："刑法应对社会风险之有所为与有所不为"，载《法商研究》2011 年第 4 期。

44. 孙光焰："试论单位犯罪刑事诉讼程序的几个问题"，载《政法论坛》1998 年第 2 期。

45. 孙万怀："风险刑法的现实风险与控制"，载《法律科学》2013 年第 6 期。

46. 谭波："我国量刑程序独立的改革之路"，载《沈阳工业大学学报（社会科学版）》2013 年第 6 期。

47. 谈佳隆："刑事附带民事赔偿执行难，如何解决法学界看法不一：靠'国家救助'还是靠'赔钱减刑'？"，载《中国经济周刊》2007 年第 46 期。

48. 魏东、章谷雅："论法人犯罪的犯罪构成与刑罚配置之完善"，载《中国刑事法杂志》2004 年第 2 期。

49. 王虎华："国家刑事责任的国际法批判"，载《上海社会科学院学术季刊》2002 年第 4 期。

50. 王剑波、郭慧："公司法人人格否认视野下的一人公司犯罪分析"，载《云南大学学报（法学版）》2007 年第 6 期。

51. 王新平："单位犯罪的诉讼程序"，载《河北法学》2002 年第 3 期。

52. 王章辉："欧美大国工业革命对世界历史进程的影响"，载《世界历史》1994 年第 5 期。

53. 谢杰、吕继东："一人公司犯罪主体论"，载《上海公安高等专科学校学报》2006 年第 6 期。

54. 薛进展："单位犯罪刑罚的适用与思考"，载《法学》2002 年第 9 期。

55. 熊秋红："中国量刑改革：理论、规范与经验"，载《法学家》2011 年第 5 期。

56. 叶良芳："论单位犯罪的形态结构——兼论单位与单位成员责任分离论"，载《中国法学》2008 年第 6 期。

57. 尹明灿、高成霞："单位行贿罪实证研究"，载《法治论坛》2014 年第 2 期。

58. 虞平："量刑与刑的量化——兼论'电脑量刑'"，载《法学家》2007 年第 2 期。

59. 杨涛、陈娟娟："应规定非国有单位受贿罪"，载《民主与法制时报》2007 年 3 月 12 日，第 12 版。

60. 姚旭斌："单位犯罪审理程序初探"，载《法律适用》1997 年第 6 期。

61. 杨晓静："单位犯罪刑事诉讼程序研究"，载《河北法学》2000 年第 5 期。

62. 赵秉志："关于法人不应成为犯罪主体的思考"，载《法学研究》1989 年第 5 期。

63. 周力娜："透视量刑规范化进程中的微观成像，反思形式主义遮掩下的改革进路"，载《法律适用》2013 年第 2 期。

64. 朱建华："单位犯罪主体之质疑"，载《现代法学》2008 年第 1 期。

65. 张劲松："论风险社会人造风险的政策防范"，载《天津社会科学》2010 年第 6 期。

66. 庄解忧："世界上第一次工业革命的经济社会影响"，载《厦门大学学报（哲学社会科学版）》1985 年第 4 期。

67. 张目："单位犯罪的理论与实务"，载《中国刑事法杂志》1998 年第 2 期。

68. 朱荣华："刑事案件中法人的责任"，载《法学》1982 年第 3 期。

69. 张文、何慧新："20 世纪中国刑法的回顾与展望"，载《法政研究》2000 年第 1 期。

70. 赵永红、双玉娥："我国单位犯罪诉讼程序研究"，载《广西政法管理干部学院学报》2004 年第 3 期。

71. 曾粤兴、孙本雄："《刑法》中的单位行贿罪研究"，载《昆明理工大学学报（社会科学版）》2014 年第 2 期。

72. 张智辉："单位贿赂犯罪之检讨"，载《政法论坛》2007 年第 6 期。

73. 左振杰："论国家机关不能成为犯罪主体"，载《西安社会科学》2008

年第 4 期。

74. 周振杰："企业适法计划与企业犯罪预防"，载《法治研究》2012 年第 4 期。

75. 周振杰："企业刑事责任二元模式研究"，载《环球法律评论》2015 年第 6 期。

76. 周振杰："美国反商业贿赂的经验与启示"，载《中国党政干部论坛》2006 年第 6 期。

77. 周振杰："英国刑法中的商业组织不履行预防贿赂义务罪研究——兼论英国法人刑事责任的转变与发展方向"，载《刑法论丛》2012 年第 3 期。

78. 周振杰："英美国家企业刑事责任论的最新发展——以英国《2007 年企业过失致人死亡罪法》为例"，载《河北法学》2010 年第 12 期。

79. 周振杰："日本裁判员审判中的对话量刑及其参考价值"，载《法律科学》2015 年第 4 期。

80. 郑泽善："受贿罪的保护法益及贿赂之范围"，载《兰州学刊》2011 年第 12 期。

二、中文著作

1. 高铭暄、马克昌主编：《刑法学》，北京大学出版社、高等教育出版社 2011 年版。

2. 高铭暄、赵秉志编：《中国刑法立法文献资料精选》，法律出版社 2007 年版。

3. 黎宏：《刑法学》，法律出版社 2012 年版。

4. 刘仁文：《刑法的结构与视野》，北京大学出版社 2010 年版。

5. 王良顺：《单位犯罪论》，中国人民公安大学出版社 2008 年版。

6. 赵秉志：《外国刑法问题》，北京大学出版社 2010 年版。

7. 赵秉志主编：《刑法修正案最新理解适用》，中国法制出版社 2009 年版。

8. 张明楷：《刑法学》，法律出版社 2008 年版。

9. 周振杰：《比较法视野中的单位犯罪》，中国人民公安大学出版社 2012

年版。

三、中译外文文献

1. ［英］安东尼·吉登斯、克里斯多弗·皮尔森：《现代性——吉登斯访谈录》，尹宏毅译，新华出版社 2001 年版。

2. ［意］贝卡里亚：《论犯罪与刑罚》，黄风译，中国大百科全书出版社 1993 年版。

3. ［英］戴维·米勒、韦农·波格丹诺主编：《布莱克维尔政治学百科全书》（修订版），邓正来主编译，中国政法大学出版社 2002 年版。

4. ［德］冈特·施特拉腾韦特、洛塔尔·库伦：《刑法总论 I——犯罪论》，杨萌译，法律出版社 2006 年版。

5. ［德］弗兰茨·冯·李斯特：《德国刑法教科书》，埃贝哈德·施密特修订，徐久生译，何秉松校订，法律出版社 2000 年版。

6. ［法］卢梭：《社会契约论》，何兆武译，商务印书馆 1980 年版。

7. ［德］乌尔里希·贝克：《世界风险社会》，吴英姿、孙淑敏译，南京大学出版社 2004 年版。

8. ［德］乌尔里希·贝克：《风险社会》，何博闻译，译林出版社 2004 年版。

9. ［德］乌尔里希·贝克："从工业社会到风险社会（上篇）——关于人类生存、社会结构和生态启蒙等问题的思考"，王武龙译，载《马克思主义与现实》2003 年第 3 期。

10. ［德］乌尔里希·贝克："风险社会再思考"，郗卫东译，载《马克思主义与现实》2002 年第 4 期。

11. ［德］约翰内斯·韦塞尔斯：《德国刑法总论》，李昌坷译，法律出版社 2008 年版。

四、日文文献

1. ［日］板仓宏：《现代社会与新刑法理论》，劲草书房 1980 年版。

2. ［日］白石贤：《企业犯罪与丑闻的法律政策》，成文堂 2007 年版。

3. ［日］白石贤等："企业犯罪中'企业利益目的'与'个人利益目的'的区别是否对量刑产生影响——关于违反法人税法量刑因素的计量分析"，载《ESRI 系列论文》（*ESRI Discussion Paper Series*）第 192 号（2007 年）。

4. ［日］村井敏邦：《刑法：现在的犯罪与刑罚》，岩波书店 2005 年版。

5. ［日］川崎友巳：《企业刑事责任》，成文堂 2004 年版。

6. ［日］西原春夫编：《中日比较经济犯罪》，成文堂 2004 年版。

7. ［日］甲斐克则、田口守一编：《企业活动与刑事规制的国际动向》，信山社 2008 年版。

8. ［日］铃木幸毅、百田义治：《企业社会责任研究》，中央经济社 2008 年版。

9. ［日］麻生利胜：《企业犯罪预防的法理》，成文堂 1999 年版。

10. ［日］麻生利胜：《预防企业犯罪的法理》，成文堂 2004 年版。

11. ［日］内田博文：《日本刑法的发展与课题》，日本评论社 2008 年版。

12. ［日］前田雅英：《刑法总论讲义》（第 4 版），东京大学出版会 2006 年版。

13. ［日］山口厚：《刑法总论》，有斐阁 2001 年版。

14. ［日］山口厚：《刑法总论》（第 2 版），有斐阁 2007 年版。

15. ［日］神山敏雄：《日本的经济犯罪》，日本评论社 1996 年版。

16. ［日］神山敏雄：《日本的经济犯罪：实情与法律对应》，日本评论社 2002 年版。

17. ［日］山中敬一：《刑法总论》（第 2 版），成文堂 2008 年版。

18. ［日］樋口亮介：《法人处罚与刑法理论》，东京大学出版会 2009 年版。

19. ［日］田口守一、甲斐克则、今井猛嘉、白石贤编著：《企业犯罪与适法计划》，商事法务 2007 年版。

20. ［日］曾根威彦：《刑法总论》，弘文堂 2006 年版。

五、英文文献

(一) 英文论文

1. Allens Arthur Robinson, "Corporate Culture as a Basis for the Criminal Liability of Corporations", Report for the United Nations Special Representative of the Secretary-General on Human Rights and Business, available at http://198. 170. 85. 29/Allens-Arthur-Robinson-Corporate-Culture-paper-for-Ruggie-Feb-2008. pdf (accessed 2 December 2012).

2. Andrew Weissmann and David Newman, "Rethinking Criminal Corporate Liability", *Indianan Law Journal*, 82 (2007).

3. Avv. Federica Assumma and Suzanne Eomkies, "Corporate Compliance Programs in the United States and in Italy: Are They the Same?", at http://www. americanbar. org/content/dam/aba/publications/criminaljustice/wcc2014_Tomkies. pdf (accessed 12 July 2018).

4. Bruno Cova, Francesca Petronio, et al., Protecting Companies in a Chanllenging Environment: Compliance Programs under Italian Law-the First Nine Years, https://www. paulhastings. com/docs/default-source/PDFs/1521. pdf (accessed 2 November 2018).

5. S. J. Charles Barnes, "Why Compliance Programs Fail: Economics, Ethics and the Role of Leadership", *HEC Forum*, 2 (2007).

6. B. Cova, F. Petronio, V. Mara and M. Hyeraci, "Protecting Companies in a Challenging Environment: Compliance Programsunder Italian Law—The First Nine Years", at http://www. paulhastings. com/Resources/Upload/Publications/1521. pdf (accessed 10 September 2013).

7. David Axelrod, "Corporate Compliance Programs in the Aftermath of Sarbanes-Oxley: The Time has Come, the Walrus Said—", *ABA Business Section Spring Meeting* (Los Angeles, CA, April 4, 2003).

8. Diana E. Murphy, "The Federal Sentencing Guidelines for Organizations: A Decade of Promoting Compliance and Ethics", *Iowa Law Review*, 87 (2002).

9. Elizabeth Wolfe Morrison and Frances J. Milliken, "Organizational Silence: A Barrier to Change and Development in a Pluralistic World", *The Academy of Management Review*, 4 (2000).

10. Framcesca Chiara Beviliacqua, "Corporate Compliance Programs under Italian Law", at http://www. ethikosjournal. com (accessed 8 July 2016).

11. P. Fiorelli and A. M. Tracey, "Why Comply? Organizational Guidelines Offer a Safer Harbor in the Storm", *The Journal of Corporation Law*, Spring (2007).

12. Funahashi Hirokazu, "UK Bribery Act", *AZ Insight*, 46 (2011).

13. L. D. Finder, R. D. McConnell and Scott L. Mitchell, "Betting the Corporation: Compliance or Defiance? Compliance Programs in the Context of Deferred and Non-Prosecution Agreements-Corporate Pre-Trial Agreement Update - 2008", at http://papers. ssrn. com/sol3/papers. cfm? abstract_id = 1332033 (accessed 6 November 2013).

14. Guy Stessens, "Corporate Criminal Liability: A Comparative Perspective", *International and Comparative Law Quarterly*, 43 (1994).

15. Hawser Anita (2011) Businesses Brace for Bribery Crackdown, *Global Finance*, Vol. 25, No. 1.

16. Huls, V., "State Criminal Liability under International Law: Filling the Justice Gap in the Congo", at http://www. lawanddevelopment. org/docs/justicegapcongo. pdf (accessed 6 July 2016).

17. Jacqueline Martin & Tony Storey, *Unlocking Criminal Law*, London: Hodder Education, 2007.

18. James Maton, "The UK Bribery Act 2010", *Employee Relations Law Journal*, 3 (2011).

19. J. Arlen and R. Kraakman, "Controlling Corporate Misconduct: An Analysis of Corporate Liability Regimes", *New York University Law Review*, 4 (1997).

20. Jeffrey M. Kaplan, "Semi-Tough: A Short History of Compliance and Ethics

Programs Law", at http://conflictofinterestblog. com/wp - content/uploads/ 2012/06/Rand-Kaplan-White-Paper-post-publication4. pdf (Accessed 12 October 2013).

21. Kimberly D. Krawiec, "Organizational Misconduct: Beyond the Principal-Agent Model", *Florida State University Law Review*, 32 (2005).

22. L. D. Finder, R. D. McConnell and Scott L. Mitchell, S. L, "Betting the Corporation: Compliance or Defiance? Compliance Programs in the Context of Deferred and Non-Prosecution Agreements-Corporate Pre-Trial Agreement Update – 2008", at http://papers. ssrn. com/sol3/papers. cfm? abstract_ id= 1332033 (accessed 8 July 2015).

23. Leonard Orland and Charles Cachera, "Corporate Crime and Punishment in France: Criminal Responsibility of Legal Entities under the New French Criminal Code", *Connecticut Journal of International Law*, 11 (1995).

24. Molly E. Joseph, "Organizational Sentencing", *Criminal Law Review*, 35 (1997-1998).

25. Osvaldo Vazquez, "The History and Evolution of Corporate Criminality", ahttp://ssrn. com/abstract=978883 (accessed 6 July 2018).

26. Philip A. Wellner, "Effective Compliance Programs and Corporate Criminal Prosecutions", *Cardozo Law Review*, 1 (2005).

27. Program of the Ad Hoc Committee on Corporate Compliance, Corporate Compliance Programs in the Aftermath of Sarbanes-Oxley: "The Time has Come, the Walrus Said—", *ABA Business Section Spring Meeting* (Los Angeles, CA, April 4, 2003).

28. Richard S. Gruner, *Corporate Criminal Liability and Its Prevention*, New York: Law Journal Press, 2009.

29. Sentencing Council, "Fraud, Bribery and Money Laundering Offences Definitive Guideline", at https://www. sentencingcouncil. org. uk/wp-content/uploads/Fraud-bribery - and - money - laundering - offences - Definitive - guideline2. pdf (accessed 9 July 2018).

30. Thomas J. Bernard, "The Historical Development of Corporate Criminal Liability", *Criminology*, 2 (1984).

31. Thomas Kochan, et al. , "The Effects of Diversity on Business Performance: Report of the Dwersity Research Network", *Human Resource Management*, 1 (2003).

（二）英文专著

1. Gary Slapper and Steve Tombs, *Corporate Crime*, Essex: Person Education Limited, 1999.

2. C. Harding, *Crime Enterprise*, Portland: William Publishing, 2007.

3. Jonathan Clough and Carmel Mulhern, *The Prosecution of Corporations*, Oxford: Oxford University Press, 2002.

4. Michael J. Allen, *Textbook on Criminal La*w, 9th ed. , New York: University of Oxford Press, 2007.

5. Smith and Hogan, *Criminal Law Cases and Materials*, 10th ed. , New York: University of Oxford Press, 2009.

6. Stefano Manacorda, Francesco Centonze and Gabrio Forti ed. , *Preventing Corporate Corruption*, New York: Springer, 2014.

7. Zhenjie Zhou, *Corporate Crime in China: History and Contemporary Debates*, London: Routledge, 2004.